アントニン・レーモンドの建築

三沢浩

本書は一九九八年に刊行した
同名書籍の改装版です。

SD選書への改版に際して

アメリカの研究者たちによる「レーモンド展」が二〇〇六年のペンシルバニアに始まり、カリフォルニアを経て、二〇〇七年の秋に鎌倉の神奈川県立近代美術館にやってきた。これを契機に、本書は普及を目指して、改版されることになった。

日本ではモダニズム建築の祖ともいわれながら、研究者や関連書籍の少ないこの建築家のためには、まことに結構な企画だと考える。この機会に年表など最小限の手を入れた。出版関係者のご配慮とご努力に心から感謝したい。

二〇〇七年八月

三沢 浩

まえがき

アントニン・レーモンド（一八八八―一九七六）の生涯は、まことに波瀾に満ちていた。チェコ人としてオーストリア帝国の統治下で生まれ育ち、アメリカに渡り、ヨーロッパを往復し、帝国ホテルのライトの助手としてノエミ夫人共々来日して、そのまま日本に定着する。太平洋戦争を挟んで再度来日し、その生涯の半ばをこの国で過ごし多くの主要作品を残している。

だからほぼ日本の建築家だといえるが、外国人故に特殊な目で見られたためか、その生涯の全貌も作品の系譜も、伝わり難いところがあった。

現代のように情報、交通機関が発達し、異国文化との交流が激しくなると、海外の建築家が生活拠点の自国を動かずに、異国で設計を実現することが多くなっている。

それにくらべてレーモンドは日本に住み、日本文化を研究し、その当初から「近代建築」の原理が日本にあったとして、それを表現する建築をつくり、自らモダニズムに基づく「近代建築」の世界を切り拓いていった。のみならず「近代建築」を超える思想を求め、戦後にかけてはさらに乗り越えるべく努力を重ねていった。その意味でも彼の足跡は、単なる作品の検証に留まらず、日本の建築家として何を日本に残しているのか、何を発見したのかを、明確にする必要があろうと私は考えた。

ヨーロッパの「近代建築」に影響を与えたとされるF・L・ライトは、弟子レーモンドにも強い影響を与えていた。だからこそライトの影響下の「デ・スティル」派の人々と同じ考え方を、レーモンドがもっても不思議はない。「デ・スティル」型のモダニズムを示しその上をいった、コンクリート内外打放しの「霊南坂の自邸」は、その成果である。

ル・コルビュジエが「白い直角の家」から脱出するために、その土地の技術と材料に徹底しようとしたチリ海岸の「エラズリス邸」案を、レーモンドは「夏の家」に実現して、「脱近代」の緒をつかんだ。それはさらに「黒い横板張りの木造近代住宅」に発展する。

だが戦前の横板張りは、戦後ではたて板に変わる。戦前は外が洋風で内部に和風を目指していたが、戦後は外が和風で内部にアメリカ生活を示したように、住宅設計の世界でも、住まい方の改革を実行していた。二〇世紀初頭、ライトは暖炉を中心とするアメリカの新しい住宅を提案しているが、日本の木造住宅に独立した鉄板製暖炉を置く、洋風生活をもちこんだのはレーモンドである。和洋融合の極意がそこにあった。

彼の建築のすべてをのべることは難しい。レーモンドに師事して働き、『自伝』出版を手伝ったその経験から、大いに背伸びをして、彼の考え方を紹介しようと考えたのは、レーモンドの死の直後のことであった。何とか大枠を目次に仕立ててから、大学から事務所入りまで世話になった恩師の吉村順三に相談したが、ある指摘がなされたためやむなく挫折を余儀なくした。爾来二〇年を経て、新たにまとめ直したものが本書になった。

レーモンドは自然、単純、正直、直截、経済の五つのプリンシプルを唱え、建築に生かしたが、「群馬音楽センター」の設計には、さらに三原則が加わった。市民の拠金は無駄なく使い、市民がいつまでも使える建物にすること。舞台と客席を一体化した楽器のような構造であること。城跡という環境を尊重し、場所に合わせた建築にすることであった。いわゆる「近代建築」は、機能的、普遍的につくられ環境への配慮はなかったが、ここには市民という使い手への配慮と環境を大切にする思想に、「脱近代」の方向が見える。レーモンドのその思想は、戦前から培われた日本建築の自然との融合という考え方の延長であり、常にその哲学を実践していたと考えてよい。だからこそ詳細図はその土地の気象や風土と直結するとのべ、細部をつぶさに検討している。

彼は自分の発想を大切にしたが、常に建主の主張を入れようとした。現場では日本の大工の技術を尊重し、そこでも細部に至るまでこだわり続け、これらの成果があがると完成とした。彼の作品年代を示す数字がデザインの発想時からを示し、細部の完成時までまたがっているのはそのためである。

この書は一九九五年夏の、日本建築家協会主催による文化講演会「弟子の見たレーモンド」で話をしたあと、担当の方々にまとめることを示唆され、それを機に始められたといってよい。途中、不足するところを補うため多くの先輩たちのご教示を願った。敬称は略させて戴くが、元所員の杉山雅則、崎谷小三郎、天野正治、そして戦後は長くレーモンドに尽くされた秘書の五代美子、さらには建築家北沢興一、現所員の西嶋泰親ほかレーモンド設計事務所の諸氏のお世話になったことを申しのべたい。また建築史の世界では、東大の藤森照信、横浜開港資料館の堀勇良、関東学院大学の関和明、山手総合計画研究所の寺田芳朗、文化学院の高橋知之の諸氏に貴重な資料や事実の確認に迷惑をかけた。それ以外にも名前を挙げないが数え切れない方々に世話になった。まことにありがたく、心からお礼を申しあげたい。ご教示のひとつひとつがここでようやく陽の目を見たのであり、それなくしてはこの完成もなかった。

最近、モダニズムとレーモンドの関係が研究されていることを、耳にするようになった。少しでも深い研究と正しい位置づけのなされることを願うものだが、そのために本書が役に立つならば、師レーモンドへのオマージュのひとつにはなったと考えたい。

第13章　レーモンドの現代的位置付け

（目次下）
レーモンドによるプレキャスト・コンクリート板のデザイン（一九六八）
上智大学の入口壁面を飾る予定だった

第1章

「日本の」建築家

日本で近代建築の原理を

アントニン・レーモンドは、妻ノエミ・ペルネサン・レーモンドと共に、大正八年（一九一九）の大晦日の夕方、日本の汽船諏訪丸で横浜に到着した。「帝国ホテル」の設計と現場の進行にともない、アシスタントを必要としていた建築家フランク・ロイド・ライトに同道する、初来日であった。

一九一九年一二月三一日の、日本到着の夜、横浜から東京までの道、封建時代の名残りをとどめた狭い村を、車で通ったことを私は決して忘れることができない。その村々の道の両側には、しめかざりの環や、提灯がぶらさがった松や、竹が並んでいて陽気で、単純な喜びの雰囲気に包まれていた。商店は道に向って開け放たれ、売る人買う人共々、茶をすすり、火鉢に手をかざしながら親しげに坐っていた。派手な着物の若い人々は、道の真中に陣取って、いろいろ楽しそうな季節の遊びにふけり、私達の車は殆んど進めないほどであった。この一五マイルに三時間半を要した忘れられない旅行の間に、私は日本の建築の最初の研究を始めた。◆

レーモンド（一九六〇頃）

◆アントニン・レーモンド「私と日本建築」（三沢浩訳、鹿島出版会、一九六七）四八—五〇頁。

この美しい描写は、レーモンドがいくつもの短い伝記を書くたびにくり返されてきた、日本という国との最初の出会いの光景である。今では信じ難い東京横浜間の国道の大晦日の宵を、彼は的確にとらえ記憶していた。この瞬間に、彼の永い滞日つまり戦前の一八年間、戦後の二六年間のあわせて四四年間という、その八八年の人生の大半を過ごした日本の生活が決まったといっても過言ではない。

彼は一世紀以上も昔に西洋諸国で失われた、古い事態と同じことが日本で起こっているのを発見し、その生き証人になれることは幸いなことだといっている。つまり日本にいることが現代建築家としてのメリットであると感じとっていた。

彼の滞日の当初の感じ方は、『作品集』（一九三五年刊）の序文にも書かれている。

日本で仕事をする外人建築家には、ひとつの特権がある。現代建築の目標として再発見された基本的原則が、日本建築や文明の中で、具体化されていくのを眼前に見られるからである。西欧では、深く根を張る唯物主義が邪魔をして、この純粋な原則にまだ気がつかず、精神構造ばかりが追求されている。これらの原則は、日本の古来の建築の中に、きわめてはっきりと表現されているのである。◆

すでに「近代建築の原理」にふれ、いわゆる現在でいう近代主義、モダニズムとしての建築、つまり「近代建築」の思想的な根拠が、戦前の時点において日本では無意識に生きていて、守られ実行されていることを悟っていたのである。

彼のいう「近代建築の原理」とは、

自然は人工よりも美しい。単純さと軽快さは複雑なものより美しい。建物の広さにしても、材料にしても、節約は浪費よりも美しい結果を生む。そして、すべてこれらの美的要素は、建築の実用的、美的機能を中心として生まれなければならない。◆◆

というものであった。

この原理というか彼の心情こそ、戦後になって「五原則」として、ことあるごとに明快に伝えられてきた

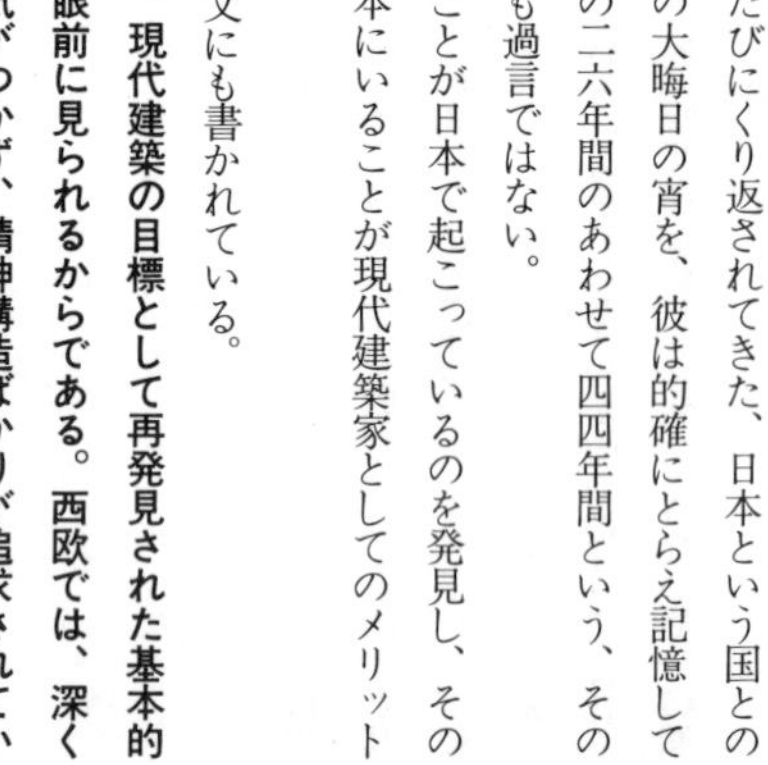

旧帝国ホテル　宴会場俯瞰

◆『アントニン・レイモンド作品集一九二〇―一九三五』（城南書院、一九三五）。レーモンド『私と日本建築』に再録、一二頁。

◆◆　レーモンド『私と日本建築』一九四頁。

（次頁）
旧帝国ホテル　正面を見る
レーモンドの描いた旧帝国ホテル　全景透視図

ものにほかならない。レーモンドの五つのプリンシプルとは単純さ、自然さ、正直さ、直截さ、そして経済性である。ここでプリンシプルを「原理」とせずにあえて「原則」としたのは、レーモンドの許で働いていた私たちが、単なる設計上の「原理」としてではなく、実際の仕事にあたって実行のための手段として、「五原則」を使っていたからである。それは大工が垂直に家を建てるという「原理」を、実際に建てる時には親方から習った「原則」で実現するのに似ている。この五原則を体得しないことには、所員としてはレーモンドの示すデザインに参加することは不可能だったのである。

「単純さ(simple)」とは、すべての不必要な材料を一切捨て去って、それ以上捨てる余地もなければ、それ以上追加する必要もないことを指していた。

「正直さ(honest)」も難しい。言葉でデザインの正直さを定義するのはまったく知能過程の表現であって、極めて難しい。たとえば鉄骨構造でいうと、鋼鉄を石に隠して石造に見せかけているのは正直ではないといっている。つまり外部の形は、内部の構造の正直な表現になる。

「直截さ(direct)」とは「卒直さ」とも訳されている。複雑でまわりくどく、気力がないこじつけの方法に対抗する方法である。分割された空間をできるだけ単純に再構成することである。

「経済性(economical)」は決して安くつくるということではなく、何事も無駄にしないでしかも永持ちさせるということであると、常日頃ことあるごとに彼はのべていた。

「自然さ(natural)」はこの五原則の中でも最も当初からレーモンドが主張してきたことであったろう。彼は日本の気象の厳しさが物の脆さを教えてくれたといい、日本人は自然の讃美者であるともいっている。

さらに彼の理解するところでは、西洋人が自然に対抗しようとするのに対して、日本人は宇宙の神秘や大自然の力をうけ入れ、大自然と密接な関係にあることを願う。住居自体は庭の一部にすぎず茸のように育ち、その材料は植物、大地、砂利、石のように自然に包含されるものを用いている。そしてレーモンドは、これら「五原則」の総合を建築の根本原理と考えた。

私は、現代建築を創始した建築家の一人である。けれども私自身、自分が本当に現代建築の先頭を歩んでいることを知らなかった。私は、日本の建築から教えられ、啓発されたところに従って、根本原則の実現につとめてきただけのことである。私に現代建築の原則を教えてくれたのは、日本の建築であった。◆

◆レーモンド『私と日本建築』一八〇頁。

日本の建築家として生きる

レーモンドは、戦前に当時の現代建築家として歩み始めていながら、自分が先頭に立っていることを知らなかった。ここで「現代建築」と彼がいっているのは、一九二〇年代の現代であり、今や歴史的区分としてわれわれが「近代建築」といっている「近代主義」にのっとった建築を指す。この「近代主義」とは「モダニズム」のことであり、一九二〇年代にミース・ファン・デル・ローエ、ワルター・グロピウス、ル・コルビュジエたち、ヨーロッパの建築家が切りひらこうとした新しい建築方向のことである。すなわち、前世紀の殻を抜け建築界に新たな地平を見出し、工業化を背景に機能的で合理的で、後に「国際建築《インターナショナル・アーキテクチャー》」と呼ばれた、その基礎を築き始めた時代であった。

東洋の果てにあって、ヨーロッパからアメリカ経由で、その現代に「建築」を求めて生きようとした彼には、たしかにモダニズムは遠かったろうと思える。しかしその近代主義の求めていたものを日本で発見し、これこそ「近代建築」の原理だと見極めたのである。一九二〇年代を過ぎ、一九三五年に『作品集』をまとめた時点で、「建築の原理」が日本にあったことをのべているのだが、その時代の日本にいたからこそ、近代主義の生成過程として歴史の推移を見つめることができたと告白しているのである。

日本にいて日本の建築から原理を学びとった彼が、戦前すでに「近代建築」の第一線にいたことは、一九

（次頁）
レーモンドのスケッチ　旧帝国ホテルの内部工事
レーモンドのスケッチ　旧帝国ホテルの現場事務所　中央左がライト　左手奥にレーモンド

二三～四年の「霊南坂の自邸」の打放しコンクリートの住宅が証明する。この「自邸」は日本におけるコンクリートによる「近代建築」の嚆矢であった。その平面からいかにしてその立体が生まれたかいぶかしまれるほどだ。建築史家藤森照信が特筆するように、それはオランダ・モダニズムの先駆である「デ・スティル」派の幾何的立体構成であり、極めて独創的な建築であった。しかも、その派の巨匠でもあったゲリット・リートフェルトの「シュレーダー邸」の完成は一九二四年であり、これはコンクリート造ではなく煉瓦及び木造、一部コンクリートであった。また霊南坂で使われたパイプ椅子は、バウハウスにおけるマルセル・ブロイヤーのパイプ椅子にも一年先立っていたのである。

また、戦後にあっては、一九五一年に完成した「リーダーズ・ダイジェスト東京支社」のカーテンウォールを見ても、彼が「近代建築」の先駆であったことがわかる。それは一九三七年から一〇年間、太平洋戦争のブランクを越え、再び日本に戻った彼が果たした、戦後「近代建築」の華々しいデビューであった。

今や「近代建築」は忘れ去られ、歴史として次第に過去になりつつある。この二つの作品に的をしぼったのは、日本「近代建築」の戦前と戦後の歴史の冒頭を飾っていることを示したかったからである。残念ながら今では両者共失われてしまって、その先駆性を実証することは不可能である。ここでいいたかったのは、レーモンドが世界に通用する二つの名建築を日本でつくったことの重要性である。

彼はまさに日本でその半生以上を過ごし、その作品の多くを日本に残し、多大な影響を日本の建築家に与えかつ育てた建築家であったのである。その日本にあって、世界に先駆けて「近代建築」を創始していたのであり、世界的なレベルに日本の「近代建築」を築きあげていった一人であったといえる。

しかしながら、戦前にあってその功績は日本ではようやく知られていたが、『作品集』出版に至るまで、一部を除いて世界に認められるところにはならなかった。ただし戦前のフランスの建築誌が前記「霊南坂の自邸」の模型写真を一九二五年にとりあげて以来、三年にわたりいくつかの小作品を発表していた。その後、一九三四年に至りようやく六作品をまとめて別のフランス誌で発表している。その前後にあわただしく「東洋

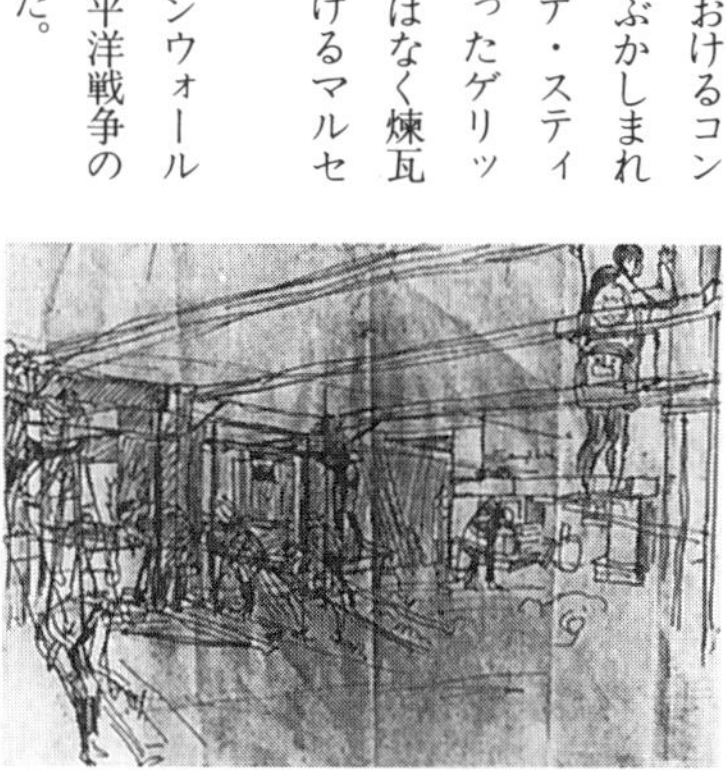

オーチス・エレベーター会社工場」、軽井沢の「夏の家」、「東京女子大学礼拝堂及び講堂」などが、次々に米国誌にもとりあげられた。日本の『新建築』誌は一九二五年に創刊され、最近その七〇周年を祝ったばかりだが、レーモンドの作品に目をとめたのは一九二七年の「浜尾子爵夫人別邸」であり◆、また一九三一年に「ソビエト大使館」を発表している◆◆。したがって、彼の一九二〇年代は日本においては無名に等しい。

戦前の一九三七年彼はアメリカに去り、日本で成功して帰国した近代建築家として、『作品集』に加えて自費出版の『詳細図集』◆◆◆(一九三八)がアメリカ国内にも広まり、かの国では有名建築家になっていった。そして戦後になると『現代日本建築家全集』◆◆◆◆全二四巻の最初の巻として出版され、日本の建築家の一人に加えられた。また、「リーダーズ・ダイジェスト東京支社」は、一九五二年に戦後第三回目の日本建築学会賞を得たのであり、さらに一九六五年には「南山大学」が同賞を得ている。これらが彼の地位と盛名とを日本に留めているのだが、一九六四年には、戦前のチェコスロバキア共和国名誉領事の功績も含めてであろうが、勲三等旭日中綬賞が日本政府から贈られた。

滞日四四年を通じて、杉山雅則、吉村順三、前川國男、天野正治、小野禎三、ジョージ中島、増沢洵、岡本剛らのよく知られた人々を世に送り出した。またあまり知られていないが建築家の仕事以外に、若い頃は画家を目指していたこともあり、戦後の「春陽会」にも作品を出品していたこと、自ら窯をつくり焼き物をよくしたことも、知る人ぞ知るといった程度であった。

チェコからプラーグ、そしてアメリカに渡り、イタリーで絵画、戻ってタリアセンのフランク・ロイド・ライトの許に行く。第一次大戦に参加し、終わってニューヨークへ戻り、落ち着く間もなく来日。関東大震災を経て日本に定着する。一八年後の日米開戦前にアメリカに戻り、太平洋戦争中はアメリカのために働く。戦後日本では「近代建築」の草分けとしてその普及を果たす。日本に骨は埋めなかったが日本に作品の多くを残した。日本をこよなく愛し、日本を良く知って「建築」をつくった点でも、彼は日本の建築家であった。

◆『新建築』一九二七年七月号。

◆◆『新建築』一九三一年一月号。

◆◆◆「アントニン・レーモンド建築詳細図集」(国際建築協会、一九三八)

◆◆◆◆栗田勇編『現代日本建築家全集』(三一書房、一九六一―一九七四)第一巻「アントニン・レーモンド」。

レーモンドのスケッチ　旧帝国ホテルで働く大工たち

第2章

流浪の時代

ボヘミアンのレーモンド

レーモンドは一八八八年五月一〇日、チェコのクラドノという町に生まれた。一八八八年（明治二一年）といえば、日本では市町村制が敷かれた年であり、翌年帝国憲法が発布され大阪には凌雲閣が建ち、パリでは万国博が開かれ、エッフェル塔が建ったころのことである。

クラドノはプラーグまで約三〇kmほどの小都市であった。その中心広場に沿った家で育ち、母方の祖父母のいたレンチョフという村の農家へ、しばしば馬車で通ったという。彼の記憶は鮮明で、その農家の平面をすらすらと私の目の前で描き、それが『自伝』を飾っている。いずれもその地方はボヘミアであり、生まれついてのボヘミアンとして育ち、世界をまたぐ運命になっていたといえる。

一〇歳で母を失い、カトリックの綿密な葬儀で送ったあと、父に後妻がきて彼はさらにレンチョフに通うようになる。そして彼の工業高校時代に一家はプラーグに居を移し、彼は一九〇六年にプラーグの工科大学に入学する。

たしかに工科大学で、建築を習得していたレーモンドだが、とくに時代の建築思想の流れを把握していたとは思えない。その時代は、ウィーンのセセッション、ベルギー、フランスのアール・ヌーボーの全盛期を越えた時代である。世界の建築が変わり始めていた。

学生たちは、オットー・ワグナーと彼のウイン派や、オランダのデ・スティルや、ベルギーのアール・ヌーボーを意識していた。皆、一八八九年のシカゴの最初の鉄骨造を知っていたが、私はグロピウスも、ル・コルビュジエもオーギュスト・ペレーも知らなかった。◆

この自伝は戦後に書かれたものだからいたしかたない。レーモンドと数歳違いのほぼ同年代の近代建築家たちは、生まれてはいたけれどまだ有名ではない。同時代の長老であるオーギュスト・ペレにしても、パリの「フランクラン街のアパート」（1902）を発表した程度であったからである。しかし、実際には

プラーグではヤン・コテラがその提案者であり、パヴェル・ヤネックや、ヨゼフ・ゴチャール、ヴラディスラフ・ホフマン、オタカー・ノボトニー等がいた。ある者は建築にキュービズムを紹介し、さながらチェコの愛国主義の生長の表現のようであり、オーストリアからの独立に対する、希望のようでもあった。◆◆

と書いてもいる。彼らの活躍はいずれも一九一三年から二〇年のことであり、これは回想だとわかる。レーモンドののべるところとは違って、一九一〇年にはチェコの表現主義もまだ見えていなかったようである。

一方で『自伝』では一九〇八年頃とまちがえているが◆◆◆、プラーグからアメリカへの脱出の年、つまり

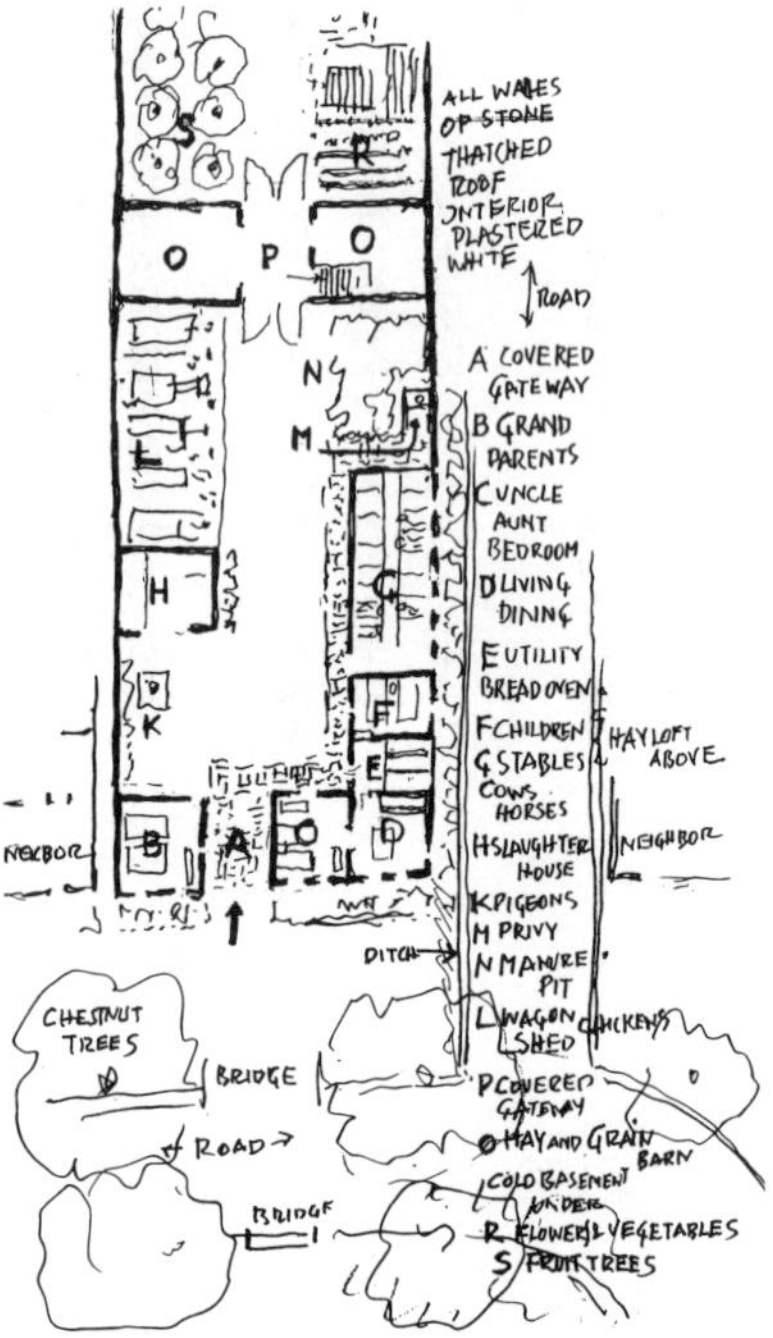

レーモンドの描いたレンチョフの祖父母の家の平面

◆ アントニン・レーモンド『自伝』（三沢浩訳、鹿島出版会、一九七〇）一八頁。

◆◆ レーモンド『自伝』一八頁。

◆◆◆ 二〇〇七年の再版時に訂正。

一九一〇年にF・L・ライトの最初の大型ワスムス版『作品集』を見ている。「夢中でとびついた」とあり、

それらの本は、まぎれもなく知識の源泉となり、いつ果てるともしれない討論の主題ともなった。◆

だから、アメリカに渡ろうと考えた時には、

大部分の建物は、ワスムスの出版した本で作品を知っただ一人のアメリカの建築家フランク・ロイド・ライトの精神でデザインされているものと私は想像していた。◆◆

しかしながら、渡ったアメリカはそれどころではなかったのである。

渡米を決心したその経緯については、家庭で継母とのいさかいもあり、古いヨーロッパでは創造的建築はできないと考え、広大な自由な国アメリカへの移住へ気持ちが傾いていたようだ。そこである日、当時はチェコと同じくオーストリア領であった、地中海に面したトリエステに向かったが、それは一番近い港であったからだ。図工として働いて稼ぎ一九一〇年の夏、貨物船にのってニューヨーク港にたどりつく。税関を通らず密入国であった。見知らぬ街に出て運良くチェコ人街を探しあて、チェコ協会のバーで建築家カス・ギルバートを知る人に会い紹介される。

その事務所で即日働き始めたのであるが、ギルバートが狩猟から帰るまでの一カ月、給料ももらえず財布も底をつき極貧にあえいだ。結局はギルバート事務所で働いてしのぐ。設計していたのはウールワースビルであり、当時世界では最高層のビルでもあり、その有名事務所に入れたのは幸運であったのである。とはいえ、前記のようにライトのような創造的精神とは違っていた。ギルバート事務所にあっても所員は

若さと批判的態度にまったく欠け、精神的、哲学的思想をデザインの中に求めることも渇望することもなく、それが一般的な風潮であった。◆◆◆

と嘆いている。ともあれ、彼の最初の仕事はギルバートの許における、繊細なディテールと陰影をつけるような製図に始まる四年間であった。

彼は渡米の一年後には、美術の私設グループに入り絵画の勉強も始めていた。マルセル・デュシャンもあ

◆ レーモンド『自伝』一八頁。

◆◆ レーモンド『自伝』二〇頁。

◆◆◆ レーモンド『自伝』二三頁。

ニューヨークにあるウールワースビル

らわれたというそのグループで、いく人かの友を得ていた。

安かった給料をうめるために透視図描きのアルバイトもしていたが、ある時ロード&テーラーというデパートの透視図を依頼され、二日間で一〇〇〇ドルを稼ぎ、突如事務所をやめて旅に出た。アルジェ、スペイン、フランス、ナポリ、ローマと渡り、ローマの東にあるアブルッチ地方の山間のアンティコリ・コラドでアトリエを借りて住み、画を描いていた。

その一九一四年の夏、第一次大戦が勃発する。良き友人のつてがあってアメリカの市民権を得ることもでき、旅券を手にしてイタリアを去る。それも最終列車、最後の船に間に合うという幸運であった。しかも、そのイタリア船サンジョバンニで、将来の妻ノエミ・ペルネサンに出会う。彼女の彼の絵画への理解が、知り合うきっかけであったという。同じ年の暮れに正式に結婚することになった。

一旦はギルバート事務所に戻るが、自らは画家を選択し、デザイナーとして働き始めたノエミ夫人のポスターデザインの収入で生活する。ノエミの父はカンヌの銀行家で若くして死亡、母はアメリカからフランスに勉強にきたブルックリンの小学校の教師ブルックス氏と再婚し、ノエミをつれてアメリカに住んでいた。

その彼女の母とノエミの二人の友人が、レーモンドのアメリカ時代をつくったといってもいいほど話がさまざまに展開していく。その友人の一人が、ライト夫人となったミリアム・ノエルと知己で、その世話によってタリアセンへ行くことになったのがそのひとつである。

こうして次の仕事は、すでにのべたように突然のライトの事務所のあるタリアセン行きであった。仕事のなかったライトの許では、当時のスキャンダルでもあった、使用人のタリアセン放火とチェニー夫人らの惨殺事件があり、その火災あとの雨洩りを直したり、復旧の作業にも加わっている。また基本設計の進んでいた「帝国ホテル」の透視図を描かされたり、プレファブ住宅の宣伝用リーフレットの透視図を描いたりであった。

ライトは一九一六年に、当時の帝国ホテルの支配人林愛作夫妻の訪問を受けている。すでに「帝国ホテ

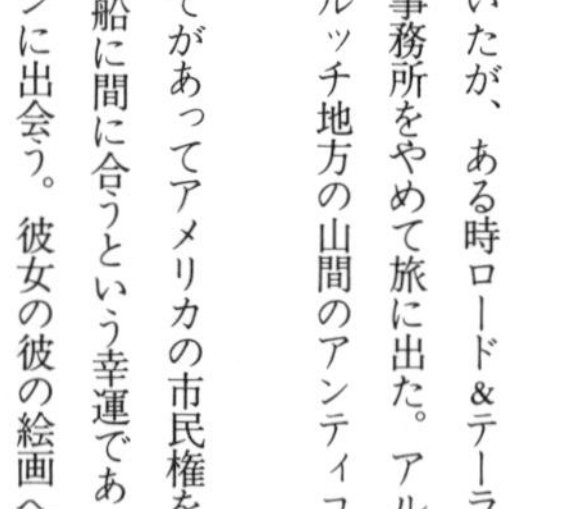

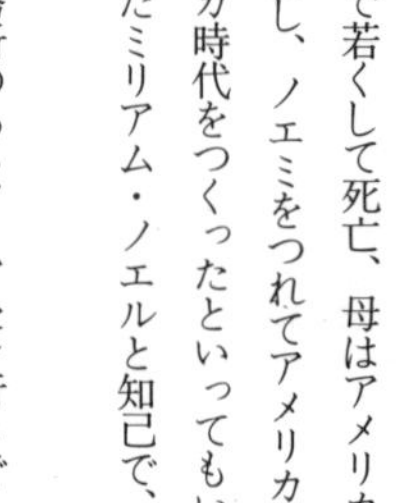

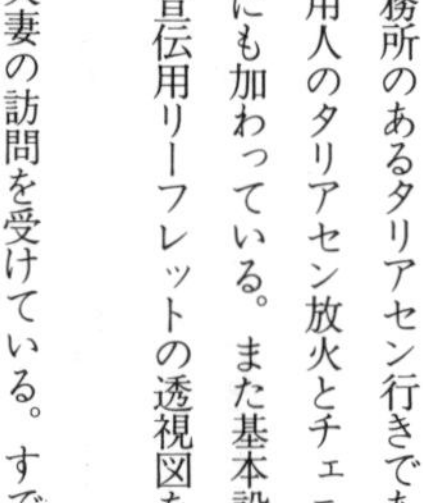

ル」設計の依頼はされていたが、この訪問はその確認であった。日本のこの和服の客たちが、レーモンドの見た初めての日本人であったらしく、極めて印象深かったと『自伝』でのべている。

ホテル建設準備や、ロサンジェルスの仕事で忙しいライトの留守番として、タリアセンで日々を送っていたレーモンド夫妻は、「アメリカン・プレカット・システム」と呼ぶプレファブの原型をいくつもつくらされた。ここで彼は、ライトの初期の住宅を総称する「プレイリー・スタイル」を、充分に研究したといえる。そして仕事らしい仕事がなかったタリアセンを一年後には去り、ニューヨークに戻った。

今度は、ヴァン・ビューレン・マゴニクル事務所に間借りをする。この建築家は後の東京の「アメリカ大使館」（1928–31）の設計者であり、レーモンドは彼に協力することを申し入れている。その当時はマゴニクル事務所へ、彼が自分で得た仕事を持ちこむことになった。それは舞台装置であったが、それも先にのべたノエミ夫人の母の紹介によるものであった。つまり義母ブルックス夫人が、当時ヨーロッパでもっとも有名な演出家であったジャック・コポーと知り合いで、その頃、彼はニューヨークの旧ガリック劇場を改造して、「ド・ヴュー・コロンビエ座」の新たな舞台をつくろうとしていた。そこでレーモンドはマゴニクル事務所にいて、自分の仕事として恒久装置になるはずの舞台のデザインを進めた。コポーは舞台装置家として、後の俳優ルイ・ジュベと協同していたから、レーモンドはそのルイ・ジュベと共に、初めて自分の建築の仕事を完成させたのである。

一年後に徴兵。しかしノエミ夫人の友人の大尉のはからいで情報将校の試験に通り、スイスへ行くことになる。そこで皇太子や上流階級と知り合い、四カ国語に通ずることから情報将校、つまりスパイとして情報を集めるのが仕事になった。第一次大戦終戦後のニューヨークに一九一九年秋に戻り、ようやくアトリエを構えることになる。そしてその直後、ライトがそのアトリエに出現する。こうして来日となったのである。

（前頁）レーモンドの描いたタリアセン・イーストの俯瞰
タリアセンで描いたアメリカン・プレカット・システムの宣伝用リーフレット

ルイ・ジュベとガリック劇場の舞台模型

第3章

戦前の活躍——スタイルの試行錯誤

ライトの影響をうける

ライトに誘われてやって来た日本で、レーモンドは主として帝国ホテル全体の透視図、つまり細部デザインの決定を図に描き入れるのが仕事であった。さらには部分を拡大し、詳細図にもしていった。ノエミ夫人も大宴会場「孔雀の間」の、孔雀のレリーフのためのデザインをしている。

ライトと「帝国ホテル」との関わりは何とも劇的なものであった。ホテルの正式設計契約は一九一九年であったが、すでに二年前に四カ月滞日して建設予定地で地盤のボーリングテストを進めていた。一九一六年の林支配人のタリアセン訪問は、基本設計の確認であったがその二年後、一九一八年までには図面がつくられ着工された。

話はさかのぼるが、一八九〇年の渡辺譲設計の三階建ての「帝国ホテル」が既存旧館であって、部屋不足から一九〇六年に別館が建てられていた。

ところが、レーモンドとライト到着の四日前の一九一九年一二月二七日に、その別館が焼失していた。そ

ノエミ夫人の描いた孔雀の間の孔雀レリーフ下図

のため到着早々の新年から、ライトはそれを設計し再建することになった。一方で現場事務所をつくりながら、彼は一〇日間で図面をつくり、木造二階四九室の別館を一九二〇年四月二五日に完成させたのである◆。ライトは自らの部屋を東北の二階の隅に三室つくり、そこを仕事場としている。製図板をおき、セミグランド・ピアノまでそなえた写真が残っている。もちろん日本で蒐集した浮世絵や屏風を飾っていたタリアセンと同じく、壁面には屏風絵をたてかけている。ライトはすでに日本で浮世絵や版画を集め、自ら展覧会を開き版画についての著書もあるほどで、蒐集には熱を入れていた。したがって自分の部屋にはそれらを掲げ飾るのが常であった。レーモンド夫妻もその中の一室を与えられている。つまり行った当初から、そのような臨時の仕事で忙しかった。

新しい「帝国ホテル」の完成予定日は、一九二一年の一一月三日と決まっていた。だがライトは、ロサンジェルスの仕事もあって半年間帰国し、東京に戻ってきたのは一二月一〇日であった。つまり予定されたその日には完成できなかった。工費も三〇〇万円の予定が最終的に九〇〇万円にあがり、設計陣の疲労、建設の困難さ、そして建主とは折衝を重ねても遅れの現実的な理由に対してはなかなか理解が得られず、立場はさらに苦しくなっていった。

折しも既存旧館の「帝国ホテル」が、一九二二年四月一六日に全焼する。この厄介な出来事は、さらに「新帝国ホテル」の遅れに止めをさした。林支配人は辞任し、ついにライトの擁護者はいなくなった。ライトは労働力をふやして、建物を完成させることを誓う。その中で四月二六日には激しい地震に見舞われたが、建物に異常はなかった。

こうして再度、同年七月二日をオープンの日と決め、千人の職人が日夜働く。その日までに北棟が完成、中央棟も一部を残して、新館はオープンとなった。そしてライトは、二〇日後に帰国してしまい、二度と日本に戻ることはなかった。

さらに一年余の後、南棟の完成によって全館落成を祝う日が、一九二三年九月一日に決まる。そしてまさ

◆キャサリン・スミス「F・L・ライトの知られざる帝国ホテル別館」、『SD』一九八八年七月号七九頁。

にその日に関東大震災に見舞われた。まことに「帝国ホテル」は火災や地震によって翻弄され、その度ごとにフェニックスのように建て直されてきたのであった。その運命と周辺の人々のことを考えると、ライトはもちろん、レーモンドも来日当初から、この日本で大きな試練をうけていたということになる。

関東大震災で多くのビルが災禍に遭った中で、この「新帝国ホテル」の建物は無事に生き残り、ライトの盛名がそれによってさらに高くなっていったのはいうまでもない。

話を戻そう。別館に住んだ一九二〇年の春、当時のライト夫人としての詩人ミリアム・ノエルは、時として感情的になったらしい。同じ別館の隣室に住んで、レーモンド夫妻と気まずいこともあった。仕事が重なりライトが病気になり、彼の母親が心配して来日し、その彼女も具合が悪くなるなど、トラブルが絶えない。ノエミ夫人はその母親の看病もしたり、話相手にもなったりしている。

工事人はコンクリート工事の経験がなく、基礎打込みも地下水の湧水で極めて困難であった。栃木県の大谷石の採掘現場に行ったり、原寸図をおこす作業がマンネリ化して、レーモンドはくたびれてくる。

その一年間にレーモンドは日本をよく知るようになり、ホテルの別館を出て目黒に住む。そして、日本の友人との交流を始めていた。そのようなある日、キリスト教系の建築設計組織として有名なヴォーリズ建築事務所で働いていた、プリンストン大学出身のL・W・スラックとホテルの現場で知り合う。数日後、二人ともそれまでの仕事を辞め、友人から資金をうけて、独立しようということになる。

私は自分の決心をライトに話し、あまり彼の不都合にならぬように、やりかけの見取図その他は続けようと提案した。私は彼のために最善を尽そうと試みたのだが、満足させるようなことは何一つできなかった。◆

ライトの一九二一年二月八日付の手紙では、そのやりかけの見取図も彼を満足させない。「互いに諦めよう。君の旅費はホテルに戻してくれ。それでわれわれは終わりだ。」とある。かつて、ライトは師のルイス・サリヴァンの許で働きながら、生活苦からアルバイトで住宅を設計し、サリヴァンに見つかってくびになっ

◆ レーモンド『自伝』七〇頁。

た。その師のとった態度を、今度はライトがレーモンドにとっていたようだ。

こうしてライトと別れ、スラックと丸の内仲二一号館に「米国建築合資会社」を創設した。スラックのもってきた仕事を加え、建築の設計を始めたのである。出発当時の仕事の中にキリスト教系の建物があり、二、三の教会の改造、早稲田大学寄宿舎の「スコットホール」(1923)、「青山学院チャペル」(1922)などがあるのは、スラックがヴォーリズ系の仕事をひきついでいたからではないかと思われる。

事務所はスラックの知り合いの日米貿易会社と同じ館の中にあり、その社長は日本の実業界や工業界の人と知り合いで、レーモンドを「東京クラブ」の会員に推薦してくれた。そのためもあって、レーモンドは日本の上流階級の人々と知己になり、また同時に「帝国ホテル」の設計に携わり地震に耐える建物を設計していたという前歴が、日本における信用をかち得たものと思われる。仕事は極めて順調に進んだ。

しかし彼にとって大きな問題があった。

その初期、「東京クラブ」の会員の住宅を設計し、一方では「東京テニスクラブ」会員にもなり、そのクラブの建物「東京ローンテニスクラブ」(1921-22)を日比谷に設計する。そのクラブハウスでも住宅の設計においても、レーモンドはまったくライトの呪縛から脱することができなかったのである。
そのような状況の中で大型計画がやってくる。「東京女子大学総合計画」である。戦後来日して有名になったエドウィン・ライシャワー米国大使の父、オーガスト・カール・ライシャワー博士が推薦者であった。彼はキリスト教女子大学を中国、インド、日本の三カ所に建設しようとしており、そのひとつをレーモンドに依頼したのである。
総合計画は一九二一年。実施設計は順調に実施に移され、まず寄宿舎が

東京女子大学　パノプチコン型寄宿舎計画の透視図
東京ローンテニスクラブ　正面

F・L・ライト／オークパークにあるビーチー邸（1906）

一九二三年に完成。教室と体育館と二軒の教官の住宅が一九二四年に完成している。いずれも当時では珍しい鉄筋コンクリート造、それもコンクリート打放し仕上げである。今も健在であるが、とくに体育館の繊細な構造、教室の単純な構造に、ライト流をしのぐところも見られる。また寄宿舎は、厨房を中心にして四方に延びる予定が、二方に終わったのだが、パノプチコン型で構成され、食堂とさらに延びる中庭式の宿舎群五〇室から成るものであった。

　ただし東京女子大学内に現存する三軒の住宅のうち、二軒は明らかにライト流で、ライトの根拠地タリアセン周辺のなだらかな丘と草原、いわゆるプレイリーに這うようにつくられた住宅スタイル、今も「プレイリー・スタイル」としてみとめられている手法にのっとっている。ただしこれらはコンクリート打放しの住宅として、世界でも初期のものと考えてよい。そしてこのマスタープランにのっとって、以後十数年に及ぶキャンパスの建設が続行されることになった。

　初期の作品がこのようにライト色の強いものであったのは、やむを得ない。

日本における実務の当初は非常に困難であった。内心では反抗していたにもかかわらず、ライトの強い個性がどれほど私の考えを支配しているか、私自身認識していなかった。懸命に努力しようとも、ライト調から逃げ出すことができず……◆

と彼も嘆いている。

　その事実は一九二〇年代の小住宅にあらわれていて、それらの平面と、

◆ レーモンド『自伝』七六頁。

東京女子大学教師館　正面（一九九六撮影）

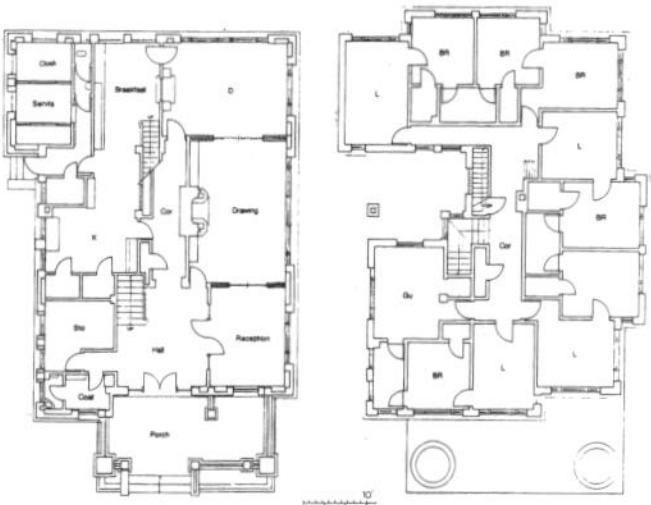

同　平面　左が一階

辛うじて残された写真からも想像ができる。「田中次郎邸」(1920–22)は、木造L字形の対称形、窓にライト調のステンドグラスが美しくきらめく。「福井菊三郎邸」(1922–23)は煉瓦造だが、対称形で左右に配置されたの円盤皿形の花鉢は、ライトのデザインそっくりにつくられている。また、先にのべた日比谷の「東京ローンテニスクラブ」は、今もシカゴ郊外のオークパークに残るライトの「ビーチー邸」(1906)の、瓦屋根による日本版といってもいいほどだ。霊南坂の「リード博士邸」(1924)は木造、一階は横板張りで二階は白いモルタル大壁、大きな軒とバルコニー、これはまさに「プレイリー住宅」そのものであった。

ライト調を逃れる努力

ライトに影響され、そのデザインの洗礼を本当にうけてしまったレーモンドの悩みは、そのライト流から逃れることにあった。一九二〇年代初期の住宅は、煉瓦造であれRC造であれ木造であれ、いずれもライト色が強い。そしてそれらを総じて見る時、一九〇〇年初頭にライトが設計した家をよく再現したものだと思わざるを得ない。その理由を考えてみると、一九一六年にタリアセンでプレファブ住宅のリーフレットのために、いくつも違う種類の「プレイリー・スタイル」をつくっていたことが基本になっていると考えられる。タリアセンの中で、毎日そのスタイルを研究し、平面をつくり、透視図を描いていたことがすっかり身についてしまって、その結果、おそらく当時であっても先端を行くと考えられるほどの「プレイリー派」になったのだろう。

かくて、帝国ホテルの現場から逃れ、自ら設計事務所を構えた時に、ライトの影響からいかに逃れるかに問題がしぼられたのは、無理からぬことであった。そこであらわれてきたひとつの表現上の解決が、自分の故郷であるチェコに当時起こっていた、「チェコ・キュビズム」のとり入れであったのである。

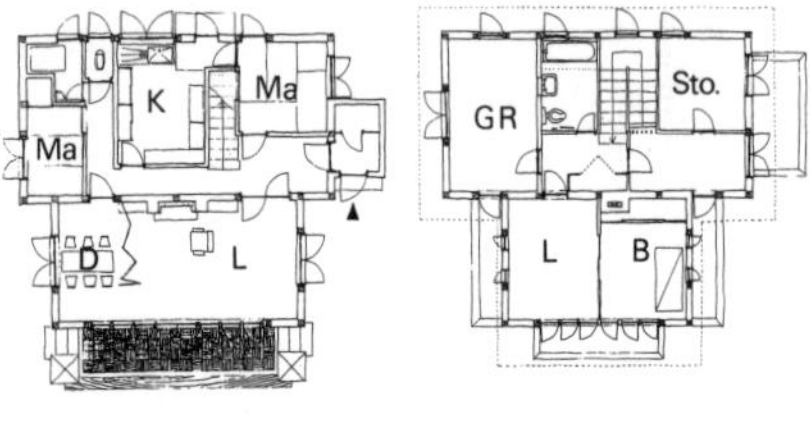

リード博士邸
同　平面　左が一階

星商業学校　正面

同　背面

大型建築の「星商業学校」(1921-24)では、表の立面はライト調、裏面では装飾に「チェコ・キュビズム」の表現をとり入れている。まずライトの部分は、その正面である南面に明確によみとれる。対称形につくられ、入口の庇には大谷石が使われて、「帝国ホテル」の一部かともいえるような装飾が見られる。庇の低いところも直輸入のようだ。

しかし、問題は背後の北面にある。この建築は上部にドームをもつ講堂が特徴であり、そこに至る玄関上のスロープもユニークだが、その北面にもスロープが二カ所あり、左右対称に見える。その窓を含めて開口部のすべてが、斜めの窓枠で囲まれている。つまり、いわば二重まぶたの効果を示しているのだが、そのまぶたの部分が立体的な面となっているのである。窓を分ける柱面も鋭角であり、前から見ると三角の柱のように見える。これが「チェコ・キュビズム」の壁面のダイヤモンド・カット、または立体化の表現から得たものであると推理できる。

この事実は、レーモンドの初期からの最も古い所員である杉山雅則が語ったところによるが、当時は事務所内で「表現派」と呼ばれ、暖炉まわりなども立体的に表現され、ライト調とは異なる手法をとり入れたものだといっている。

オーストリア支配下にあったチェコ芸術家たちが、ウィーン分離派の影響をうけることを嫌って新たな切り口を見出し、美術運動に高めていったのが「チェコ・キュビズム」だと考えられている。その運動は、前にのべたゴチャール、ヤネック、コテラ、ホフマン等によるもので、一九一〇年

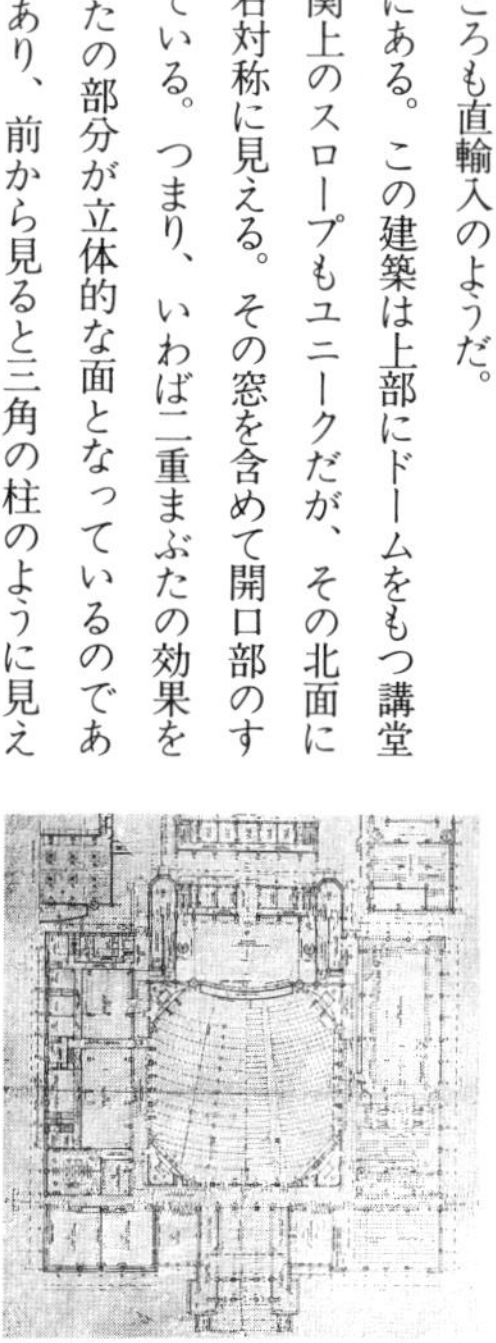

同　一階平面

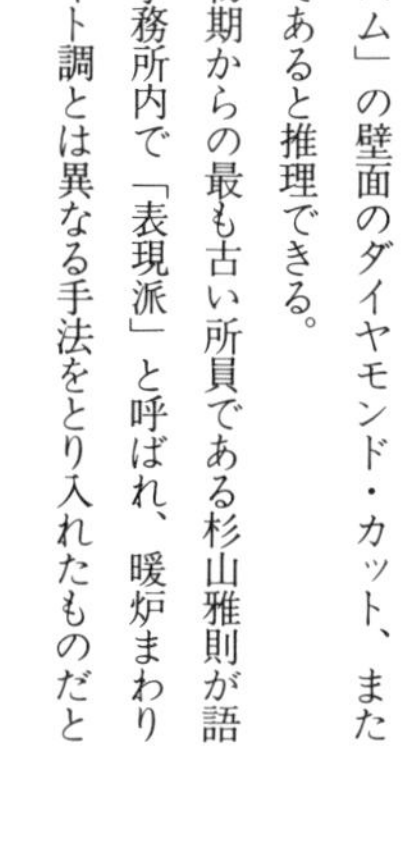

同　三階平面

頃に始まり、ウィーン分離派やアール・ヌーボーとも違いチェコ自身のものであり、急激にボヘミア地方にひろがり、一〇年間で失われていったといわれる。このキュビズムは、当時のヨーロッパにおける表現派の一部にもあたるものであったが、その急激な美術運動の形が極めて先鋭的であったことで知られている。レーモンドはこれらを室内の暖炉、照明のデザインなど細部にとり入れ、表面的な装飾にも使った。つまりこの時代、ライト調と「チェコ・キュビズム」の二つの流れを、同時にとり入れていたのである。

「星商業学校」の二刀流の表現は表と裏の使いわけであったが、このような表現の違いは「ナショナル金銭登録機会社臨時建築」（1923）、「同本社ビル計画」（1924）などにも、あらわれていた。さらにもうひとつ、別の例をあげてみよう。

大阪市内に建てられた「アンドリュース&ジョージ商会」（1922-23）の正面は、壁面にライト調の装飾をつけ、同時に柱まわりと屋上部分には「チェコ・キュビズム」らしい表現がなされている。ところが裏面は運河側に向けられ、倉庫の部分へクレーンで荷をとり入れる仕掛けがあり、そちらの面はまったく装飾なし。窓が機能的にとりつけられ、打放しコンクリートがまったく無表情にそのまま。つまり裏側は極めて箱型の近代主義的で、国際建築の手本のような表情ともいえる顔をもっていた。

しかも、この面の写真が『作品集』（一九三五）を飾っている点にも注目したい。その点は「星商業学校」も同じで、正面のライト調部分でなく、今度はキュビズムの背面が掲載されているのである。レーモンドの心中では、ライト調を逃れることを考えながら、それ以上に、影響を発表したくなかったものがあったと思われる。

と同時にレーモンドから直接聞いたことがあるが、装飾のない単純な装いが「近代建築」的表現であり、その方を主張したかったのである。したがって一九九〇年代の最近まで残っていた、横浜の「シーバー・ヘグナー社生糸倉庫」（1925）などは、その単純なコンクリート打放し、無装飾で機能そのもの故に『作品集』にも掲載されている。しかも、これらの打放しと単

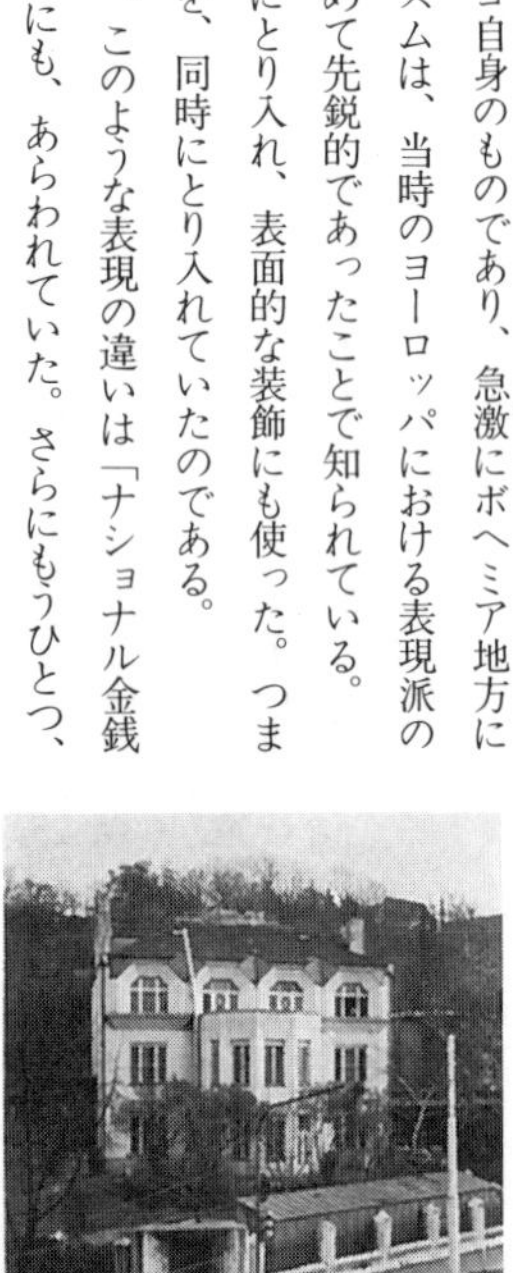

チェコ・キュビズムの作品　ヨゼフ・ホホル／プラーグにあるヤロシュ・ヴィラ（1911-12）

アンドリュース&ジョージ商会

純な表現が「霊南坂の自邸」と同じように、先駆的なものであったことを、その頃の彼は自覚していたのではないかと考える。

「霊南坂の自邸」は打放しの表現と独自の空間の表現によって、たしかに近代建築への一歩を築いたといえるのであるが、その一九二三年の新たな発想の時代の出発にあたってもなお、レーモンドにはライト調から脱出できない理由があり、その一方で抜け出す努力もしていた。

すでにそれ以前にマスタープランを完成していたこともあって、初期のライト調のデザインで忠実に「東京女子大学」は建設されていったからである。一九二四年に完成した二つの教官邸のうち「安井館」はプレイリー型と似てはいるが、やや幾何的立体構成になってきているのはきわめて興味のあるところだ。また、ライシャワー博士の家も一九二七年に完成したが、当時の木製サッシュがアルミに変わっている点を考慮しても、部分的な「プレイリー・スタイル」と、それからの脱出の方向が見える。

影響からの脱出

ところが、最も有名になってしまった「東京女子大学図書館」(1921-31)は、今は本館として使われ女子大の誇る建物であるが、様式的にいうとこれはまことにライトを髣髴させる建物に戻ってしまっているのである。一九二一年のマスタープランを見てわかることだが、図書館も礼拝堂も現在の位置を動いてはいない。模型写真で全体がわかるが、「星商業学校」のような大きなドームをもった図書館があり、瓦屋根で大きく覆われた礼拝堂が見られる。体育館も教室も現在残っている位置に見えるから、マスタープランに忠実な配置をしながら、一〇年後にライト調をとり入れた図書館、一五年後に「ペレ・スタイル」をとり入れた礼

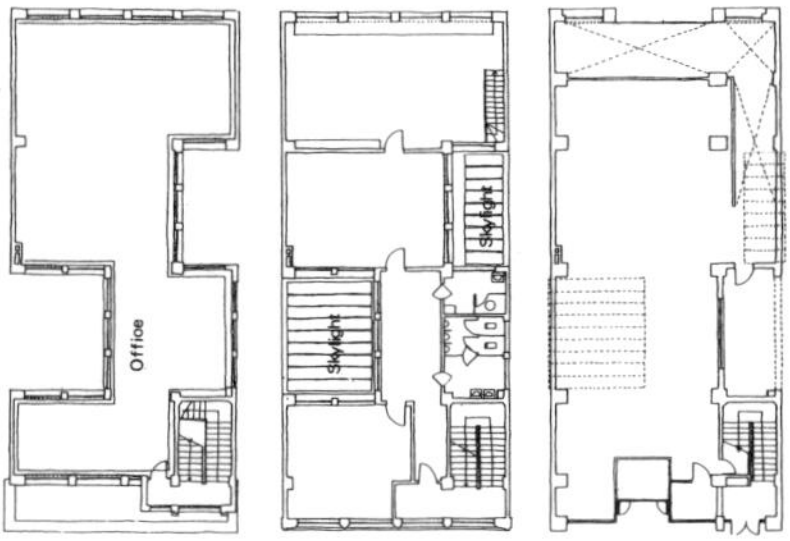

アンドリュース&ジョージ商会　背面
同　平面　右が一階

拝堂に変わったのである。

　図書館の大きな庇の上に日本瓦がのっているのは、このキャンパスの建物全体に共通するテーマであったからやむを得ない。だが、今見ても恰好のいい三階の「隅落し」の手法は、まさにプレイリー時代のライトの代表作「マーチン邸」(1904)や「ウィリッツ邸」(1901)でも見られる手法である。

　この図書館は、レーモンドの作品の中でも記念碑的存在であり、東京女子大学としても重要な当初の建物で大切に維持されている。異色といえる瓦の大屋根の方形造の頂には、典雅さを示す宇治の平等院の鳳凰を思わせる棟飾りがある。「隅落し」によって大屋根を軽くする効果を高めているが、その「隅落し」面の壁は、これまたライトの「クーンレー邸」(1907)の壁面の一部を飾る、模様つきタイルを思い起こさせる。あるいはこの正面の目立つ特徴である、窓割りの一・二・一・二・一とくり返す「タータンチェック」模様ともいえるモデュールの組合せも、ライトからのものである。さらにそこにはめこまれたステンドグラスも、松葉による和風の模様ながら、それを得意としていたライトのデザインを思い出させるのである。

　とはいえ、図書館が完成した一九三一年には、他の建物を見る限りライト調を脱していた。それは「あがき」の続きではない。図書館の左右のウィングや側面に示されているように、コンクリートによる学校建築の手法が多くとり入れられていることでもわかる。しかし、マスタープランに従って正面性と左右対称性を重んずる時に、ライトが表面に出てきたのである。手慣れた手法に頼って安全性をはかったのか、建主の要望にあったのかはわからない。以下にのべていくつもりだが、「霊南坂の自邸」によって近代主義的な手法を手に入れ、次々と大型建築に入るのであり、学校建築には「東京女子大学図書館」への道筋があらわれているのである。

　たとえば一九二四年に依頼をうけた、東京白金台の「東京聖心学院」(1924–25)がある。全館コンクリー

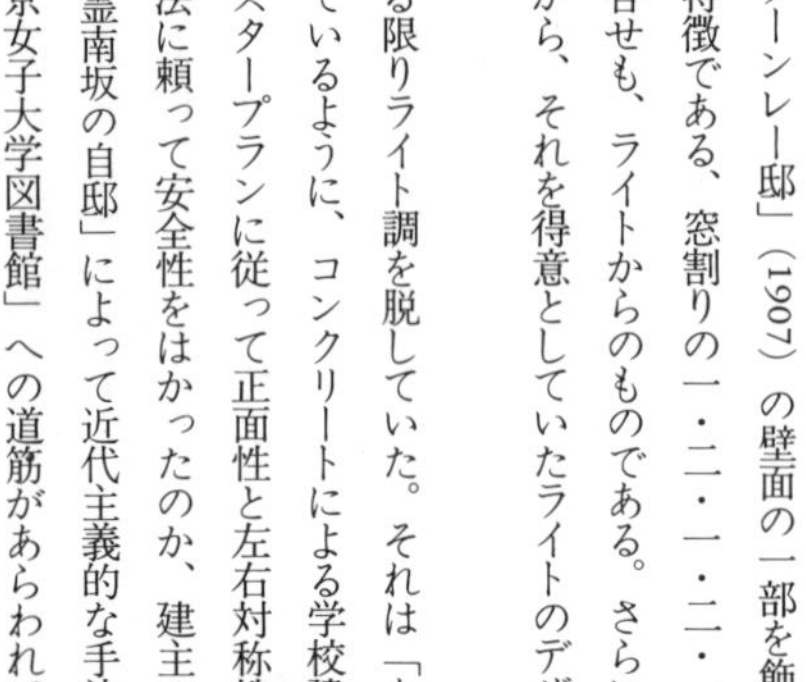

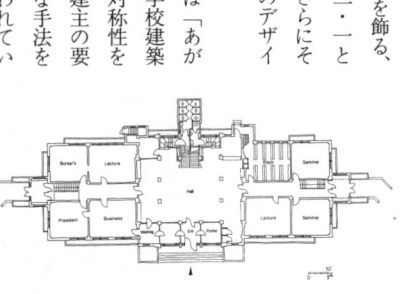

東京女子大学図書館　正面
同　一階平面

ト打放しの外観をもつ三階建であったが、その柱割りにもすでにのべたような、ライトが帝国ホテルで使い、以後も紹介されている「タータンチェック」模様がある。すなわち、窓が二連ずつ大小の柱を間にくり返され、二・二・一・二・二となっている。さらにはその二・二の間の柱には柱頭がついて庇の下で止まっているが、そこには打込みの唐草模様があらわれている。それはライトがロサンジェルスの「バーンズドール邸」(1918–20)の軒蛇腹に使ったやり方であった。その家では建主の好みから「たち葵の家」と呼ばれる理由となったのだが、抽象化されたホーリーホック(たち葵)模様のコンクリート打放し型抜きは同手法でつくられている。これは有名なオークパークの「ユニティ教会」(1906)の柱頭にも応用されているのだが、レーモンドはこれらを見ていたに違いない。いち早く「東京聖心学院」で完成した師ライトの技法を、そのまま後年の「女子大図書館」正面の打放しにも使っているのである。しかしながらミッション系の学校建築が続く中で、レーモンドは次第に自らの様式をつくりあげていた。

F・L・ライト/バーンズドール邸の外観　たち葵の打込みが見える

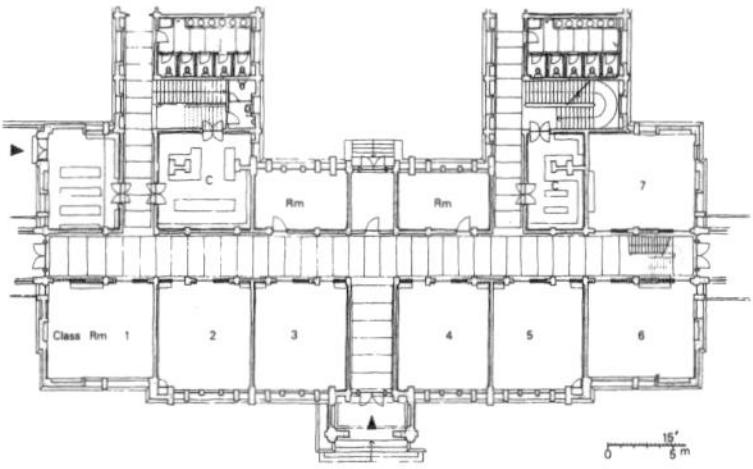

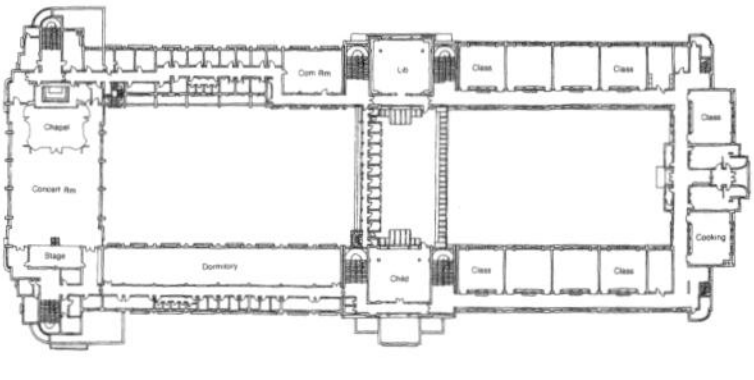

東京聖心学院　正面
同　一階平面
小林聖心女子学院　中庭
同　二階平面

それらは「東京聖心学院」に次ぐ、仕事の中に見られる。年代順に追うと当初は「神戸聖心学院」と呼ばれていた、宝塚市の小林にある「小林聖心女子学院」（1926–27）であり、岡山市の「岡山清心高等女学校（現ノートルダム清心女子大学）」（1928–30）や、大阪は香里園の「聖母女学院」（1931）にあらわれている傾向である。

まず「神戸聖心」では、全体が近代建築化しているが「表現派」の手法をとり入れて、ほとんどライト調を消してしまっている。この建物は「ロの字形」の平面をもち二つの中庭を囲む二階建てと三階建てで構成され、礼拝堂、修道院、女子寮、教室から成る。その部分的表現には、立方体を積みあげる「デ・スティル」あり、オランダの建築家P・P・アウトの「デ・スティル」派の作品「キーフホフ・アパート」（1924）に表現されている手法もあり、礼拝堂内部の梁にも少なからず「デ・スティル」の影響を見ることができる。

また「岡山清心」では、正面に礼拝堂を据え鐘楼をのせた別のスタイルを見せている。その丸柱を積みあげる手法はオーギュスト・ペレからのヒントはあったろうが、独自のスタイルをもって構成されている。また巨大な校舎の背後にあたる部分はどう考えても、オランダの一九二〇年代のM・W・デュドックの手法によく似た「表現派」があらわれている。ライト調の「隅落し」の手法も見られるが、もはや別人のデザインである。『新建築』一九九六年三月号の表紙によると、この正面の背後に村上徹設計の巨大な「ノートルダムホール中央棟」が見える。周辺のレーモンド設計による校舎は七〇年を経て健全に使われているようだ。

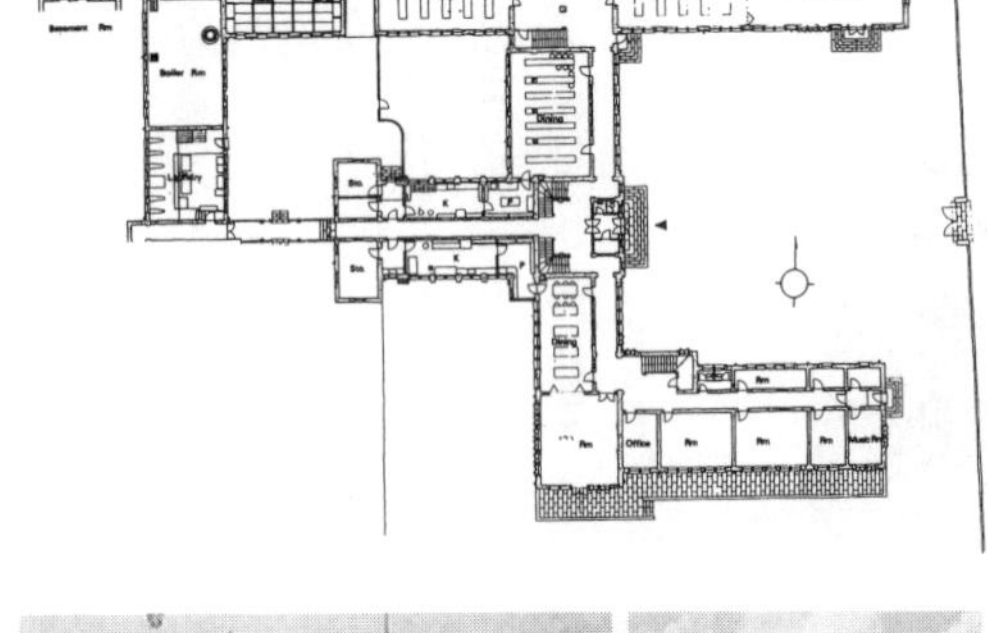

岡山清心高等学校　一階平面
同　正面
同　側面

これは学校建築から見た様式の変遷のほんの一部であるが、これからもわかるように、約一〇年間で、ようやくライト調はレーモンドから抜け去っていったと考えられる。

これから順を追って表現主義から、ペレ・スタイルへ、そしてコルビュジエ・スタイルへと変わり、次第に「近代建築」的形態を追いつめる、レーモンドの変わり身の激しさを見ていきたい。

自邸設計に見るモダニズム

戦前初期の住宅設計の頂点に立つともいえる「霊南坂の自邸」(1923-24)を通じて、レーモンドにおける「近代建築」の実際の流れを見たい。特に彼の建築作品の場合、住宅に発する「近代建築」の流れは、そこだけ見ても著しく明瞭にあらわれていると考えられるからでもある。レーモンドが「私は現代建築を創始した建築家の一人」といったことはすでにのべた。

ここでいう「現代建築」とは、「モダン・アーキテクチャー」のことである。現代の時点で「近代建築」といわれているものと同じであり、また同時にいわゆる「国際建築」と呼ばれた建築でもある。建築史家の藤森照信は「国際近代建築」がふさわしいともいっている◆。

また、拙訳によるレーモンド著『私と日本建築』では、すでにモダン・アーキテクチャーを「現代建築」と訳している◆◆。今さら直すこともできないが、ここでは「近代建築」を「モダニズムの建築」に代わる言葉として用いたい。

レーモンドは近代建築家として最初から名のりをあげているわけではなかった。来日当初三三歳の彼は、強烈なライトの影響から逃れようとしたが、なかなか抜けきれず模索していたことはのべてきた。その中で「霊南坂の自邸」は格別な存在であり、これこそまさに日本における「近代建築」の出発であった。

◆ 藤森照信『日本の近代建築(下)』(岩波新書、一九九三)一六一頁。
◆◆ レーモンド『私と日本建築』。

この「自邸」は一九二三年の関東大震災直後に設計が進み、翌一九二四年に完成して住んでいる。その敷地は六十数坪（約二〇〇m²）あり、現在のアメリカ大使館の南西の裏で、元の霊南坂教会に近かった。建主の一人、リード博士がもっていた土地の北半分が譲られ、震災直後に和風の仮住宅をつくり、その南に「自邸」を建てた。さらに南側の隣地にはリード邸を建て、仮住宅は解体して後に船で葉山に運んで再建。それは遠く戦後の「葉山の別邸」（1957-58）の建つまで、彼の週末住宅であった。

さてその特徴としては、現代のタウンハウスを思わせる敷地いっぱいの三階建。完全な鉄筋コンクリート造で、内外ともコンクリート打放し仕上げ、一切装飾なしであった。ガレージ部分の平家を含めて約五十数坪（約一八〇m²）、いくつもの直方体が重なりあって中庭をとりかこみ、道側をコンクリート塀が閉じる。各直方体の屋上は庭園として使われ、植物が育てられていた。二階には主寝室、三階も寝室と書斎、どの部屋も南面し、庭や屋上庭園に出られるようになっていた。つまり、寝室空間や小部屋を、直方体の箱を重ねるように三階まで立ちあがらせているのであり、それらを暖炉と厨房用の二本の煙突ではさみ、角のように立ちあげて全体をひきしめ、しかも各箱型空間をずらして積みあげているという、不思議な立体構成であった。

窓はスチールサッシュではあったがまだ引違いにはされず、フレンチドアタイプの押しあけ外開き二枚戸または二枚窓であった。あるいは上げ下げ窓を使い、いずれも板状のコンクリート庇が直方体に差し込まれるようについている。その庇のあるもの

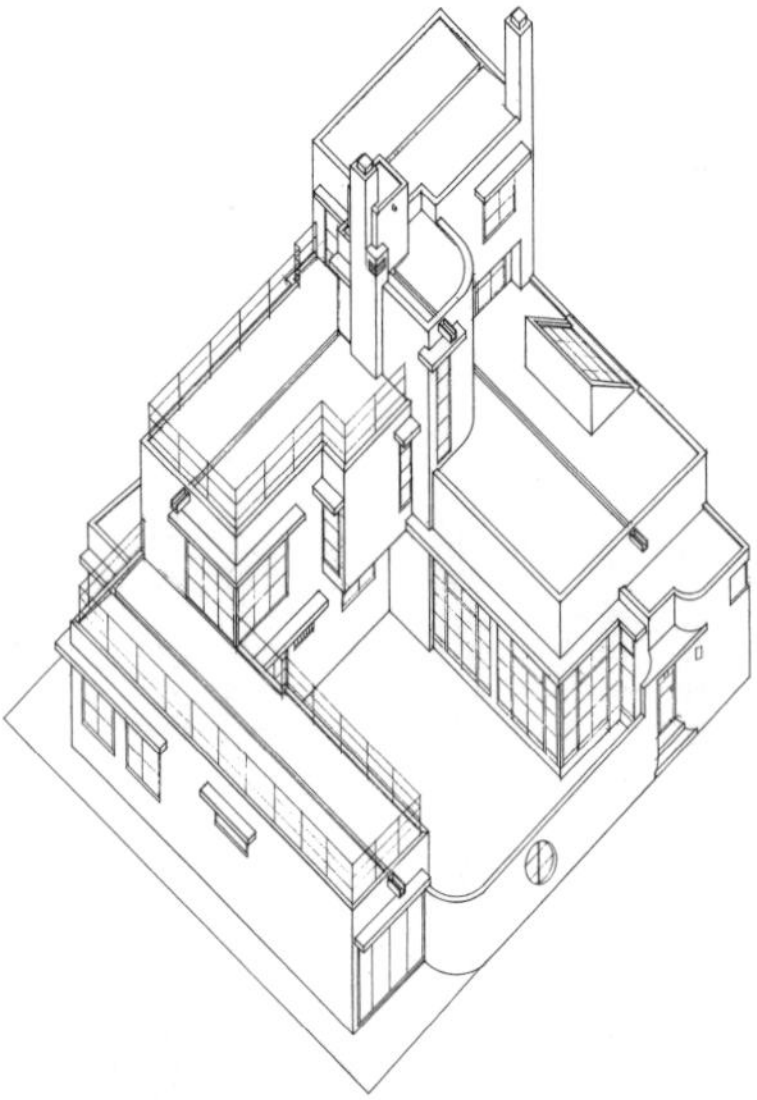

霊南坂の自邸　外観

同　アクソメ図

同　見上げ

には和風の手法でしゅろ縄のたて樋が垂れ、雨水が下に伝わるようになっている。

居間の天井は四・五ｍと高く、一部にトップライトをもっていた。すべての空間は中庭に向けて開け、外で食事もしていたことが写真からわかっている。螺旋階段が三階まで延びて居間の中心空間をつくるなど、いわば奔放な空間構成であった。

平面ではその構成が実に自由であることをあげたい。すでにのべたように、それこそ「この平面からこの立体は考えられない」のである。一階の居間に柱が見えるが二階に柱はなく、部屋の隅は「隅開き」で窓の方立のみである。その上に立体的に箱を積みあげ、しかもその箱をいく分ずらせて空間をつくり外部空間をともなっている。これは「近代建築」の「白い直角の箱づくり」ではない。むしろ

> **箱とパネルによる凹凸は、オランダのデ・スティルに由来する構成にほかならない……日本のモダンデザインはレーモンド邸によって世界の先端に届いたのである。◆**

その位置づけとしても

> **歴史主義が全盛を極め、対抗する表現派がようやく盛り上がったのと同じ時期にあらわれたレーモンド邸は、それまで誰しも見たことのない、おそらく世界でも、姿をしていた。◆◆**

と藤森照信はのべている。

それまで「チェコ・キュビズム」とり入れの手法が、立面の立体化と変化であったのにくらべ、今度は立体の空間構成という新たな方向をつくったといえるのである。

オランダの「デ・スティル」派の中で、特にリートフェルトの「シュレーダー邸」は、時代の先端を行く設計であった。オランダのユトレヒトに残る小さな二階建ての家は、その時代の、そして「デ・スティル」派のモニュメントでもある。板とガラスと箱による構成、特に二階ではすべての間仕切りが消えて、一室空間になる組立式空間である。煉瓦と木でできた家だが、バルコニーだけにコンクリートが使われ、それを色

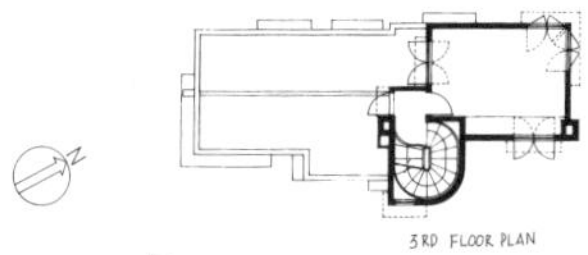

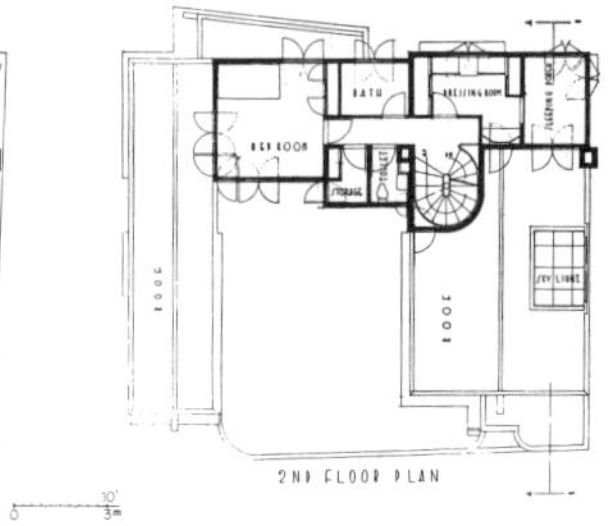

霊南坂の自邸　一―三階平面

◆　藤森『日本の近代建築（下）』二〇九頁。

◆◆　藤森『日本の近代建築（下）』二〇六頁。

彩豊かなI鋼が支えている。一九二四年にデザインされ、二五年八月に完成した。同時代、グロピウス設計の「バウハウス」(1926)と並び、「近代建築」界を二つの系に分ける作品であるといえる。レーモンドの快挙は、これに先駆けるモダニズムによる「近代建築」の実現であった。

では果たして「霊南坂の自邸」は、レーモンドの突然変異であったのかどうか。コンクリートの経験を積み、自邸であるが故に、自由で奔放な手法と最も経済的な打放しを実験できたという側面はある。しかしそれは、ライト脱皮のための「チェコ・キュビズム」を超え、次の「デ・スティル」あるいは「近代建築」の本当の、先取りであったといえる。

それは「デ・スティル」派のモダニズム的な構成やコンポジションが、F・L・ライトの建築に触発されたことが、建築史家に歴史的に証明されていることにもよるが、その派の人々と同じように、レーモンドもライトに影響をうけ、それを超えて新たな方向を見出していたのであった。

再び「霊南坂の自邸」について

「霊南坂の自邸」は「デ・スティル」派の考え方に匹敵し、かつ「近代建築」の日本におけるはしりであった。ただし、レーモンドが「デ・スティル」の手法を現実に見ていて、その方向を決めたとはいいがたい。それをいっておかないと、影響をうけて自分の方向としたようにとられやすい。実証するには、彼のその頃の作品を見ることで確かめる以外にはない。

この前後の彼のデザインの中には、「小林聖心女子学院」(1926–27)のような立体構成の積みあげがあり、同時にコンクリート板の庇があらわれているのが見られる。東洋の孤島の日本にいて情報量も豊かであったと思えず、したがって「自邸」はあくまでもレーモンド独自の発想であり、飛躍であった。

ゲリット・リートフェルト/シュレーダー邸　外観

霊南坂の自邸　居間の明かりとり

オランダの「デ・スティル」は、ファン・ドーズブルフによって一九一七年に出発しているが、建築でP・P・アウトや、リートフェルトの活躍したのは一九二四年頃である。「バウハウス」は一九一九年に発足したが、デッサウにモダンな新校舎のできたのは一九二五～六年である。表現主義がヨーロッパでようやく陽の目を見始めていた時代でもあり、レーモンドがそれらをどう聞いていたかは定かではない。

ここにもうひとつ、先取りであったといえる証拠がある。「自邸」の内部写真におかれている「パイプ椅子」だが、これは日本製のパイプでデザインしたものであり『自伝』にあるように、一九二四年の作品であった。時期としては、バウハウスにおいてマルセル・ブロイヤーがパイプ椅子を発表した、一九二五年に先駆けていた。

家具の中でも最初の試みは、スチール・パイプを利用した椅子であった。私たちは若く、意欲的にこの提起された問題にぶつかった。椅子は率直にいって大変な成功だと考えられた。だがある日、比較的肥った日本人客がすわると、重みで序々につぶれてしまった。次の試作には、さらに高度の抗張力をもったスチールを用いるべきだと悟ったのである。◆

後にこの失敗は改良され、実用化される。「東京ゴルフクラブ」（1930–32）や住宅でも使われ、『詳細図集』（一九三八）に記録されている。

さらに、この家の先駆を裏づけるのは、内外の打放しコンクリートの使用であった。特に内部の梁に、戦前の所員であった杉山雅則が「はつり」をかけたといっている、表面の「荒らし」がある。これは日本の従来の工法である「なぐり」に似ていて、当時の床の間の柱や落し掛けの「なぐり」肌を思い起こさせる。日本では、住宅で内外打放しコンクリートは初めてであったろう。外部のコンクリート打放しは「東京女子大学教師館」が最初であるが、おそらく構造家ユージェーン・フレシネーやロベール・マイヤールの橋や工作物を除いては、世界でも珍しいことだったのであろう。ライトのオーク・パークの「ユニティ教会」（1906）や、「バーンズドール邸」（1918–20）も、その打放しの先駆であったが内部に打放しは見えない。

霊南坂の自邸　居間とパイプ椅子

◆　レーモンド『自伝』九二頁。

同　まわり階段

当時、現場でコンクリート打ちを手伝っていた戦前の所員で戦後の社長、中川軌太郎が回想（一九六二）しているのを聞いた。

小さな庇にコンクリートを打ち込むのは大変だった。ジャンカにならぬように極めて固いコンクリートを念入りに打ち込んだ。

この住宅は遅れて一九三一年に小冊子で発刊され発表された。そして詩人で当時のフランス大使、ポール・クローデルがその序文で讃美したことは、クローデルのモダニズムの目が一段と冴えていたことにもよるだろう。ここでは洪洋社出版『レイモンドの家』の序文から、流麗な山内義雄訳の一部を原文のまま掲載する。

茲にわが友レイモンドは、日本の家から凡ゆる不自由な點を除き去り、その最も本質的なところ、その最も優雅なところを採り、家をして一個の箱たらしめる代りに、これを以て一の衣裳、生きるため、呼吸するための要具たらしめ、しかもこれに生物たるの温かみを與ふると共に、一方感覺の流露をも妨げざるものを創り出さうとした。

面積の點に於て制限されてゐた彼は、住居を形成する室々を平面的に配列するかはりに、これを層々

霊南坂の自邸　立面　上から東、南、西、北面

同　居間全景

として上に積み重ねた。然して彼はかうした室々に一個箱の職分を與へて満足するかはりに、これを一つの細胞として取扱ひ、即ち吾人を監禁することによつてよく吾人を護り得たりと誤解することなく、観念上の透明玻璃――透明な膜にも似たものを透して、互ひに愛でたき均衡を保つた二つの生活、すなはち外界の生活と家の中なる生活との微妙な交感を創り出さうとしたのだつた。

各々の室は家の樞軸を中心として、ただ徒らに上へ上へと積み重ねられることなく、丁度気管支を中心として並べられた呼吸網のやうに各々巧みに配列され、互に地平の各方面に向つてその窓を持ち、太陽の光りを傾斜の度につれてその最もよろしき角度に於いて利用してゐる。各々の室、それは事実二個のテラツスによつて形成されてゐる。その一つは、風の自由に吹き通ふ屋根の部分にあたるもの、他の一つは内部なるもの、庇によつてまもられてゐるものである。但しそこには壁のかはりに、ただ假想の玻璃戸といつたやうなものがあつて、その間を劃つてゐるに過ぎぬ。比較的永久性をもつた野営陣とも稱すべきこの家の性質を更に押進めんがために、レイモンドは、普通二つの壁を接することによつてわれらの牢獄が形作られてゐる点を打破せんとして、この牢獄を、言はゞその根元に於て裁斷し、從つてそこには方形に限られた空間が存在せず、その結果として所謂室と稱すべきものがなく、神を思はせ、休息と動きとを思はせながら、われらが日常の必要に適はしい一個の平面が存在するばかりにしてゐる。◆

ともあれ金字塔としてこの家は建ち、のち一九三七年のレーモンドの帰米に先立って売られ、戦後には幾分か入口や屋上を改造されながら、それでも充分に建っていた。少なくとも一九七〇年までは実在し、私の見た頃はたしか服飾デザイナーのショールームであったと記憶する。

霊南坂の自邸　外観

◆川喜多煉七郎編、ポオル・クロオデル序文『レイモンドの家』（洪洋社出版、一九三一）。ポール・クローデル『朝日の中の黒い鳥』（内藤高訳、講談社学術文庫、一九八八）にも所収。

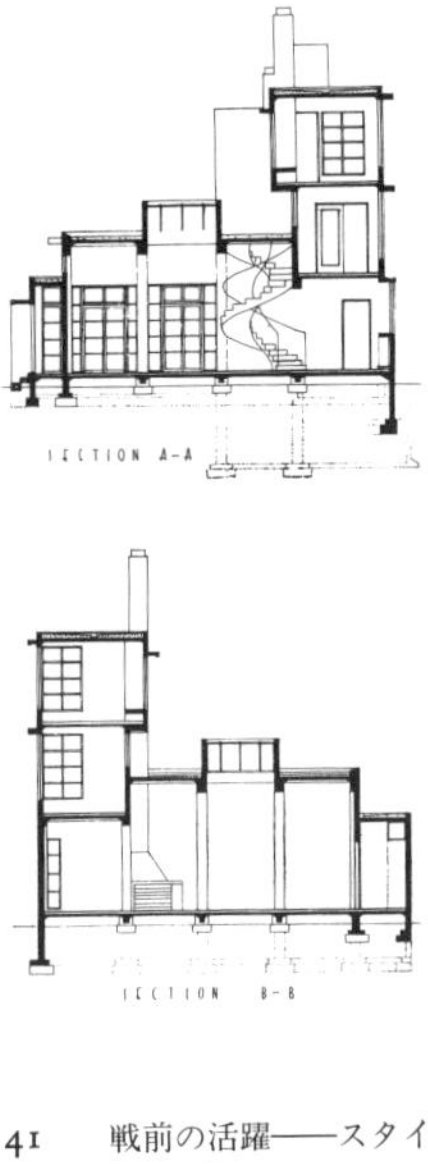

霊南坂の自邸　断面

建築表現の変遷

関東大震災はレーモンドに臨時の住宅設計の仕事をもたらしたばかりか、銀座の老舗、事務所、アメリカンスクール、総領事館など、臨時建築の依頼が相次いだ。「聖路加国際病院」の設計は一九二三年に始まっていたが、これも臨時建築のチャペル（1924）、看護婦学校（1925–26）などを建てた。

そうこうするうちに「東京聖心学院」（1924–25）、「紐育ライジングサン石油会社ビル」（1926–29）、「紐育スタンダード石油会社ビル」（1927–28）などが始まる。仕事は多くなりこの一九二〇年代は、所員は外国人を含めて随分と入れ代わったらしい。設計の内容もスタイルも、変遷の激しいところがあった。

特別な表現のされ方の例では「東洋鋼材会社事務所ビル」（1926–30）があり、「東洋オーチス・エレベーター会社工場」（1932）のような工場建築がある。これらはアメリカの建築家アルバート・カーンの工場建築の影響をうけた、鉄とガラスによるカーテンウォールであった。カーンは米国の工場建築の五分の一を設計したともいわれ、鉄とガラスによる「近代建築」の機能的表現で有名であった。また、二カ所（巣鴨と横浜）だけであったが、アールデコ調の「ライジングサン（後のシェル）給油所」（1930）は、いまだに使われているガソリンスタンドの原型ともいえるデザインであった。

このような大小の建築を別にして、当時のレーモンドは幾多の住宅設計も進めていた。最近の雑誌で、レーモンドの「近代建築」に関する記事に、戦前のレーモンドは小住宅の設計をしていないという批判があった◆。それは作品を発表した『新建築』誌上の話で、事務所では大小さまざまな住宅の仕事もあった。それらは『作品集』（一九三五）を見ても明らかだ

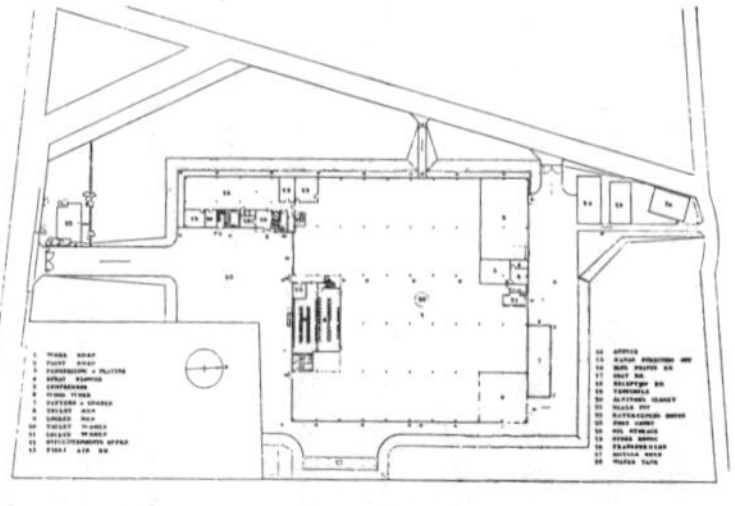

◆『SD』一九九六年七月号六八頁。

東洋オーチス・エレベーター会社工場
一階平面
同 外観
同 部分

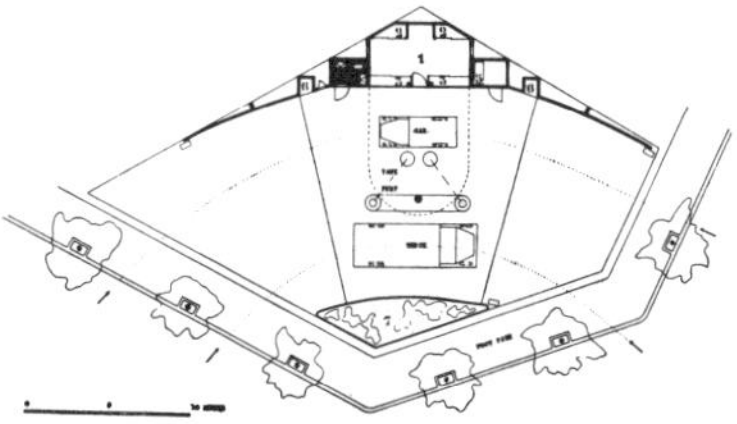

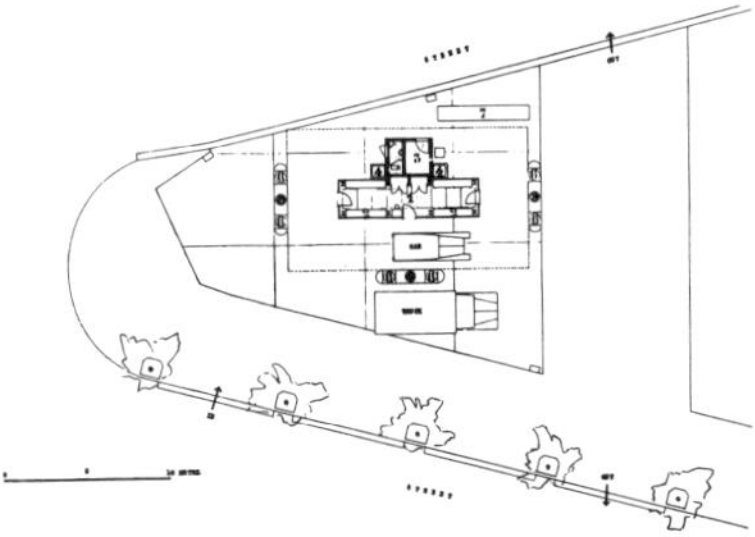

ライジングサン給油所（巣鴨）
同　平面
ライジングサン給油所（横浜）
同　平面

が、残念ながら一般的な認識としては、近代建築家レーモンドの実際の影は薄い。戦前ではやはり彼は噂の人であったようだ。その次の時代、一九三〇年代には「川崎守之助邸」「赤星鉄馬邸」そして「福井菊三郎別邸」という大邸宅が『新建築』誌に発表されて、これらによって大邸宅設計のアメリカ建築家という評価が、実際上たっていたかもしれない。

案に相違してその陰では、一九二四年の「近藤邸」「オースチン邸」「レーセント邸」「ニプコウ邸」「ガーマン邸」、一九二六年の「萩原邸」「井上邸」「ラッセル邸」などの小住宅があるが、いずれも失われている。この小住宅の中で特筆すべきは、次第にライト調から脱出していたこともあるが、それ以上に洋風から和風への歩みが明瞭に見られる点である。これは注目に値する。

まず第一は「A・P・テーテンス邸」（1924-25）。建主は設備技師であり、大震災後であったため特に耐震設計を依頼した。腰部分をコンクリートでかためた二階建ての正方形の建物は、四隅を十文字の柱でおさめてモルタル塗。一見してRC造に見えるほどの凝りようの中型住宅であった。

次は「浜尾子爵夫人別邸」（1926–27）であるが、これは初めての市街地における和風の家であった。和洋折衷式で部分に座敷があり、一階は広縁で庭に開放された和室、居間はやや洋風で和室に並んでいる。内装は厚い壁でなく合板による真壁の薄い壁。レーモンドは関東大震災で和瓦が揺れ落ち、それが飛ぶのを見てから、軽い鉄板葺きの屋根を使うようになっていたがここではスレート。とにかく柱だけの真壁の多い日本家屋であり、レーモンドは今までの壁構造を主とした住宅から脱して、和風と洋風の生活を混在させてデザインしたことになる。

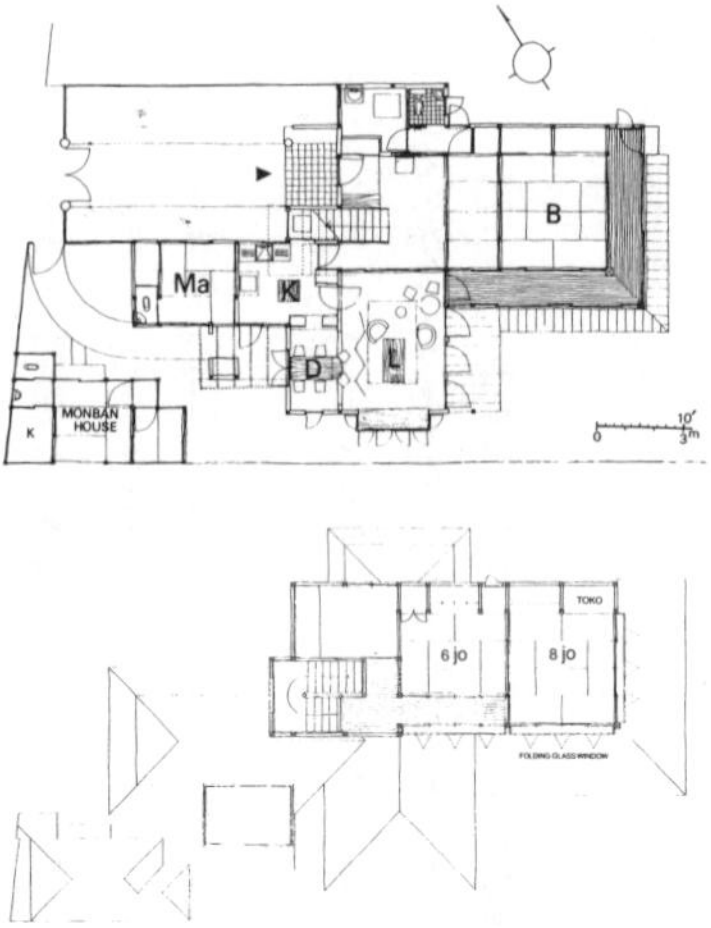

浜尾子爵夫人別邸　一・二階平面

同　外観

レーモンド自身がいっていたが、この「浜尾子爵夫人別邸」で、何とか日本家屋をマスターできたとしていた。西洋風の壁の厚さを消し、薄く、繊細で、かろやかに、そして単純にしようと考えていたのである。

初めて和洋の生活様式を調和させる解決策を発見し、その上に斬新で自然な形を与えた。……開放的な平面、正しい方位のとり方ばかりか、適切な材料の扱いはできる限りの自然性を維持し、しかも合板を内壁に用いもした。同じ考え方による住宅は、遅く一九四〇年代のソーラー・ハウスとよぶ住宅に至るまで、アメリカには出現しなかった。◆

図面と写真だけからではあまりその実感が伝わってこないが、縁側のとりまく日本住宅で合板を壁に使い、しかしそれでも部分にまだ漆喰は残されていた。この家の和室は入り側とぬれ縁のとりまく純和風であ

◆レーモンド『自伝』一〇七頁。

り、隅柱を太くしかも通し柱にして、和風木造の二階をのせる柔構造をとり入れていた。たしかにそれまでの洋風をとり入れた住宅にはない方法でまとめられ、耐震壁のない開放性を示し、初めて暖炉のない洋室をつくった。

そのほかに、たしかに日本家屋の特徴の面白い使い方だと思えるものに、「イタリー大使館日光別邸」(1928)の、杉皮を外壁に採用しそれも千鳥の模様張りにした例がある。ただひとつ試みられた例ではあるが、杉皮の外壁は当時の別荘建築に見られたまことに日本風の手法であったし、土地産の材料の利用であった。さらに藤沢の「赤星四郎週末別荘」(1931)や、日光の「トレッドソン別邸」(1931)の、極めて日本的な例もあげられる。吉村順三が設計を担当したと直接聞いたことがあるが、後者は今も昔のまま健在であるという。「赤星別荘」は茅葺き屋根の草庵風、開放的な立式の居間をもち「いろり」を切ったおおらかな民家風である。たしかに吉村は学生時代に茶室を研究し実測していたから、担当には適任だったと考えられる。「トレッドソン別邸」の方は、小さな木造ながら洋風生活を和風の室内に閉じこめたかのようであり、大梁が見られる上にたる木あらわしで、その一部には欄間のある居間をつくっている。ここでは天井に届く大きな暖炉を中心としている。コンクリート住宅では「デ・スティル」の形態で様式的にも成立させ、「モダニズム」の香りの高い「近代建築」の領域を確立しつつあった中で、木造では和風と洋風の両立をひそかにはかっていたふしがある。

吉村順三の設計への参加は、美術学校二年生終わり頃の一九二八年以降のことになるが、担当した住宅の中でも、RC造による「赤星喜介邸」(1932)は『作品集』に名前があり、注目に値する。そしてその住宅は、細部において日本家屋の開放性という良い面をとらえ、さら

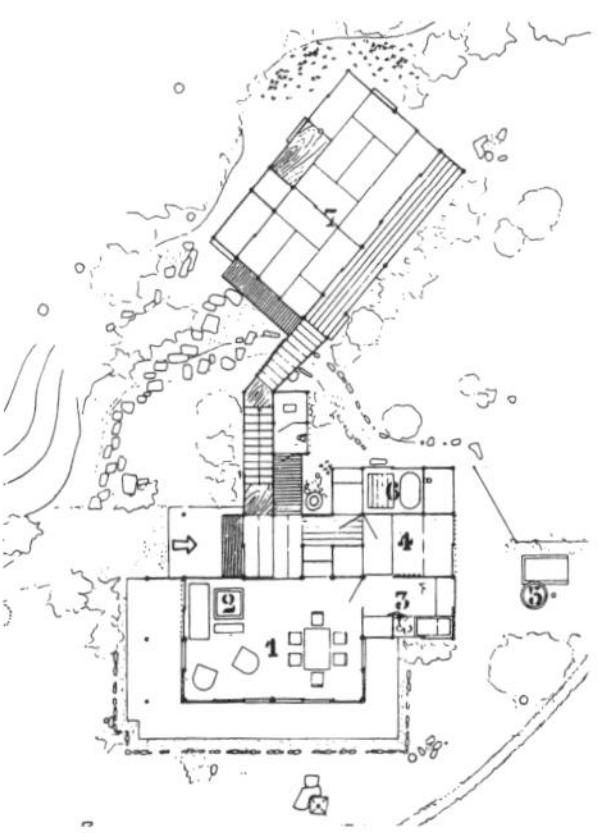

赤星四郎週末別荘　平面
同　外観
同　居間内部

に、開口部のサッシュまわりの改良が加えられ、コンクリート住宅の普遍化という問題を解く鍵をつくっていた。レーモンドの指示であると思われるが、木造の良いところをコンクリート住宅にも適応させるための準備があった。これについてはあとでふれる『詳細図集』の出版が証明している。

ペレ・スタイルとフォイアシュタイン

一九二〇年代についてはすでにのべたように、ライトの影響を抜け出そうとして選んだ「チェコ・キュビズム」と、一九二六年に来日のチェコの建築家ベドリッヒ・フォイアシュタインと共にレーモンドの手許にもたらされた、オーギュスト・ペレのスタイルがとり入れられていく。レーモンドは建築家ペレを尊敬はしていたが、会ったことはないと思われる。つまり、「ペレ・スタイル」のRC造の塔や柱への影響は、フォイアシュタインを通してであったと考える。

ペレの許にレーモンドがいたという誤解は、美術評論家の勝見勝が次のように書いたことから広まったものだ。

地域的にはウィーンか、ベルリンのいずれかにひかれるのが、きわめて自然なのであるが、レイモンドは、どちらの道も選ばずに、かえってパリに出て、オーギュスト・ペレーの門を叩き、それからニューヨークに渡って……◆

◆ 勝見勝「アントニン・レイモンド」『芸術新潮』一九五四年一一月号一五四頁。

『自伝』ではプラーグからトリエステ、アルジェ、アゾレス、ニューヨークの順に渡っている。

すでに故国チェコ芸術界ではアヴァンギャルドとして、舞台装置で名を成していたフォイアシュタインは、ペレの許で働いたあと、レーモンドの弟の弁護士ビクターの紹介で日本に来た。レーモンドにはアレック・サイクスというパートナーがいたから、彼はチーフ・アーキテクトの位置におかれた。そして極めてオ能豊かだったと思われるこの人が、レーモンドの大型建築を進歩させた。関東大震災後の上海への旅行中にレーモンドが会って誘った、チェコ人の構造技師スワガーと組んで、「紐育ライジングサン石油会社ビル」(1926–29)「同社社宅群」(1927–29)や、「ソビエト大使館」(1929–30)などを巧みにこなした。

前記の石油会社の本社は、ごく最近(一九九〇)に壊されてなくなったが、プロポーションの良い、品のある建築であった。横浜関内の本町通りに面して三階建のRC造。背中合わせのように山下町の港側に向いていた「紐育スタンダード石油会社ビル」(1927–28)の、擬古典デザインつまり歴史的様式建築でドーリア式円柱のそのいかめしさとは対照的であった。左右対称で中央に回転ドアの入口、そこに円柱が左右に二本。一階のスラブで切れて再び立ちあがる。この正面の二本の丸柱が「ペレ・スタイル」のフルーティング(たて溝)付きで、柱頭がなくて最上階の梁につきささる。これはたしかにペレの建物に散見される手法であり、それを担当者がとり入れたと見ることができる。柱頭の付くのが当然の様式建築の中では極めて異例であり、突如あらわれ斬新である。

各階の窓は正方形で、完成当時の側面の二階窓は、カーテンウォール状に外に枠がつき、ガラスのふたがされたようなデザインであった。戦後は全体がクリーム色に塗られて、当初の打放しと石張りの区別もつけられなくなっていた。

レーモンドが誇っていた内部のガラス天井ホールは、同じくアールデコ博におけるペレの「劇場」(1925)に似て華やか。一九二五年にパリで開かれたこの博覧会は、コルビュジエの「エスプリヌーボー館」などで有名だが、正規には「現代工芸美術国際博覧会」◆であり、ペレも二館の設計をして参加していた。「劇場」は天井面が平らで、全面に光をとり入れていた。「ライジングサン」の方は中央の事務室が、トップライトを入れたガラス張

ライジングサン石油会社ビル　玄関

◆吉田鋼市『オーギュスト・ペレ』(鹿島出版会、一九八五)による。

ライジングサン石油会社ビル　内部

同　全景

り天井であった。またこの建物は最初の全館エアコン付きであったし、当時は入口の回転ドアが珍しかったと聞いている。

「ペレ・スタイル」が著しくあらわれたのは「聖路加国際病院」(1928–33)の鐘楼の計画であった。しかしその初期案は実施されることなく、五階までコンクリートが打ちあがったところでレーモンドは手をひく。「聖路加国際病院」の計画は、実に長期にわたって続けられていた。初期案は早く一九二三年にでき、最終案は一九二八年の完成である。実際の記録ではカス・ギルバートの所員時代の同僚、透視図や都市デザイン論で有名になったヒュー・フェリスへの透視図の依頼が一九二八年。杭の打込みはニューヨークの「レーモンドパイル」という会社に依頼し、木杭があまり長いために帆船で運んできて、それが実施されたのも一九二八年頃である。病院の記録によると着工は同年、完成は三三年であり、礼拝堂の完成は三六年である。レーモンドによれば、病院長トイスラー博士、フォイアシュタイン、そしてスワガーの三人によって謀反が起こされ、デザインは変化し、当初の努力も最終の成果もなくなったという。そして様式的にもペレ風、アールデコ風、スパニッシュ風、ゴシック風などを混在させて不統一な、今は一部が残されている「旧聖路加国際病院」となったというのである。

フォイアシュタインのレーモンドへの協力は五年で終わった。だが構造のヤン・スワガーと共に、レーモンドの戦前の一盛期をつくった人であるといってよい。もちろん杉山雅則、内山隈三、澤木英男といった才に長けた人々が、二〇年代を守っていたのではあるが、『作品集』に担当者として記載のあるところでは、その働きは目覚ましい。

フォイアシュタインがペレの許に二年いたからといって、レーモンドの許ですべてを「ペレ・スタイル」にしたわけではない。横浜の「紐育ライジングサン石油会社ビル」(1926–29)に彼の担当者名はあるが、別の歴史的様式デザインの「紐育スタンダード石油会社ビル」(1927–28)は、杉山雅則が担当、構造はスワガーとされている。

また、横浜の根岸の丘に独立住宅が一七戸も建てられた「ライジングサン石油会社社宅群」（1927–29）は、フォイアシュタイン／スワガー組があたっている。レーモンドの戦後の作品にも通ずるところのあるRC造の細部は、「ペレ・スタイル」ではない。煙突や玄関の庇をアクセントとして、南側にガラス面をとる手法は、他の住宅にも共通する「近代建築」的な手法である。

また現在の「フェリス女学院一〇号館」として使われている一棟は「ライジングサン石油会社社宅」（1929）で、RC造二階建ての四戸の「一〇人の速記者のためのフラット」と、図面のタイトルに残る連棟の住宅だが、いまだに健全で現役である。最近の『SD』誌でも紹介されている◆。フォイアシュタインとスワガーが担当であった証拠はどこにもないが、単純で清楚な「近代建築」の典型的なデザインを、現代にあってなお見ることができる。これこそ「コンクリートの白い直角の箱」であり、連続する窓こそないけれど、戦前のひとつのレーモンドの「スタイル」だといえる。それは「デ・スティル」を脱し、端正な連続するバ

（前頁）
ヒュー・フェリスの描いた聖路加国際病院最終案透視図
聖路加国際病院　正面（一九八五撮影）

◆ 特集「昭和初期のモダニズム」『SD』一九八八年七月号。

ライジングサン石油会社社宅群（横浜根岸）全景模型

ライジングサン石油会社社宅（横浜山手）一〇人の速記者のためのフラット一・二階平面

同　外観（一九九二撮影）

ルコニーと突き出しのフレンチドアをつけた、つつましい開口部のプロポーションが美しい。ここで見る限り、レーモンドは戸建住宅も含めて、コルビュジエ風をデザインにとり入れながら、モダニズムの方向に向けて、これらの異色の建築をつくっていたのではないかと思う。

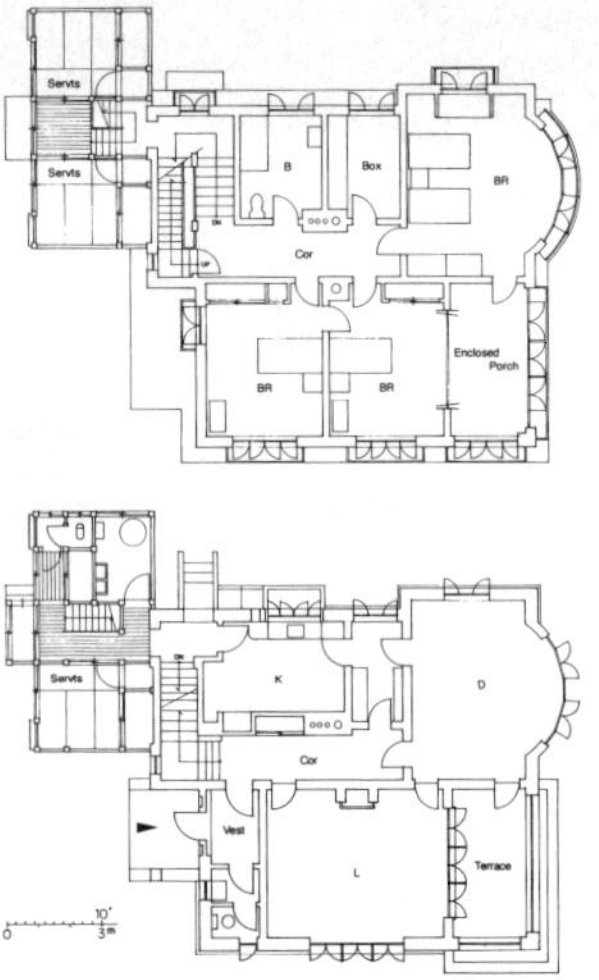

ライジングサン石油会社社宅（横浜根岸）Bタイプ平面 二階・一階

同 Bタイプ立面 和室部分は使用人室 寄せ棟の木造

それ以後のペレ・スタイル復活

「ペレ・スタイル」に関連する、フォイアシュタインのモダニズム建築づくりの活動には、もうひとつの例がある。彼の担当とある「ソビエト大使館」（1929–30）がそれだ。東京麻布狸穴《まみあな》の現在の大使館の位置にあって、戦後も八〇年代まで存在していた不思議な建物であった。もちろん私は入ったこともない。レーモンドは戦前のこの建物には腹をたてていた。共産主義国だったから仕方がなかったろうが、監理は一切祖国の建築家がまかなったということらしい。その上に、

（次頁）

◆ レーモンド『自伝』一一一頁。

◆◆ 土浦亀城「ソヴエート大使館の建築に就て」『新建築』一九三一年一月号四頁。

ソビエト大使館 南面

同 北側全景

基本デザインに対しては、直ちに支払われたが、実施設計の請求書を提出すると、がらりと性格の違う、はっきり政治執行委員と分る顔があらわれた。おそらく看板に過ぎなかった大使には、それ以後逢えなくなってしまった。私の請求書は破り捨てられたときいたが……◆

この作品は『新建築』に掲載され、土浦亀城と奥田佳良二が解説している。いとも奇妙だが土浦はその設計の過程をのべている。それによれば、当初三、四の請負会社が設計と見積りを競争入札したが、一案が当選したが破棄された後、改めてレーモンドに依頼されたとある。その理由はわからないが、土浦は次のようにのべる。

自分も始めの競技に参加した一人であるが……実施された物とに《(ママ)》、平面計畫にも立面にも類似點があるので、自分を設計者と混同した人もあり、不審に思って居る人もあるので、此處で釋明して置き度い。◆◆

つまり土浦が競争入札用の設計を自宅で練っていた折、友人だったフォイアシュタインは度々訪れて助言をくれたという。その後彼は病院視察のためアメリカに出張していて、できあがった土浦の設計は知らないはずだが、東京に戻ってレーモンドの許で大使館担当となったから、似たものをデザインしたのではないだろうかというのである。とにかくレーモンド作品の大々的な『新建築』誌（一九三一年一月号）への登場だった。

狸穴の表通りからは、辛うじて北側の全体が見られた。それはコンクリートに吹きつけをした、やや薄いベージュの二階建てで、道路に沿って東西に長くて広い敷地を覆っていた。四角なボックス型もあったが、所々に変化はあれデザインの強力な近代的アピールはなかった。ところが見ることもできなかった南側のデザインは、まさに「ロシア構成主義」を示して

いたのである。これらについては、八束はじめ著『ロシア・アヴァンギャルド建築』の中でも、例にひかれていて「かなり構成主義的な建物」と見たてている◆。

建物は大使館と総領事館がつながっていて、中央に「ウインターガーデン」を共有していた。厚みをもつバルコニーや、屋上から突出する庇、それらの円形のふくらみの中に、どうしても「構成主義」や「キュビズム」から派生する、ロシアの幾何的曲線を想像する。おそらくは、これらの中に時代に共通する形態デザインの、ある定義が流れていたと考えられる。インテリアを見ても、独立柱の円柱がホールをつくって玄関を構成しているあたり、やや古臭くても当時の新たな方向を感ずる。

レーモンドは、良い相棒や弟子がいると予想以上に力を発揮し、本来の能力を超えて新たな発想と進歩を見せる。これは戦前も戦後も同じだったと私は見るのだが、戦前のこの時期にあっても所員の力は極めて伯仲し、しかも高度なところにいたと思われる。

フォイアシュタインとスワガーのコンビは「病院」の一件でレーモンドと別れ、すべては終わった。フォイアシュタインの帰国は一九三〇年。彼は故国へ戻ったが、狂気に倒れ川に投身自殺したという。しかしペレの影響とモダニズムの新たなデザインは、レーモンドがさらに強化し、日本人の精鋭所員に伝わり三〇年代の最盛期をつくっていった。

またフォイアシュタインが帰国した時点では、まだ設計されていなかった「東京女子大学礼拝堂及び講堂」(1934-37)には、鐘楼が「ペレ・スタイル」で建っている。この「礼拝堂」は、まさしくペレの「ランシーの教会」(1923)の外観であり、全面的に四角なプレキャスト・コンクリート・ブロックに色ガラスをはめこみ、迫りあがる鐘楼をつけている。しかし、内部はペレによる「モンマニーの教会」(1925)に似ていて、円筒シェル状の天井である。それも上下二段に分け、二段の間にトップライトをとっている。パリ郊外に建っている「ランシー」の場合は、コンクリート打放しの肌がもろくなっていて、手で撫でると表面の砂がぼろぼろ落ちるような状態だったのを実際に見た。だが「東京女子大」の方は、六〇年後の今日でも美し

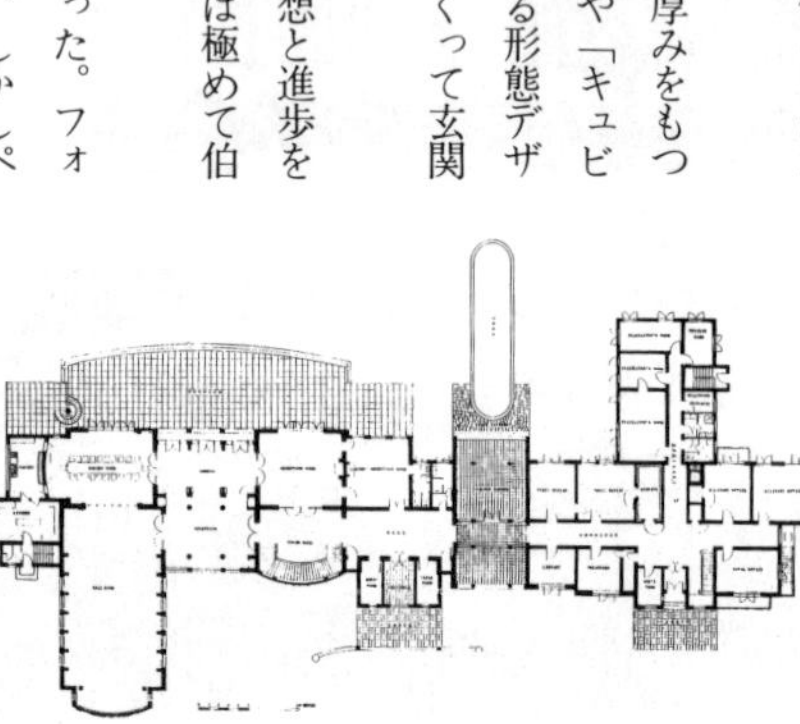

ソビエト大使館 一階平面

◆八束はじめ『ロシア・アヴァンギャルド建築』(INAX、一九九三)三七四頁。

オーギュスト・ペレ/ランシーの教会(一九六七撮影)

い表面を保っている。

とにかくレーモンドのコンクリート打放しとプレキャストへの執念は、ペレに脱帽しながらも、ペレよりも良いものをつくったと見てよい。特に「礼拝堂」が背中合わせで「講堂」と一体化し、客席の背後に「礼拝堂」があらわれるという構造は、合体していることもユニークであるが、客席の最上階がそのまま「礼拝堂」の二階、つまり合唱席につながっていてさらに独特である。現在はパイプオルガンのあるその合唱席を貫いて、四本四組のコンクリートの柱群が鐘楼を支える。このような平面計画は、世界にも類のない斬新なものだと評価できる。平面図に見られるように「礼拝堂」の矩形と「講堂」の扇形が極めて自然に一体となり、中心に鐘楼を高くあげているのがわかるのである。

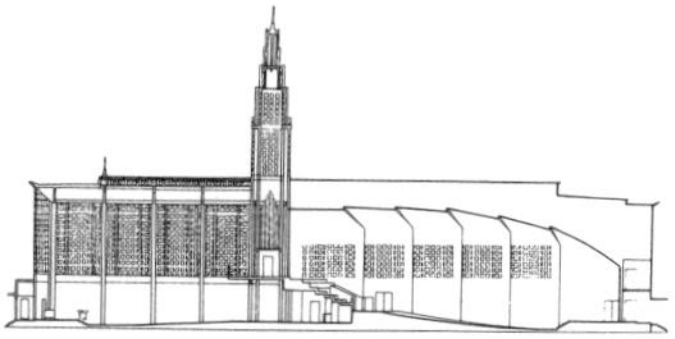

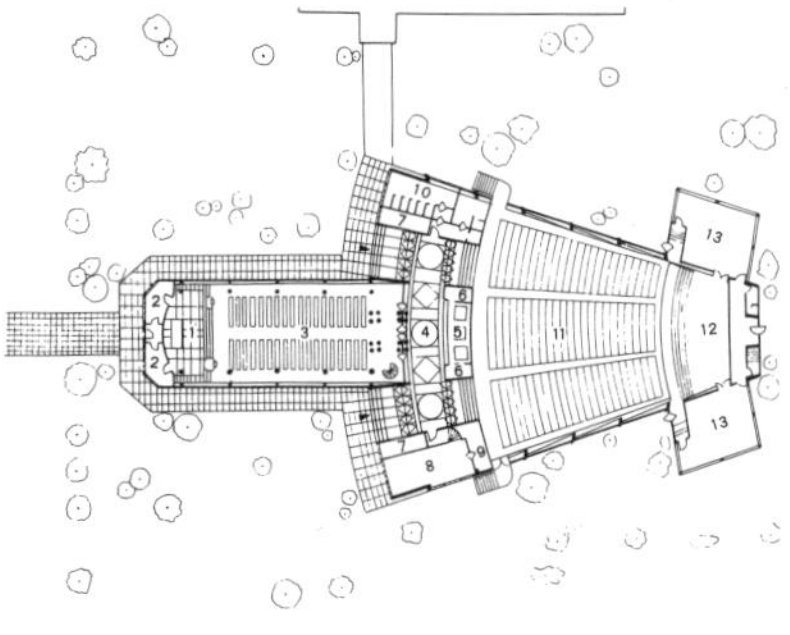

しかし、この「ペレ・スタイル」のほかにもレーモンドは、さらにひとつのスタイルを加えている。それは時に応じてあらわれる「スパニッシュ」のスタイルであった。その建築としては、現在、神奈川県体育センターになっている「藤沢ゴルフクラブ」(1931-33)があり、またわずかに図面でしか知ることができないが、北朝鮮の平壌に建てられた「日本コーンプロダクツ社社宅群」(1930-31)がある。

大阪の香里園に現存する「聖母女学院」(1931)でも、「スパニッシュ」による校舎を一部につくった。それは極めてロマンチックな外観で、女学院にふさわしいといえばそれまでだが、連続するアーチの外廊をつけ軒蛇腹をデザインしている。中に入ってもスカイライトでピンクの壁が光り、タイルの床が反射する美し

東京女子大学礼拝堂及び講堂　断面
同　平面
同　外観

同　礼拝堂の内部

いインテリアである。

にもかかわらず、そのあとの増築による「体育館」(1934)では、戦前の最高ともいえる「近代建築」の打放しコンクリート造の単純な姿を残しているのは、まことに不思議ともいえることである。それは一階を体育館として、西側に開ける校庭に面し、五スパン三〇mが全部引違いのガラス戸で開放される素晴らしい機能をもっている。その上に、二階にはそのままステージをもつ講堂がのって八七〇席を擁し、同じく校庭に向かってバルコニーが張り出して全開する。これらの奥行は一七mあって、道をへだてた本館へと続く。校庭は本館レベルから数m落ちて段差がつくため、一階は半地下の下部のトンネルで、二階は渡り廊下で道路を越えて、それぞれ本館と立体交差する。この立体のつけ方もユニークながら、体育館すべてが内外共に打放しコンクリートで、マッシブな表現になっているのが特徴である。よく思い切ったデザインができたものと感心する。

ル・コルビュジエとの葛藤

ペレの影響に並ぶもうひとつの強い影響は、ル・コルビュジエからのものだろう。そのことは「赤星喜介邸」(1932)と、例の剽窃だともいわれてきた「夏の家」(1933)と、「東京ゴルフクラブ」(1930-32)の内外に見られる。コルビュジエは、一九三〇年までに『作品集・第一巻(1910-29)』の最初の一冊を発行している。有名な「ドミノシステム」(1914)、「エスプリヌーボー館」(1922)、と、「サヴォア邸」(1929-32)に至る数々のピューリズムによる「近代建築」を発表し、当時の世界の先端を走っていた。

「霊南坂の自邸」以後、コンクリート造で近代的デザインを示した戸建住宅の中で、ひときわ注目できるのは吉村順三担当と記された「赤星喜介邸」である。大森の丘に戦後も残っていたと、レーモンドはいってい

赤星喜介邸　南面
同　居間

た。その三階建てのマッシブな姿は、コルビュジエのピューリズムをうけつぎ、彼の「クック邸」(1926)にほどよく似ている。「赤星邸」にはコルビュジエの五つの近代建築の原則のうち、自由な平面、自由な立面、屋上の利用、横長の窓などが見られる。内部にあっても吹抜けのある居間、その吹抜けを見下ろす食堂があり、各室からは東京湾が見えたらしい。

埼玉県の朝霞に建てられた「東京ゴルフクラブ」(1930–32)は、『作品集』の中でも一八頁をあてるほど、レーモンドの自信作であった。担当は杉山雅則、構造は酒井勉で、戦後は進駐軍に接収され、遠く道路から姿だけを見ることができた。T字形のプランは、左右に長く延びて、一方にプール、中央二階にラウンジ、三階に吹抜けとバルコニー、その屋根を支える二本の大きな柱が特徴であった。曲線部を随所に用いながら、しかも外観は単純。空間の立体構成が内部でも行われていた。レーモンド夫人による家具が使われ、床にはモザイクタイルのパタンが至るところに用いられていた。

ヒントとしてコルビュジエのデザインからとったのは、曲線のとり入れ、ピロティの扱い、白い室内、横長の窓、螺旋階段などである。これらはコルビュジエの「国連案」(1927)や「セントロ・ソユース」(1929–33)にも、あらわれている手法であった。レーモンドは、しばしばこの「ゴルフクラブ」の単純性と近代性を誇り、コルビュジエにも劣らぬことを自慢するのが常であった。実はコルビュジエの方は、その時点でまだこれほどの大型の建築を建ててはいなかったのである。

さて「夏の家」(1933)は、軽井沢の自身の別荘であり、夏の間に少数の所員をひきつれ、仕事をしながら避暑をというしゃれたアトリエでもあった。現在では地元有志や軽井沢ナショナルトラストの並々ならぬ努力によって、位置と所有者

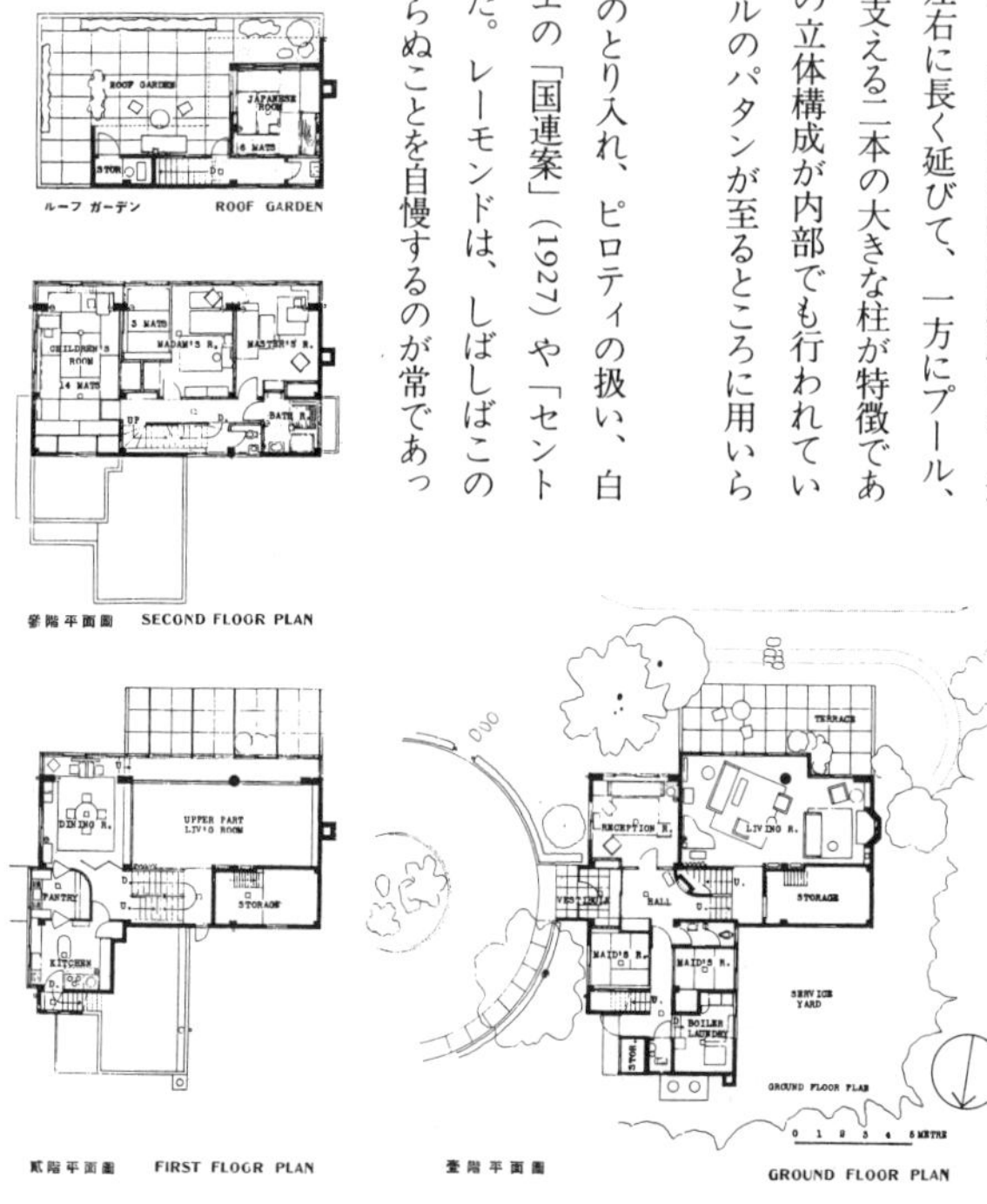

赤星喜介邸 平面 右が一階

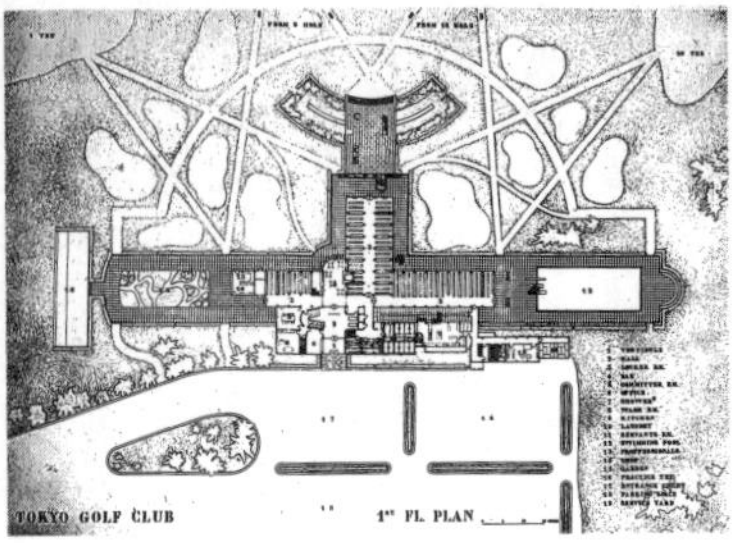

を変えて塩沢湖のある場所に移築され、新たに「ペイネ美術館」として親しまれ、その価値が再確認されている。ただ元の南面がやや北東面に向き、レーモンドの考えと少々違った点が惜しまれる。

この家は『新建築』に掲載された◆が、その後『アーキテクチュラル・レコード』にも載り◆◆、コルビュジエの目にとまる。その結果『作品集・第二巻（1929–34）』の中で、「エラズリス邸計画」（1930）のプロジェクト・スケッチと共に、「夏の家」の写真が六頁にわたって比較されて掲載されて次のようにのべられている。

幻想を抱かないでほしい。それは私たちの建てた家ではなくて、レイモンド氏の創ったものだ、少なくとも立派な考えは出会うものだといえそうだ。とにかく私たちの大切にしている考え方を、このように巧みに実現しているのを見るのは本当に喜ばしい。◆◆◆

だから決して「剽窃した」とか「ぬすまれた」と非難されているわけではない。

これを見てレーモンドは『レコード』には「コルビュジエの原案による」と、注を入れてあると書き送った。その返事は一九三五年五月七日付で届き、全文が『自伝』に掲載されている。その一部を引用してみよう。

つまり私の考えはけちなものではなく、反対に、日本の技術的能力への讃辞、賞讃でした。また、あなたの翻案の程度についても。さらにいうならば、あなたは私のアイデアの翻案にあのように成功しておられる。（中略）このお世辞をさらに拡大しましょう。私の仕事

東京ゴルフクラブ　正面
同　一階平面
同　全景

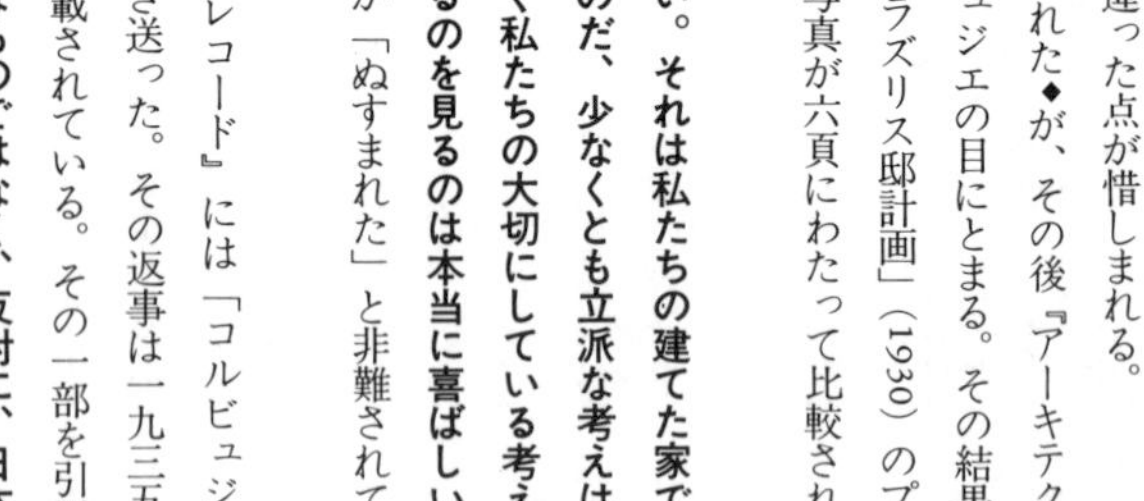

◆　『新建築』一九三三年八月号。
◆◆　"Architectural Record", 1934. 5.
◆◆◆　『ル・コルビュジエ作品集第二巻』（吉阪隆正訳、ADAエディタ）。

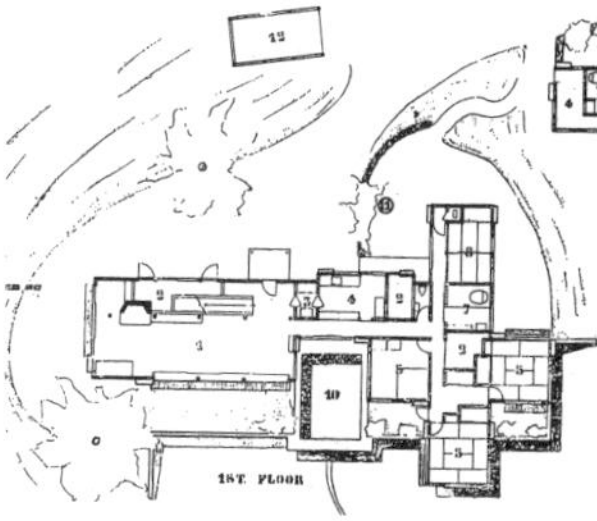

夏の家　南面
同　平面
◆　レーモンド『自伝』一一八—一一九頁。

はあらゆる公開の場に出してもいいのです。私のアイデアが引出しの中に埋もれて残っているからではありません。逆に、それが有効な目的に適うのです。◆

石造を木造化し、スロープも架構も独自につくる。加えて大きな開口部を引違いでとり入れた。実施されなかった原案を、豊かな空間に翻案していたのは事実である。

コルビュジエの大きな反応は、無理からぬことであった。その初期のピューリズムによる「白い直角の家」を築いた彼が、プロジェクトではあれ、南米のチリに建てる住宅を考え、その土地の材料と技術を使うこととその土地の景色をとり入れることで、その一九三〇年代に初めて、「近代建築」の殻を破ろうとしていた矢先であった。彼の作品は以後、石壁やヴォールトや煉瓦を用い、再び「サヴォア邸」スタイルには戻らなかったのである。

しかしレーモンドはそれを察してか知らずしてか、案を先取りして、日本の材料と風土と技術と、さらにコルビュジエの狙っていた、大きな開口部とその土地の景観のとり入れまでも、実施してしまっていたのである。コルビュジエの落胆と敬意の手紙は、それを如実に示しているといっていい。とにかく「夏の家」は驚くべきことに、内に和風を秘めた「木造横板張りのモダニズム建築」◆◆であったのである。これらの件について、レーモンドの釈明は次のように強気に書かれている。

主室はル・コルビュジエによる南アメリカの山荘のアイデアにヒントを得た。発表の際には彼の名をあげたが、ル・コルビュジエ作品

◆◆　藤森照信『昭和住宅物語』（新建築社、一九九〇）一三二頁。
ル・コルビュジエ／エラズリス邸計画外観

集の一冊で彼は不必要なまでに憤慨している。あることの賞讃の表現としては、そのモチーフを取り込み、実行に移すこと以上に確かなことはない。彼の山荘は実施されなかったから、ことさらである。私自身のデザインとしては、とくにディテールについて多くを指摘できる。私のデザインしたものは、他の建築家によって採用されたばかりでなく、剽窃もされた。一九三五年出版（三八年の誤り）**の私の詳細図集は、すべての建築家にアイデアを分ちたいという想定から生まれたものであり、私が到達し得た内容の完全な報告書でもあり、それを使ってほしいという私の願いでもあった。**◆

その前後にも、コルビュジエにヒントを得たと思われる住宅がある。改めてのべるが、それらはコンクリート造で、横長の窓、屋上の利用、自由な平面をもっている。その初期のモダニズムの清楚さを維持していることと共に、日本では極めて初期の「近代建築」住宅の出現であった。

話を戻すが、実はレーモンドはもっとコルビュジエに近付いていた。パリのコルビュジエのアトリエで働いた前川國男が一九三〇年に帰国して、レーモンド事務所に入ったからである。前川担当とされる「鳩山秀夫、道夫両邸」(1932–33)や「フランス大使館」(1928–30)の中に、その証拠がやや見える。もう一人、コルビュジエの許で働いたことのある若いチェコ人フランソワ・サメーが、シベリア経由で一九三六年に東京の事務所に入っている。やがて彼はジョージ中島と共に、インドのポンディシェリーに赴き、現場を担当する。「スリ・オーロビンド・ゴーズ僧院宿舎」(1936–38)に、コルビュジエの影響がやや見られるのはそのせいである。

それらの影響も一九三五年で終わる。以後、レーモンドは木造住宅を数件手がけているが、コンクリート造とは違った木の香りの強い新しい発想になっていった。

夏の家　居間

◆レーモンド『自伝』一一七―一一八頁。

夏の家　居間より西面の浅間山を見る

第4章 黒い木造横板張りの近代住宅

日本におけるモダニズム

他の建築家や流派の影響ばかりをとりあげてデザイン上の混乱とするには、無理があるように思われる。「夏の家」のように、原案をコルビュジエの石造りのプロジェクトに範をとりながら、木造で日本的な大きな開口部をつくり、空間としても環境への対応としても、原案以上に内容を豊かにしているものがあった。

話を戻すが、「霊南坂の自邸」はその立体的な発想といい、タウンハウスとしての敷地の使い方といい、内外コンクリート打放しによる当時としては斬新な離れ業であった。あえて「デ・スティル」といわなくても、「デ・スティル」と同時期にそれ以上のことを、日本という隔離された世界で完成していた意味は大きい。原案以上ということはこの独自性に加え、ペレやコルビュジエの影響やヒントがあり、その本人の許で働いてきた建築家たちが、そのスタイルを自然に使ったということでもある。

ここでモダニズムという視点からふりかえって、住宅の変遷に的をしぼってみたい。

ライジングサン石油会社は後のシェル石油だが、すでにのべた一七戸の「社宅群」を設計している。マッシブなＲＣ造で南面してバルコニーがつき、ガラス張りの居間、そして煙突が直方体の組合せを破るように立つ。明らかに直角で白いモダニズムスタイルの「近代建築」だと前章でのべた。また、スタンダード石油会社にも、「同社社宅」（1927–29）を設計した。

　これら一九二〇年代の住宅群の実績が、一九三〇年代の四つのコンクリート住宅に昇華した。すなわち、コルビュジエの影響をうけたと考えられる「赤星喜介邸」（1932）、そして「赤星鉄馬邸」（1933–34）であり、かなり力を入れた「川崎守之助邸」（1933–34）であり、熱海の「福井菊三郎別邸」（1934–36）である。

　とくに後者の三軒は当時の雑誌にもとりあげられた住宅で、その規模はそれぞれ五〇〇、八三〇、四五〇m²の大住宅。その特徴として、母屋はコンクリートの二～四階建だが、どれも背後に木造和風の使用人室をもっていることがあげられる。「川崎邸」の場合は離れになった和室と蔵があるが、極めて特殊であった。レーモンドも作品集に「蔵」の断面を示し、扉のおさまりを入れているほどで、所員の努力も大変だったと思われる。

　また開口部の細部には、特別に注意が払われていた。ＲＣ造の「赤星喜介邸」では上下スチール製の枠と方立と隅柱だが、当時ではまだ引違いサッシュがスチールでできなかったために、広い開口部をとろうとして苦労したようだが、木製サッシュで引違い戸をとりつけている。そのあとの「川崎邸」になると、ようやくスチールの方立と引違いスチール三枚戸を完成している。つまりＲＣ造で住宅をつくり、そこに和風の感覚で開口部を大きくとるため、手造りの引違い戸を開発したのである。サッシュメーカーとの協力作品であるが、日本では極めて初期の実験であったようだ。この努力はひたすら南面の開口部を広くとりたかったためであり、日本の気候にあわせて、日本の民家の開口部に、限りなくＲＣ造の住宅を近づけたいという執着にあったと考える。

　ところが残念にも、先に引き合いに出したコルビュジエの「クック邸」（1926）では、写真で見る限り明らかにスチールサッシュで水平引き込み窓を使い、彼の考える横長の窓が出来あがっていることがわかる。日

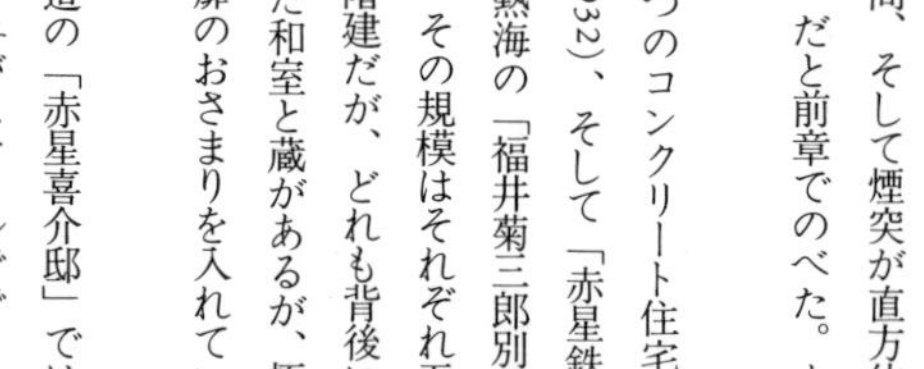

ライジングサン石油会社　支配人住宅
一階平面　左側突出部分は使用人用の和室群

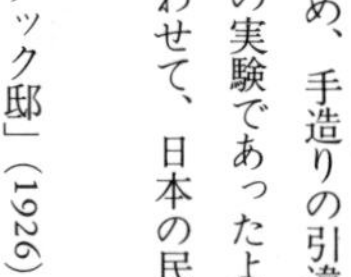

同　南東隅から見た外観

本の技術はそこまで到達していなかったのだろう。

「赤星鉄馬邸」の各開口部は特別に『詳細図集』で頁を割き、そのスチールサッシュの断面を示している。とくに一階中央の和室の庭への出入り部分では、全面を開放するためにスチールの四枚戸を左右にあけ、それをさらに九〇度外に開いている。これらが年を経てRC造や木造住宅の木製の引違いに変わり、全面開放されるようになったのである。そのために、木造の柱でもコンクリートの柱でも、どれもその柱芯に戸を配置せず、「芯外し」をして柱と柱の間は自由にするという手法をとるようになる。柱を建具の内側に置いたり、あるいは外に置いて、大きな開口部を引違い戸によってとることになっていく。

熱海という温泉地の別荘「福井別邸」では、RC造でありながら、すべての開口部に木製の枠と建具を用い、広い開口部で眺めと広がりをとり入れた。別荘ということもあろうが、枠からサッシュまですべて木製で、隙間風を防ぐ工夫もこらした引違い戸、引違い窓に戻っている。

赤星鉄馬邸　子供寝室群

同　玄関

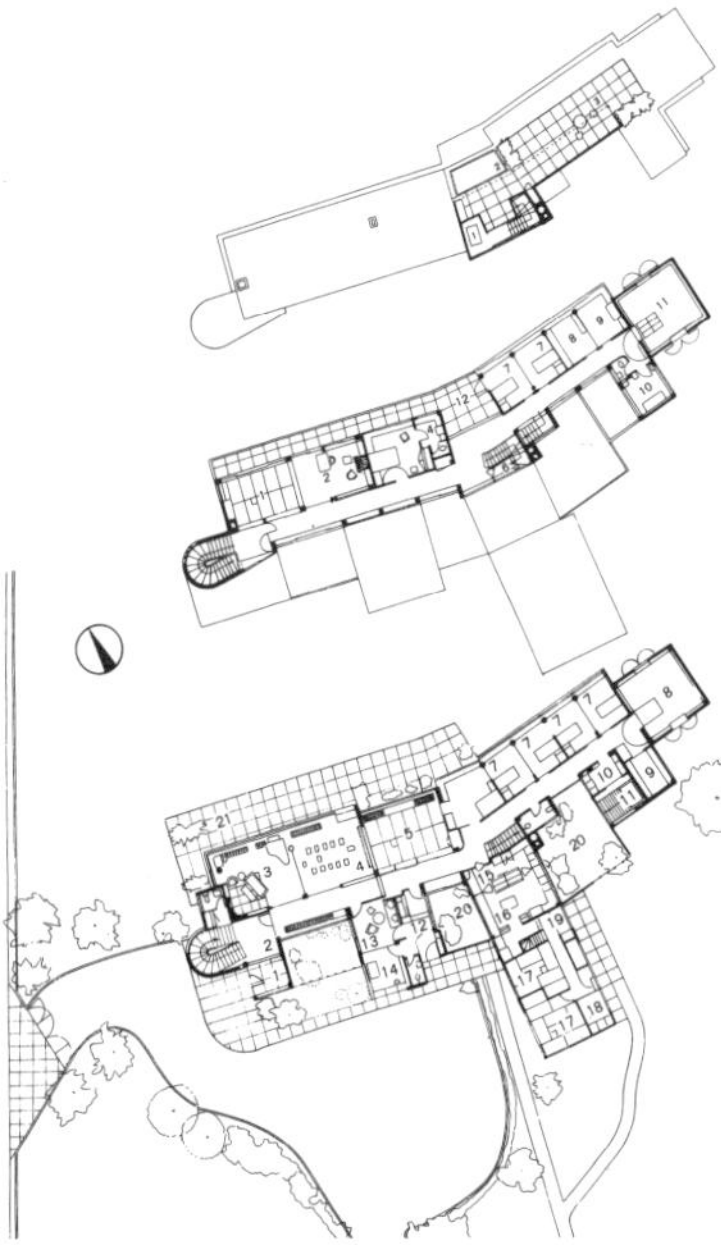

同　平面　下が一階

同　南面

記憶の中に、ある住宅の経験を語る昔の担当者の直接の言葉が今も耳に残っている。それは「なぜあの住宅に苦労をしたのか、どうしてあれほど時間と労力をかけたのか、今となってはよくわからない。」というつぶやきである。例でわかるように、洋風のＲＣ造の中に和風を加えることの難しさと、建主の要望に応えると同時に、レーモンド自身が和風を自分のものとするために闘っていたからであろう。

これを総括すると、いわゆるモダニズムによる「近代建築」が、レーモンドの創作の中でデザインの型として定着したということになる。これらの事実の内側には、当時の日本の家族像もあらわれてくる。着物を着るための置き畳の存在や、仏間のとり入れ、母親の部屋に通ずる子供たちの部屋、そして蔵や台所道具配置への工夫とか、和風の女中室や坪庭など、あらゆる日本の慣習に従いそれを近代住宅にとりこんだ。それらのことから、立式の西欧的生活をとり入れようとする、建主と建築家の葛藤がうかがえるのである。にもかかわらず、整理された平面構成やその外観の表現は、単純で極めて直截的で、単一材料と一定のプロポー

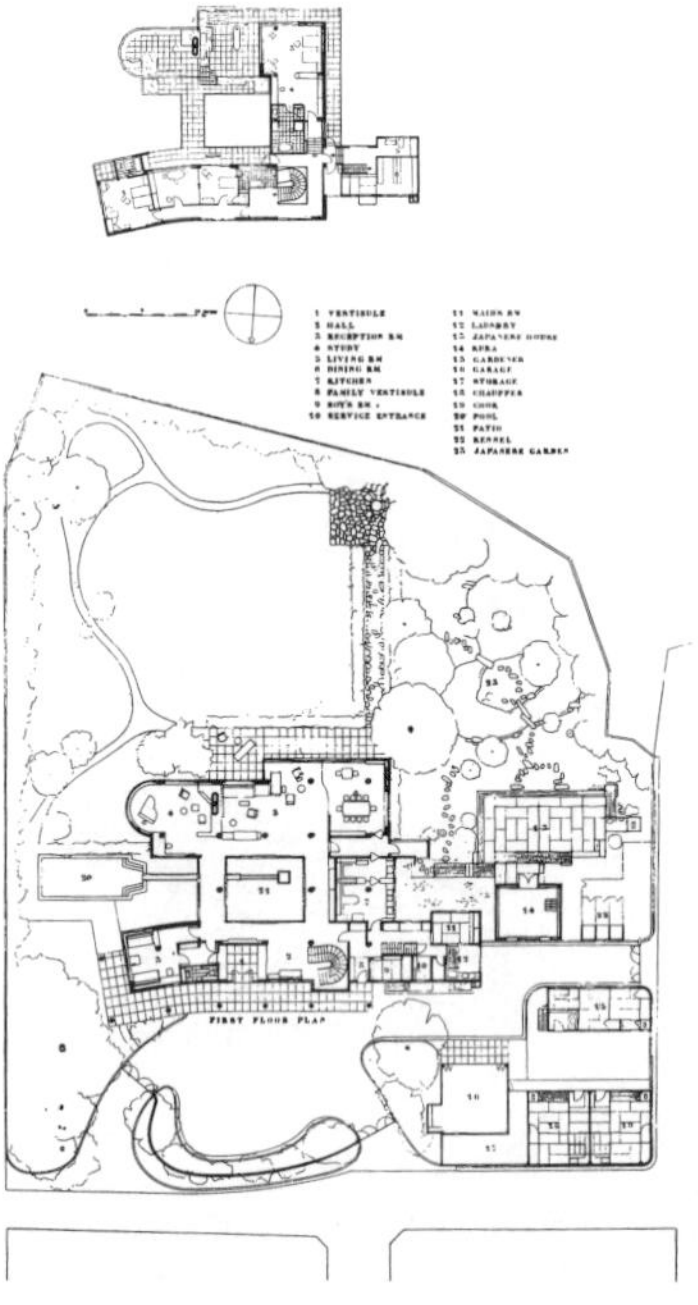

川崎守之助邸　東面
同　平面　二階一階
同　居間
同　玄関部分
（次頁）
福井菊三郎別邸　平面
同　側面
同　南面
同　居間

ションによるモダニズムの主張を通しているのが見えてくる。

　また所員の担当が吉村順三（赤星喜介邸）、與谷昌金（川崎守之助邸）、杉山雅則（赤星鉄馬邸）、澤木英男（福井菊三郎別邸）であり、構造もスワガーではなく、それぞれ酒井勉、中屋晴幾、小野禎三と分けあっていることから、事務所全体がモダニズムの方向を目指し、かなり明白に日本のスタイルとしてひとつの定着を

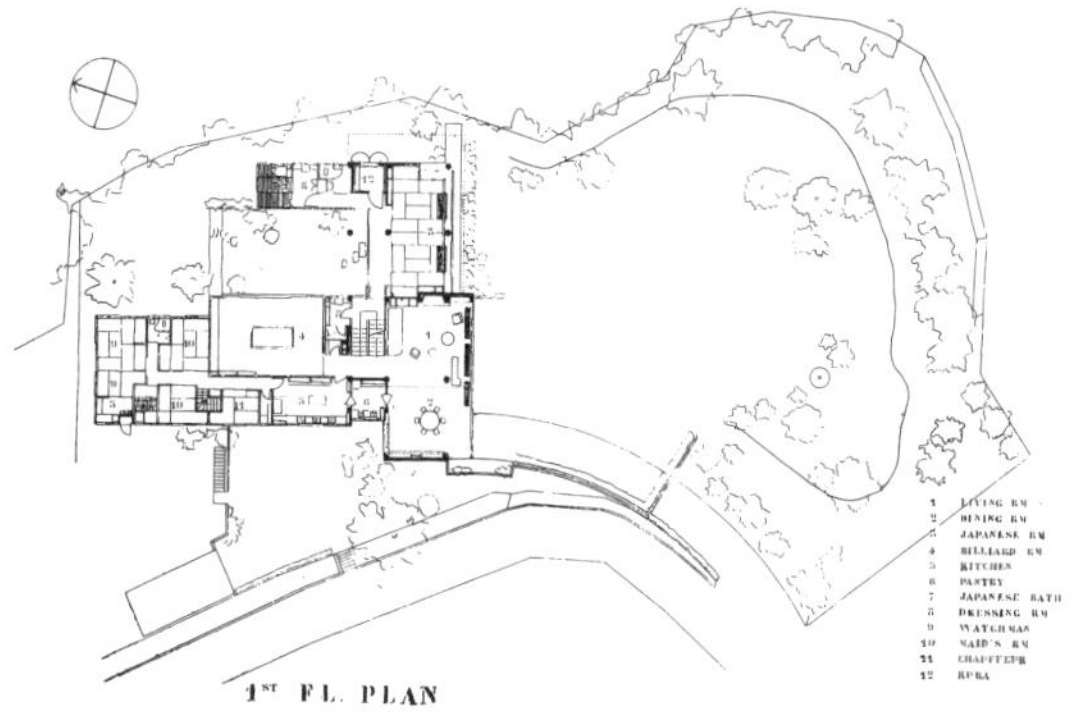

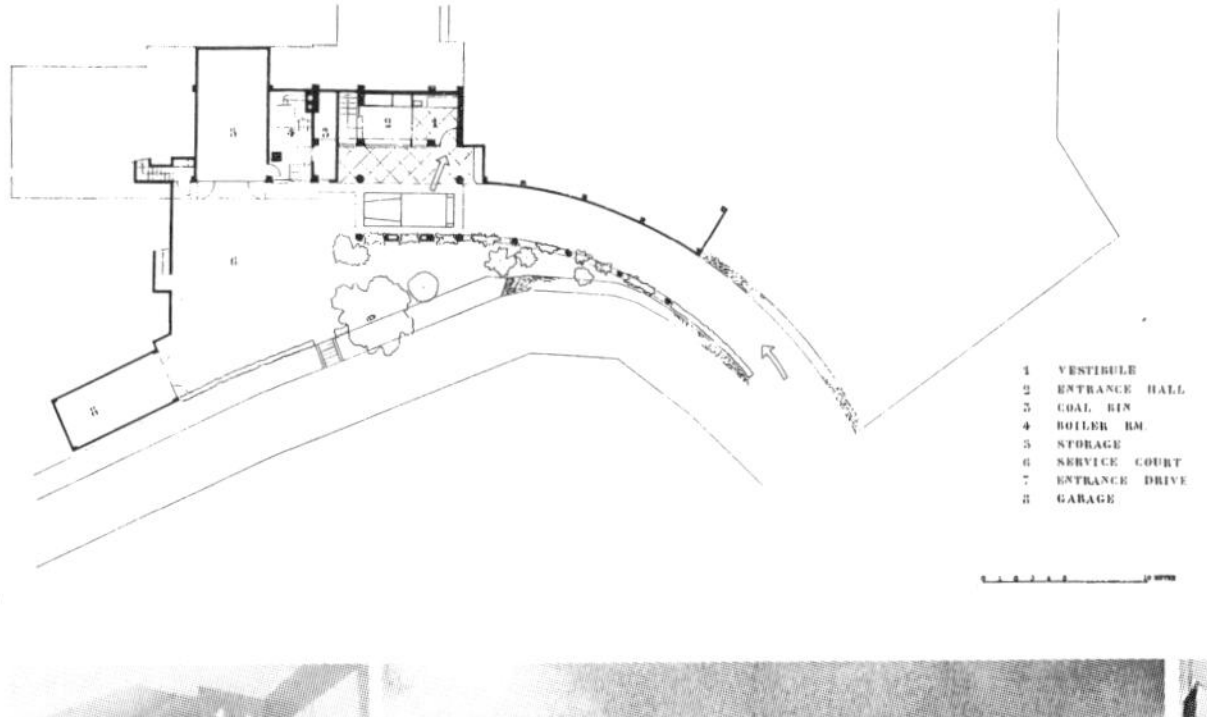

考えていたこともわかってくる。

「近代建築」の条件としてコルビュジエは、単一の材料、横長の窓、屋上の自由、ピロティによる開放、自由な立面、自由な平面などの五条件をあげたが、これらはこの四作品にもあてはまる。単純な形態でありながら、どの家も方位と配置と眺めには、充分に気を使っている。後になって明白になるが、「近代国際建築」ではなく、環境や地域対応を考えた「近代建築」であり、「環境をとり入れた近代建築」という別項を必要としていたのである。

木造住宅によるモダニズム

いわゆる「近代建築」を手がけてきたレーモンドに、もうひとつ木造住宅の系譜がある。これらを「近代建築」、つまり「モダニズムの住宅」と片付けてしまうのは、木造の伝統と西欧的石造の伝統を区別していたと思われる、彼の系譜からしても問題がある。

すでに第3章でのべたように小住宅を木造でつくり、洋風を和風に転換し、その中で「厚い壁」を破り、軽くて開口部の広い小住宅をつくろうとした。その一部が「浜尾子爵夫人別邸」であり、「トレッドソン別邸」であった。一方でRC造ではコルビュジエのスタイルで、和風のとりこみのために努力していたということになる。

木造の系譜はどちらかというと、まず開放的な別荘建築にあらわれている。比較的簡素で単純な木構造を示したという意味で、はるか離れてやがて戦後のいわゆる「レーモンド・スタイル」に至ると考えられる。当初は「軽井沢式」と事務所内で呼ばれていたといわれるそれは、一見するとモダニズムの「近代建築」とは関わりなく見えるのであるが、洋風スタイルの和風への融合でもあり、ひとつの新たな方向をつくっていたといえる。

　これらは軽井沢の別荘のいくつかによって、別の様式になっていった。それは「夏の家」(1933)の木造にまずあらわれ、同時期の「浅野別邸」(1933)、「小寺別邸」(1933-34)、「岡別邸」(1934)、「ウォーカー別邸」(1935)に見られる。極めて簡素なデザインで内外共に横板張り、すべての木構造部分は内部でもあらわされた形で表現される。開放的に引違い戸を豊かに使い、鉄板屋根に唐松の小枝をのせ、照りつける日を和らげて涼しくしようという試みもあった。それらが共通した「軽井沢式」である。ここにあらわれた丸太の構造材の手法はさらに洗練され、合理化され、戦後の丸太あらわしへの流れをつくっている。すなわち、戦時中の一〇年のブランクを越えて、遠く一五年後に東京を中心にしてあらわれてくるのである。

　その当時、一九三五年頃には東京の各地に二階建ての木造住宅がつくられている。軽井沢式と同じ横板張りながら別荘とは異なり、洋風で細部にこだわった住宅である。その横板張りは通常「ドイツ下見」だったが、「軽井沢式」には外部に「南京下見」もあった。いずれにせよ言葉自体が示すように、横板張りは洋風の表現である。それが大森の「ケラー邸」(1935)、渋谷鉢山の「D・H・ブレーク邸」(1935)、青山の「長岡邸」(1936)、世田谷の「岡邸」(1936)、麻布の「トレッドソン邸」(1936)などである。

　これらのうち、「ブレーク邸」「ケラー邸」「トレッドソン邸」は日本の雑誌に発表された。しかしその時期はもっぱら白くて四角なモダニズムの「近代建築」が、当時のスター作家である蔵田周忠、石本喜久治、土浦亀城、山口蚊象、久米権九郎らの手で発表されていた時代であった。それらのモダンさは、今見てもたしかに新しい時代を示していたのは事実である。

　一方、レーモンドの場合はコンクリート造は打放しの素材の色であって

同 外観
同 内部

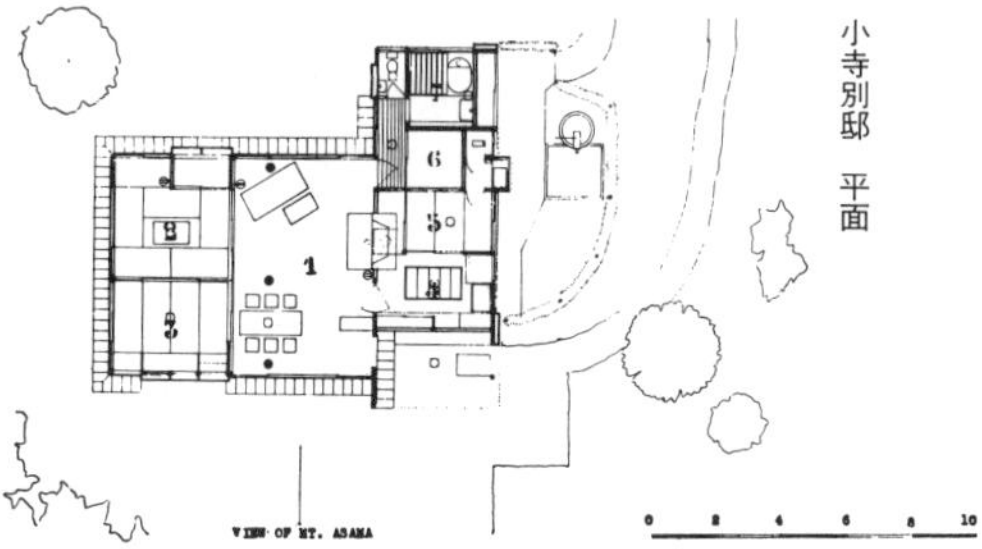

小寺別邸 平面

白くはないが、比較的直角で洋風のモダニズムを示しながら、木造の場合にはやや黒く塗った横板張りと、横につながる広い開口部にこだわり続けている。つまり「白い家」はまったく造らなかった。

そのうちのひとつ「ブレーク邸」の平面を見よう。実にコンパクトにつくられた木造二階建、延べ約三四〇m²、二階は全部寝室。一階は南面して居間と食堂があり、それを天井まで届く障子風の折りたたみ戸が仕切る。二間（三・六m）ごとの丸柱の柱間が四スパンで「芯外し」され、南への開口が庭に広がる。欄間も含め、すべてのガラス戸には内側に障子がつく。寝室も同様だが、雨戸もカーテンもなくどう暗くしたのか、今ではわからない。その内装はすばらしく、新しい考え方でリビング・ダイニングが広くとられ、障子や襖、すだれなど、それにすべての家具がデザインされ、折りたたみ戸も改めて考えられている。それらが『詳細図集』を飾ってもいるが、直喩的なモダニズムにはなってない。すなわちレーモンドは日本的な住宅を考え、外部に洋風を示すいわゆる「近代建築」のスタイルには見せなかった。

「ブレーク邸」のコンパクトな平面は、戦後の住宅へと持ち越されている。もちろん、内庭などの機能分離手段を加えながらであるが。

一九二〇年代の木造住宅では、真壁と独立柱が広縁と共に内部にのみ和風があらわれているが、一九三〇年代になると和風もとり入れた木造洋風住宅である。しかも南面の開口部は柱を独立させた「芯外し」で大きくとられ、庭に面して大きな庇をつけている。平面は次第に単純に、そしてコ

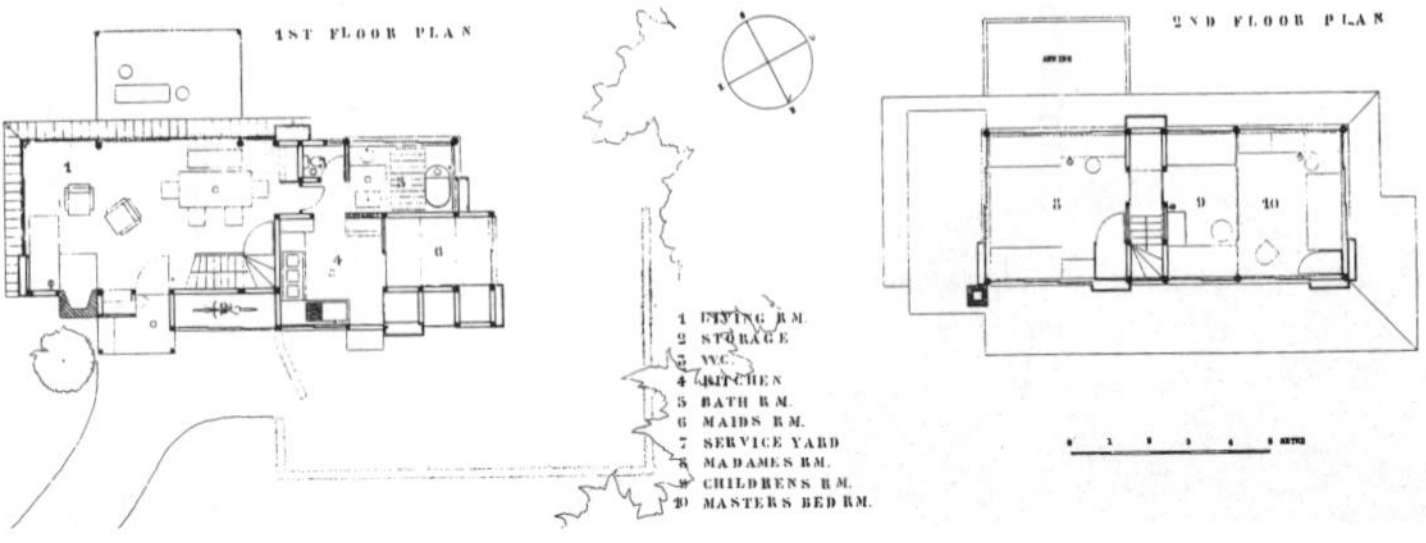

岡別邸　外観
同　平面　左が一階
同　内部

ンパクトになってきている。これは風土、気候、そして彼のいう自然のとり入れ、今でいう環境への馴染み方の主張がそうさせたと見てよいだろう。

日本の建築家によるいわゆる「近代建築」の生まれた一九三〇年前後、レーモンドは「フランス大使館」「ソビエト大使館」をつくり、「ライジングサン石油会社社宅」を手がけていた。これらのコンクリートによる「白い直角の箱」づくりと同一線上にありながら、レーモンドの考えていたのは、木造による「近代建築」であり、ヨーロッパの石造の真似ではなかった。

すなわち、一般にドイツ生まれのモダニズムのひとつである「トロッケンバウ（乾式構造）」につながる「近代建築」とは、木造であったとしても、固い石造に準ずる建物でなくてはならなかった。それが「洋風」に見える「近代建築」である。シュツッツガルトの「ワイゼンホフの住宅展」（一九二七）のほとんどがコンクリートでなくて、マッシブで白い直方体をつくりながら、スタッコで固めた木造、あるいは煉瓦造であった。また、アメリカのロサンジェルスにある初期近代建築のリチャード・ノイトラによる「ロヴェル邸（健康住宅）」（1927）も鉄骨、煉瓦、スタッコである。白くて洋風の「近代建築」は一見コンクリートに見えながら、実は「はりぼて」であったのであり、日本の一連の「近代建築」もそれに準じていたといえる。

レーモンドはコンクリートはコンクリートと考え、木造は木造というライトの精神にも一脈通ずる材料感と思想を、底にもっていたのではないか。そして特に日本で木造住宅をつくる時は、その木の自然性と香りを消すことなく、洋風化して使っていたと思われる。一方、ＲＣ造の住宅であっても、西欧的な閉鎖性のある石造建築とは違い、日本にあっては開放的に設計していたのであり、し

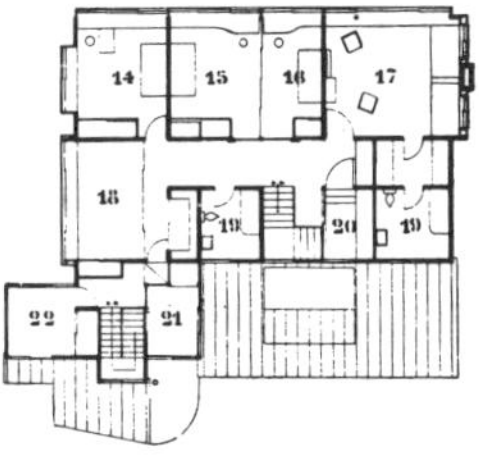

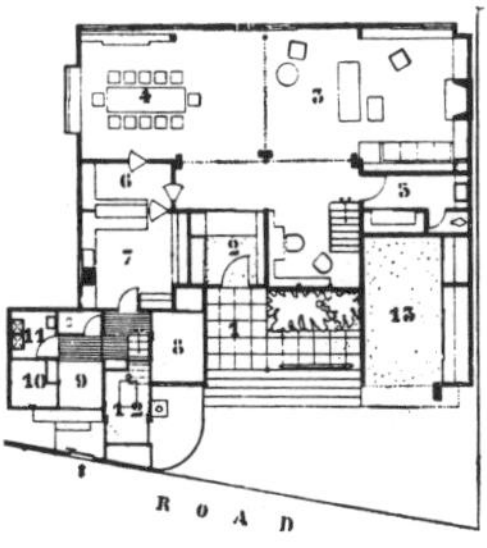

D・H・ブレーク邸　南面外観
同　内部
同　平面

かも庭や周辺環境とも一体感をもつように細部を検討し、開口部に細心の注意を払っていた。
したがって、木造の白い直方体の「近代建築」は、レーモンドの許では生まれることはなかったのである。

細部に神が宿る

一〇〇〇部限定で自費出版された『アントニン・レーモンド建築詳細図集』（一九三八）を見ると、いかにレーモンドが細部にこだわっていたかがわかる。残念なことにその『詳細図集』への掲載作品は一九三〇年代に設計したものがほとんどであり、それ以前の詳細図は「霊南坂の自邸」の階段と「東京女子大学」の門扉を数えるほどである。

この大いなる空白は非常に気になるところだが、要するに一九三七年の編集の時点では、完成した詳細部分を極く身近に見出して、整理されたものと見るほかはない。その完成という意味は、『詳細図集』の中に自ずとあらわれていることであるが、二〇年代より明らかに成長があり完成度が高くなり、その細部が洗練されていったということに尽きる。

大体において、現場の経験を経て成長していくのが建築詳細の特徴であるが、それ以前に世界にも類書がないということから、この思い切った出版は意味をもっていた。それに加え、レーモンドが自らいっているように「すべての建築家にアイデアを分かちたい」という想定から生まれたもので、誰もがそれを使ってほしいという願いもこめられていたのである。

その『詳細図集』の特色は、何といってもその冒頭の二頁にある。それは「方位と気象条件」というタイトルで、図表と四季の写真とで構成されている。東京の四季の太陽高度、平均温度、風向き、各月の雨量、湿度がグラフで示され、特に日本の自然の状況を最初に紹介しているところが出色である。これはとりもな

リチャード・ノイトラ／ロヴェル邸

おさず、レーモンドの発見した日本の特殊な気象条件が、それに続く『詳細図集』の細部に関連することを前提としている。その序文にいう。

気象と地震条件もまた日本は特殊であり、その条件にもまた合わさなければならなかった。われわれは根本の問題をとらえようとしてきたし、現代人の要求に合致させるために、わが先覚者たちの解決したことをも、恐れることなく変えたことをはっきり示している。……あらゆる偉大な建築が教える第一の原理は、当初から基本要素として知っているその地域条件を考えることであり、その地域条件が示す最も論理的な形態をもつ構造を認めるべきである。つまり花も生き物も異なる気象に反応するのである。◆

◆アントニン・レーモンド『建築詳細図集』序文

つまり、すべての詳細は日本の伝統に基づくものであり、自然を包含する一部であり、先人の考えを越えて表現しようとしていた。言葉を変えると、日本の従来のおさまりを念頭におきながら、それを現代の住居に展開し、改良を図ってきたことになる。

壁、屋根、天井の類でも、たとえば「小舞かき」の壁を分解して示し、また草屋根を示し、日本の板張り天井を示したあとに、彼の開発した新しい細部を示す。さらにRC造のそれに置き換えて示しているから、外国人にも日本の特殊な気象と地震の条件が見え、意味がわかってくるのであろう。

木造住宅の網戸、障子つきの引違いのガラス窓には、なんと「ねじ込み錠」まで図解し、障子の桟のかき込みも絵解きしている。加えて日本の襖の分解図がある。「縁つきの襖（唐紙）」があり、「ふちなし襖（坊主襖）」もあり、丁寧に引手の断面を加えるあたり、実に親切である。洋式の室内の襖には戸車をつけていることなど、特記すべきことだろう。戦後に至りアメリカのジャポニカ流行に加えて、実際に建具がつくられていったのも、こんなところにルーツがあるのかもしれない。

自然との対応の第一に考えられていたことは開口部であり、戸や窓であることから、それらに対していかに工夫し、洗練されてきたかを説明している。

おもしろいことに、まず木造住宅の引違い戸から始まる。それは一九三五年の「ブレーク邸」の開口部であり、戦前の最後期の作品である（下図）。そしてその「引違い戸」は次のコンクリート住宅の中の木製引違いに続く。それが「福井別邸」であり、「赤星喜介邸」である。RC造に木枠による開口部をとりつけた前者に対して、後者は鉄製の隅柱をたて、同じくマリオン（方立）を加え、それに木製の引違い窓をとりつけている。つまり上下の框、敷居共に鉄製でありながら木製窓を引違いで建てこみ、スチールサッシュ用の「廻転式引っかけ金物（クレセント）」をとりつけている。今はどこにでもあるサッシュ用の金物だが、RC造の「赤星喜介邸」では木製の「ねじ込み」ではなかったのである（次頁上図）。この極めて開放的な「引違い窓」のロックの解決は、「ブレーク邸」の完全木造の木製サッシュに至るまで、時間を要したことが見えてくる。

もうひとつさかのぼりたい。

日本家屋の縁先のとり入れはつとに始まっていたが、洋風コンクリート住宅の中にも大開口部を得るために努力した、長い葛藤の歴史のあったことはすでにのべてきた。縁先の大開口に踏みきった「浜尾子爵夫人別邸」では、二階の寝室の開口部でも障子の外に、輸入した連続のスチール製中折れガラス戸をとりつけて開口を工夫していた。また「赤星喜介邸」では、内側にコンクリートの独立柱をおいて「芯外し」の手法を確立した。それを木造住宅でもくり返し、「ブレーク邸」「ケラー邸」では「芯外し」によって丸太柱を内側に見せている。木製枠を外部に持ち出すことで障子、ガラス戸共、大きく引きこんで居間に四〜五間（七〜九m）の長い南面を開放し、テラスのある庭に直接に出られるようにされているのである。しかも網戸もあるから、敷居には重量がかかる。そこでテラスにコンクリートの受け台を置いてその全重量をうけるようにしたり、上枠には金物で

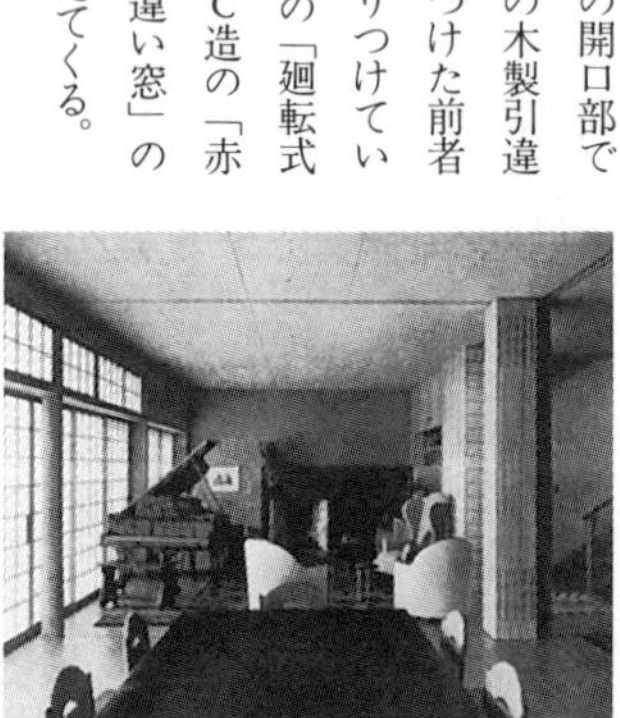

D・H・ブレーク邸　居間部分の芯外し

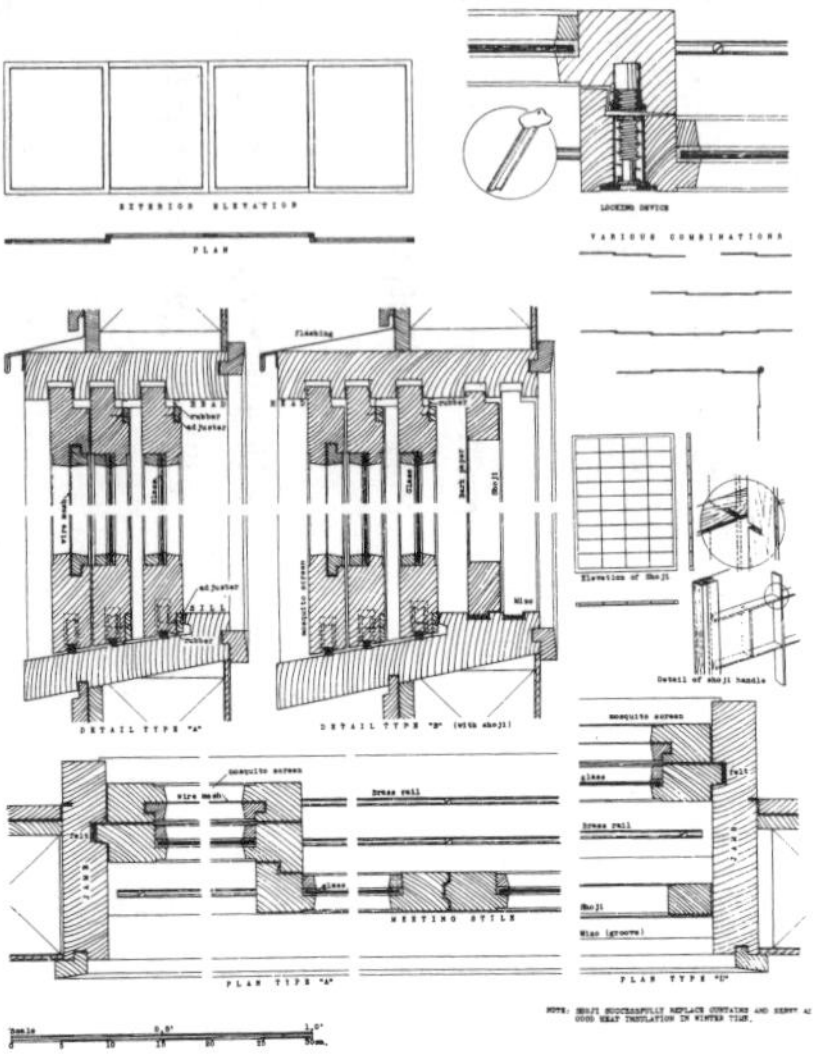

同　窓まわり詳細

持ち出しをつくるなど保護策を工夫しているのも発展のひとつであった（下図）。

これらは後にさらに発展される。アメリカに戻ってから吉村順三を呼んで設計した、木造住宅「カレラ邸」（1940-41）がある。それはニューヨーク州ロングアイランドの大西洋に面して、柱を残して全部が開放される文字通りの「芯外し」であった。また戦後日本の最初の住宅作品、横浜山手の「スタンダード石油社宅」（1949-50）では、コンクリート造で上下階共南面全部をガラス戸とし、一階は内側、二階では外側にコンクリート柱を置くという壮大な「芯外し」を実行した。これらは後述するが、戦後の「近代建築」へと続く長い道程であった。

赤星喜介邸　玄関側
同　居間
同　窓まわり詳細
ケラー邸　芯外しの詳細

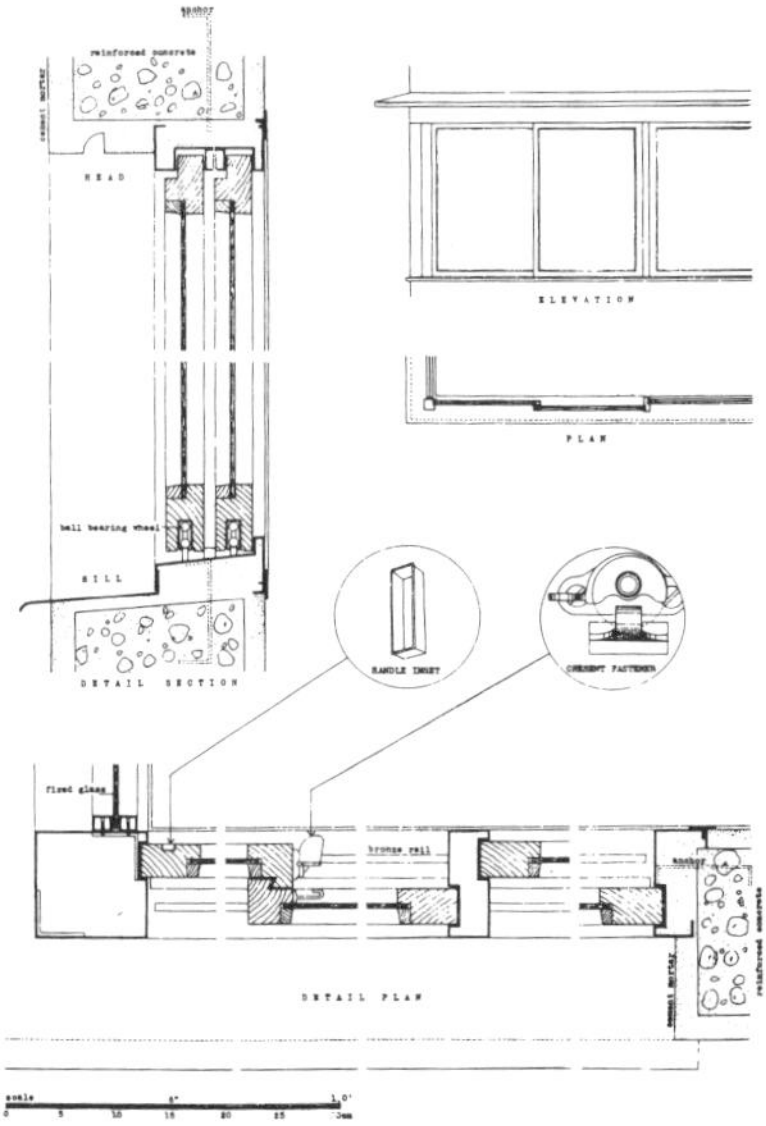

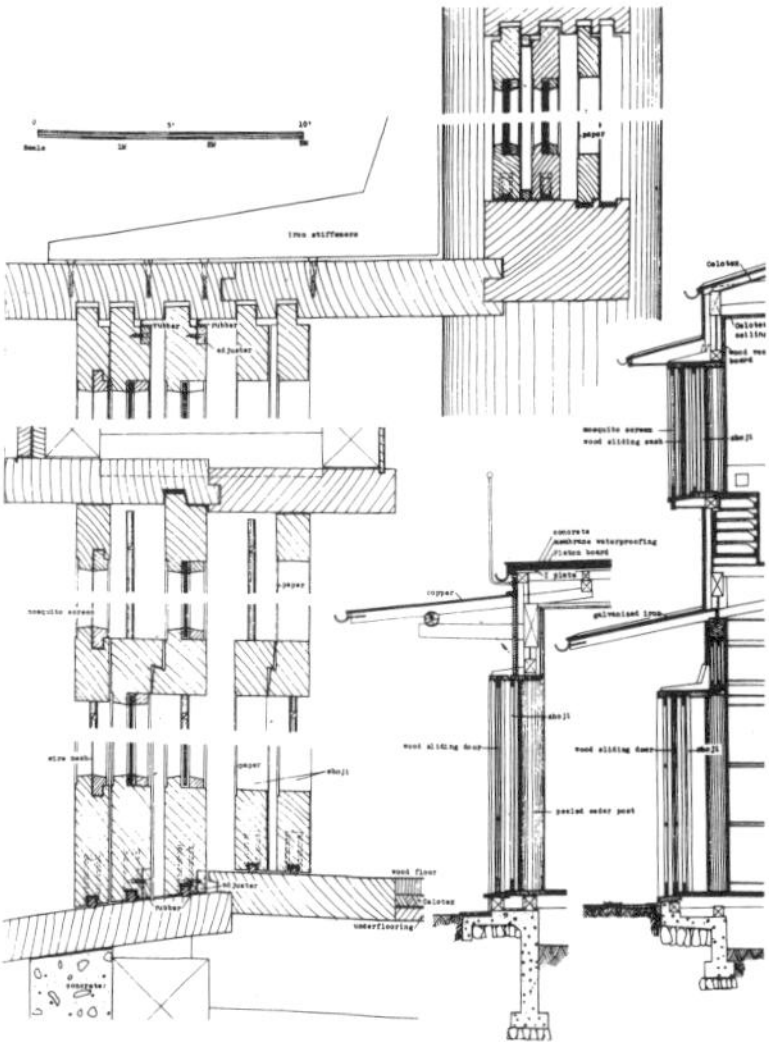

残されている近代建築

住宅建築を通じて、レーモンドの「近代建築」の推移をのべてきた。集合住宅を別にして戦前約六〇軒の戸建住宅を建てたが、ほとんどが失われている。しかし現存するものがあってこそ、「近代建築」の生成過程は意味がよくわかるのであろうから、初期のRC造住宅の「東京女子大学教官邸」（1923–24）の二軒と、「ライシャワー邸」（1925–27）の現在の価値は大きい。また横浜で移転され、保存されている木造の「エーリスマン邸」（1925–26）も貴重である。軽井沢に移設された「夏の家」（1933）はいうまでもない。

大型建築でも同じであるが、よく残されているのは「星商業学校（現星薬科大学本館）」（1921–24）、「東京女子大学」の建築群、「東京聖心学院」（1924–25）、「小林聖心女子学院」（1926–27）、「岡山清心高等女学校」（1928–30）、「聖母女学院」（1931）などの学校建築である。

東京女子大学教師館（一九九六撮影）
東京女子大学安井館（一九九六撮影）

山手公園に移築されたエーリスマン邸（一九九二撮影）

この中で「聖母女学院体育館」(1934)は、貴重な「近代建築」だといってよい。美しい状態で残された体育館の簡明な箱型と、内部にあらわれた柱・梁の単純な構成は、今になってもなお感銘度が深い。これはレーモンドの到達したモダニズムの表現でも、それが最も明確にあらわれた作品であるといえる。

次に残っている大型建築に「アメリカ大使館邸」(1928–31)と、「カナダ大使館」(1932–33)がある。アメリカ大使館本館は、すでにアメリカの建築家シーザー・ペリによる新館に建て替わっている。失われた「アメリカ大使館」は、かつてレーモンドがニューヨークで事務所の一部を借りたことのある、ヴァン・ビューレン・マゴニクルと協力した建物だった。「霊南坂の自邸」の目の前が敷地であったこともあり、自ら協力者として申し出たと『自伝』にある。しかし今も残る「館邸」は大林組によって内装は新しくされたが、外観も主要部分もほぼ変えられることなく、当時とり入れていた「スパニッシュ」的な表情をとどめているのは幸いであった。

「カナダ大使館」の方は今も健全であるが、青山通りからの奥深いアプローチの手前に、カナダの建築家レーモンド・モリヤマ設計の「新カナダ大使館」(1991)が完成している。その現代建築に向かうと、古い大使館の方はもともと折衷様式であるだけに、古く見えるが時代の威厳と現代建築にない重みがある。これは『作品集』には載っていないが、建主の意向に忠実に従った点ではアメリカ大使館と同様だったのではないかと思う。

商業建築としては、完成後レーモンドが事務所を移していた銀座の「教文館ビル」(1931–33)が現在(一九九八)も残っている。サッシュは鉄から変わってアルミになったが、当時はニューヨークの「エンパイア・ステート・ビル」にならった新しいものだったと、吉村順三が語ったことがある。

もうひとつは横浜のイセザキモールに残る「レストラン不二家」(1936)である。五階建て、正面はガラスブロックが半面を占め、それが構造体にはめこまれている。「近代建築」というよりは現代建築そのものに見える。あえて「現代」といったのは商業ビルということもあるが、一九三六年(昭和一一年)の時点では考

聖母女学院講堂及び体育館

えられないほど、しゃれたビルだったからである。このビルは、横浜の中心部が占領下にあった頃から、一九五〇年代の接収解除まで東京の明治屋とか、一九九八年になくなった東宝ビル（アーニーパイル）などと同様、占領軍専用酒保で日本人の入れなかった「ＰＸ◆」として使われていた。それから考えても、設備等が整っていて使いやすく、アメリカ軍の選ぶに足る堅固な建物であったからであろう。

レーモンドの作品だからというよりはその場所故に、またそのユニークな東欧風の形態によって、ポピュラーな知名度を得ているのが、軽井沢の「聖ポール教会」（1934-35）である。しかし、単なるロマンチシズムやエキゾチシズムでなく、この建物にはレーモンドの考えた構造の直截的表現、材料の正直な扱い、そして地域の大工技術を巧みにその時代の建物にあわせて引きあげ、指導していたという実績が見られる。これは「夏の家」（1933）で表現されたものと同様である。

軽井沢という避暑地に早く目をつけたのは外人宣教師ショーであり、建築家としてはヴォーリズであり「あめりか屋」の別荘建築であった。その別荘の多くは簡素な「軽井沢バンガロー・スタイル」としてあらわれている。それらに対してレーモンドは明確な建築思想をもって対処し、「軽井沢式」とは呼んでいたが、「夏の家」は木造横板張りの「近代建築」を示していた。これは数軒残る他の別荘も同じであった。

レーモンドはすでに日光で別荘建築を経験していた。それらは冬の寒さへの対抗を前提にしていて、特に開放的な形にはしていない。そして日光における実績から、そこで働いた大工たちを軽井沢に連れていき、泊まりがけで家をつくらせるようにしていた。とくにこのことはレーモンドにとって、貴重な体験でもあった。大工が家族と共々風呂桶を含めた生活用の家財の一切を大八車に積んで運び、現場で寝起きして作業をすることが珍しいことであった以上に、日本の建築工事が生活習慣、職人気質によって左右されることをこの経験から学んだ。そして結果としては、「聖ポール教会」もその大工たちにつくらせることになったと思われる。

敬虔なカトリック信者であるレイモンド夫妻は、この設計と工事に報酬を求めず、奉仕をもって従

イセザキモールにある不二屋レストラン（一九九七撮影）

◆ アメリカ軍隊占用売店及び休憩所。Post Exchange.

う。ノエミ夫人は切紙をガラスに貼ってステンド・グラスの代わりとし、石彫の代わりにセメントでマリア像（実は聖ポール像）**を作った。後にアメリカで有名な家具デザイナーとなるジョージ・ナカシマは、チャンセルやオルターのデザインをした。◆**

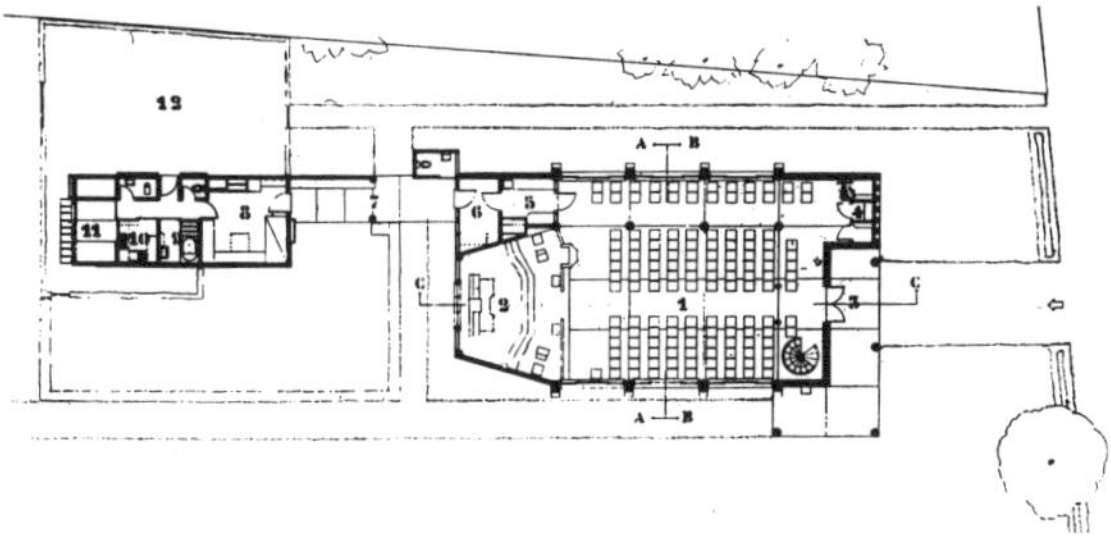

聖ポール教会　平面

外観はチェコの東、スロバキア地方の教会の伝統をそのままとり入れたもので、その他の国では見られない不思議な形の鐘楼を聖壇の上にのせた。屋根はこけら葺きで棟飾りもスロバキアまたは東欧風、正面はたて板張りで、大きな屋根をうける躯体は火山岩による「ラバコンクリート」の打放しの壁である。

内部にあらわれた栗材の「鋏状トラス」の構成はスロバキアも東欧も関係なく、独自の荒々しい合理的な構造で、使われた丸太材は皮むきのままか手斧の「なぐり仕上げ」であり、レーモンドが現場で指導して平鉄の金物を使いそれをボルトで締め、時に「相欠き」で組み立てたものである。『自伝』にも書いているが、簡単な平面図とスケッチで進められ詳細図はつくらなかったという。しかもこの「鋏状トラス」の手法は、上から荷重がかかると鋏のように手許がしまる構造であり、アメリカに戻ってからもレクリエーション用の小屋で用いられ、さらには戦後の日本の住宅作品にもあらわれ、教会にも用いられていく。

戦前のレーモンドの作品はたしかに、いろいろなスタイルをとり入れてきた。彼としては「近代建築」を求めて、まっしぐらに走ってきたにもかかわらず、はたから見ると彼の本当のスタイルはどれだろうかと感じられるところがあった。その中でもこの「聖ポール教会」は戦前の異端児であり、突如あらわれた東欧スタイルの教会であった。この時までに彼はミッ

◆宍戸実『軽井沢別荘史』二二八頁。

聖ポール教会　内部「鋏状トラス」を見る

ション系の学校内に礼拝堂をいくつもつくってきたが、独立した教会ははじめてであった。たしかに鐘楼も屋根の形態も、東欧の伝統を思い出している。これらは太田邦夫著『ヨーロッパの木造建築』(一九八五)にも採集されていて、よくレーモンドがその形態を正確に再現できたと感心するほどである。

いずれにしても東洋に東欧のスタイルを輸入し、入口部分やコンクリート打放しの手法では、レーモンド独特の構法を生み出して融合させている。ここからも単にスタイルのとり入れだけではなく、ヒントを得て翻案し、それを次の機会に洗練させて独自のものにしてしまうという姿勢がよくわかるのである。

聖ポール教会　外観

第5章

運命の星

チェコから日本へ

建築家の一生は、時として幸運と偶然とが仕事を生み、また人格と幅広い人とのつきあいが、作品をつくる原動力になることが多い。その意味で、文字通り生まれついての「ボヘミアン」であったレーモンドは、世界を駆けめぐったことから思わぬ所で知己を得たり、幸運を摑んできたりした。そして彼はその意味でも、運命の星の強さに恵まれ、多くの作品をつくることができたといえる。もちろん、当人の努力とその先見的な能力によるところが大きかったことは、いうまでもない。

彼は六人姉弟の長男として生まれ、一〇歳で母をなくしている。チェコはオーストリア帝国のもとにあり、彼の生まれた頃はチェコ民族闘争や青年チェコ党の立ち上がりがあって、ドイツとチェコの忌まわしい関係が始まっていた。ヨーロッパの地図を見てもわかるが、東ドイツのズデーテン地方を境にして、チェコはむしろドイツ領に食いこんでいる。その上、ゲルマン民族ではないチェコ民族は常にドイツと対立関係にあり、学生同士であっても、チェコ側のグループはことあるごとにオーストリア側と対立していたとレーモンドはのべている。

第一次大戦末期にチェコ軍はドイツに侵攻し、終戦の一九一八年には、チェコスロバキアとしてオーストリア・ハンガリーから独立。しかしそのうらみをかってか、三〇年代にドイツは次第にチェコスロバキアを併合しようとする。一九三八年にヒトラーは先にオーストリアを併合、チェコ粉砕のための秘密指令が出され、そして翌年にはドイツ軍はチェコに侵入し、戦乱の地となった。

その結果、レーモンドの父と姉二人は行方不明、弟フランクはオーストリア騎兵として戦争中に行方不明。弁護士の次弟ビクターはスウェーデンへ逃れる途中で殺され、末弟エゴンはユダヤ人をかくまった罪で銃殺されたという。

そのチェコは第二次大戦明けの一九四六年、国内のドイツ人二九〇万人を追い出し、その際にチェコ人は二三万人のドイツ人を殺したといわれる。そして遠く一九九七年、両国は戦争責任を認め合い、かくも長きにわたる憎しみを捨て和解している。

このように重なる戦乱で悲劇の巷となったチェコを早くに逃れ、米国に帰化できたのは幸運だった。レーモンドがその故国を出たのが一九一〇年のこと。アメリカに渡り仕事を獲得し、アルバイトの金でイタリーへ行き絵の勉強をしたこと、そして第一次大戦勃発でアメリカへの最後の船に間に合い、生涯の妻に会えたことものべた。

その船に乗るためには米国市民権をとる必要があったのだが、幸運にも彫刻家の友人がかけあってくれたという。また、行く時の船で会ったウェッツェルというボストン美術館の管理助手は、日本やクメールに行ったこともあり、レーモンドにスタンレー・ウォッシュバン著『乃木』（一九一三）◆を贈った。乃木将軍と自害をのべたアメリカ特派員の著書が、初めて日本にレーモンドの目を開かせたといっている。

またプラーグの工科大学では、クラスの四〇人の学生が日露戦争でスラブ系ロシアに味方したのに、彼一人だけが日本びいきで皆に嫌われ、「私は運命を信じないわけにはいかなかった」◆◆とのべている。

プラーグのフラチャヌイ城を望む

◆　スタンレー・ウォッシュバン『乃木将軍と日本人』（目黒真澄訳、講談社学術文庫）。
◆◆　「追想」、レーモンド『私と日本建築』二〇〇頁。

次はノエミ夫人の関係である。すでにのべたように彼女の母親の手引きで最初の仕事として、演出家ジャック・コポーのためのコロンビエ座の舞台装置の設計を摑んだことをあげたい。その次は、友人の一人が第三のライト夫人となったミリアム・ノエルと知り合いで、紹介されてタリアセンにおける滞在となったこと。またこれがもとでライトとノエル夫人共々日本に来ることになったのは、運命の大きな星を摑んだことになる。

第一次大戦では、本来なら妻帯者は兵役免除だったが、レーモンドは徴兵を受けて連合側、つまりアメリカ軍の野戦信号大隊に入った。ノエミ夫人が友人の大尉を説いて、肉体労働をともなうその部隊からの転属に成功し、航空通信隊技術軍曹となる。彼女はさらに働きかけ、同じ友人の世話で陸軍情報部の試験を受けて合格し、ジュネーブに渡り情報活動に入る。いわばスパイになったのであるが、そのためスイスに集まっていたロシア皇太子をはじめとする、多くの名士に会うことによって連合軍に有利な情報を得ることが仕事であった。彼の四カ国語を使い分ける能力が、その地位をつくったこともものべた。

さて、ライトに誘われての来日であるが、ライトという人が自ら弟子として協力を要請した建築家の存在は、レーモンドのほかには例を聞かない。ただ、リチャード・ノイトラは友人としてタリアセンを訪問し働いてもいたが、弟子にはならないといったらしい。またブルース・ガフも同じように、友人としてつきあった建築家とされている。レーモンドは弟子のいなくなったその時期のライトにとって、必要なアシスタントであったことは事実である。

日本に来たレーモンドは、ライトと一緒に皇室園遊会などにも出席している。ということはライトの若き協力者として、上流階級の日本人の間にその噂が広まったろうと思う。

ライトの許を去って、ヴォーリズ事務所を辞めたスラックと始めた事務所「米国建築合資会社」は、一年しかもたなかった。代わりにライトが日本を去ったあと、内山隈三、藤倉憲二郎ら、帝国ホテルで働いた優秀な建築家が彼の事務所に参加した。後に有名になった田上義也はライトの許にいた最年少の建築家で、

絵を描くレーモンド（二六歳）

レーモンドの許に来ることなく外国へ行くつもりでまず北海道へ渡り、札幌で事務所をもち、札幌交響楽団の創設者にもなった。内山隈三は「霊南坂の自邸」の協力者としてあげられているが、早逝して（一九二九）レーモンドにその才を惜しまれている。また、杉山雅則は聖路加国際病院長トイスラー博士の許から派遣されるかたちでやってきて、当初からその病院設計に携わり、戦前はずっと忠実な弟子としてレーモンドに尽くし、特に一九三七年以後、彼が日本を去ったあとも戦争の始まるまで事務所を維持していた。

日本で掴んだ星の数々

開業当初は、同じビル内の貿易会社の社長に紹介された「東京クラブ」に入り、そこに出入りする日本の最高級の有力者からの仕事が多くなっていった。加えて関東大震災以後は、彼に外国人が仮住居や仮事務所を依頼してきている。「東京女子大学」、「星商業学校」など、大型建築が地震でも無事であったこと、特に「帝国ホテル」が無事で、炊き出しで多くの避難民を助け、ジャーナリズムの臨時の事務所になったこともあり、ライトの盛名に加えて、レーモンドは「耐震技術」をもった米国建築家として信用を得たのである。その依頼主には、浅野総一郎、後藤新平、星一、赤星一家、鳩山一家など、日本の政界や経済界に名を連ねる人々がいたことは特筆すべきことだろう。

加えて一九二六年にはチェコスロバキア共和国名誉領事に任命され、一九三七年の離日までその任についていた。それらの事務はすべてチェコ人のオルダ・モジヤクが担当していた。

関東大震災の折、レーモンド夫妻は品川海岸に家をもっていた。ノエミ夫人は女中の給料を払うために女中室にいて、その災に遭った。母屋は大きく揺れ、女中室の離れを残して海に崩れ落ちたが、命は助かる。家を心配して車で品川に戻ってきたレーモンドと、彼を心配して丸の内方向に向かった夫人とは品川の橋の

一九三五年頃所員と共に
（後列左から）
小茂田半次郎　石川恒雄　崎谷小三郎
酒井勉　ジョージ中島　寺島幸太郎
高木健次　與谷昌金（のちに寛）　田中誠
（中列左から）
澤木英男　前川國男　レーモンド　杉山雅則　中屋晴幾　天野正治　小野禎三　中川軌太郎
（前列左から）
ノエミ・レーモンド　吉村順三

ライジングサン石油会社ビル　正面

上で出会う。まさに劇的であった。

それらのショックで夫人はニューヨークへ戻る。レーモンドも中国に旅行に出たが、上海ではチェコ避難民の構造技術者ヤン・スワガーに会い、同年に東京へ呼んで所員に加えた。スワガーは構造担当者として数年間実績を残し、不幸な「聖路加国際病院」の裏切り者となるまで、構造と現場監理の業務を続けた。

震災後、丸の内の現在の三菱本館の場所にあった八重洲ビルに事務所を移転。当時「レーモンド建築事務所」を名乗って、一五名の所員がいた。翌年に英国人の建築家アレック・サイクスがジュニア・パートナーとして加わったが、彼が日英の橋渡しとなって、「ライジングサン石油会社」の仕事を得たという。

また、一九二六年にはプラーグにいた弟ビクターが、友人フォイアシュタインを日本に送りこむ。彼は一八九二年生まれ、プラーグ工科大卒、チェコ芸術界に名があった。フォイアシュタインはチーフ・アーキテクトとして働き「ライジングサン石油会社」「ソビエト大使館」などの設計に加わった。「聖路加国際病院」の計画も担当したが、途中でスワガーと共にレーモンドと別れる。ペレ・スタイルがレーモンドの作品に残るのは、彼の影響だと本人がのべている。

吉村順三は一九二八年に「霊南坂の自邸」を見て、学生時代から事務所に出入りし、三年後の一九三一年美術学校卒業後、正式に入所。多くの作品に担当としての名を残しているし、日本的な住宅の定着に力があった。前川國男は一九三〇年、コルビュジエの許から帰ってレーモンド事務所に入り、コルビュジエ・スタイルの定着に努力した。「相馬子爵邸計画」「鳩山邸」「フォード自動車組立工場計画」などがある。さらにコルビュジエの許から来たフランソワ・サメーが「スリ・オーロビンド・ゴーズ僧院宿舎」で、ジョージ中島

B・フォイアシュタイン／ニンブルクの火葬場（1924）

聖路加国際病院計画　礼拝堂透視図

と共に、すばらしい打放し建築をポンディシェリーに実現した。

かくのごとく、戦前のヨーロッパ、アメリカ、日本に及んで、さまざまな出来事がありその度ごとに彼は幸運を摑み、また人を得てその人を育てるのもうまかったのである。つまり、自らの発想がその人の発想によってさらに向上し、上昇し、ひとつずつの傑作に昇華していった。

日本を去ったのは、戦争の危機を感じたためであり、アメリカ人の立場を考えた友人たちに話をもちかけられ決心したものという。その途次、インドのポンディシェリーの現場で信者たちと共に働く。八カ月後インドを離れ、ヨーロッパに立ち寄る。ナチスがチェコに侵入するその数カ月前であった。その一九三八年にチェコで父親と会いそれが最後となった。スイス、イギリスを経て、秋にはアメリカに戻りタリアセンを訪れライトにも会う。ライトとどのような和解の話になったのかは知らない。

アメリカではそれまで前例のなかった、建築詳細図によって作品を紹介する方法をとった『詳細図集』（一九三八）を普及させた。それがもとになり、建築の詳細にくわしい建築家レーモンドの名は高くなった。

彼はロングアイランドの土地を、ペンシルバニア州ニューホープのクエーカー教徒の家付きの土地に買い替えていたが、そこも今では芸術家のメッカとして訪れる人で賑わう場所となった。土地に対しては常に先見の明があった。ここに彼を慕ってきた若い建築家数人と晴耕雨読の仕事を始める。この「レーモンド農場」はかつて自らも参加して体験した、ライトのタリアセンのニューホープ版であった。こうしてアメリカでの仕事は、住宅や商店から始まり、コンペティションに応募したりして、生活は順調であった。

時にヨーロッパの戦雲は急を告げ、東海岸からヨーロッパへ軍隊を送る基地をつくるための仕事が急増し、これに対応するのに、レーモンドは組織を必要としていた。そこでニューヨークに建築事務所をもち、軍事計画にくり出す。やがて一九四一年一二月、日本の真珠湾（パールハーバー）急襲で彼の国アメリカは、突如として敵対国となる。「運命の糸」はさらに、戦争中から戦後の日本にも及んでいった。

スリ・オーロビンド・ゴーズ僧院宿舎 クラドノにて　父親と弟ビクター（一九三八）

タリアセンにて　F・L・ライトとレーモンド（一九三八）

第6章
離日とアメリカ時代

アメリカに戻る

　ここまでは戦前における、レーモンドの作品の傾向と考え方のあらましをのべてきた。これからここでふれるのは、日本を去りインド、ヨーロッパ経由でアメリカに戻ったそれ以降の作品についてである。

　戦前の日本での最後の仕事であり、『作品集』（一九三五）に載せ得ず、辛うじて『詳細図集』（一九三八）の中に二頁を割いて、日除け用の水平ルーバーの細部を伝えているのが、インドの「スリ・オーロビンド・ゴーズ僧院宿舎」（1936–38）である。この作品の日本における発表は、はるかに遅く戦後再刊された『国際建築』（一九五〇年三月号）の誌上であった。その作品の現場監理もあって、レーモンドの家族三人は一九三七年一二月に日本を離れている。一九三六年の二・二六事件や、一九三七年の日独伊三国防共協定が、レーモンドに滞日の危機感を与えた。のみならずアメリカの本社にまで行ってようやく得た、鶴見に建つ予定の「フォード自動車組立工場計画」（1934）は、日本軍部の横槍で挫折してしまう。膨大な図面をつくり、現場ではケーソンによる基礎工事が始まっていたのにである。「その結果、私は日米関係が日増しに危うくなって

スリ・オーロビンド・ゴーズ僧院宿舎
北面
同 内部

いることを信ずるようになった」と『自伝』にある◆。

すなわち「霊南坂の自邸」を処分し「夏の家」を売り払い、事務所と所員を銀座の事務所に残して、インドシナのサイゴン行きの船に乗った。上海、サイゴンを経て、一度は見たかった「アンコールワット」を見る。こうして、シンガポールからインドへ船で渡り現地ポンディシェリーに汽車で到着する。

すでに図面も実務も進んでいた現場では、修道院の人々が全面的に工事に携わり、レーモンド自らも働いた。問題はインドで前例のない、コンクリート打放しの建物をつくることであり、そのためには材料試験とコンクリート調合の研究室も必要になった。建物自体の通気性を高くし、日陰を多くして、ひんやりとした空気をつくる技術を現地の環境やしきたりから学び、図面上で検討して実施に移せたということは、奇跡に近いことではなかったろうか。初期の模型写真が雑誌『国際建築』(一九三八年五月号)にも発表されているが、それは三階建で平らな屋根、全面に水平ルーバーである。ルーバーとはいえアスベスト製を考え、連動させるために木製の連結棒で調節して開閉できるようにしていた。またその内側に木製の扉を引違いでとりつける、簡素なものであった。

この初期計画と最終的な設計とで大いに違ったところは、おそらくレーモンドの滞在中に経験として考えたことであろうが、平らな屋根ではなく特殊な屋根を考慮したことである。つまり太陽の熱をいかに緩和するかが命題であったに違いない。三層の陸屋根の上に、コンクリート製の大瓦を

◆ レーモンド『自伝』一二七頁。

同 俯瞰

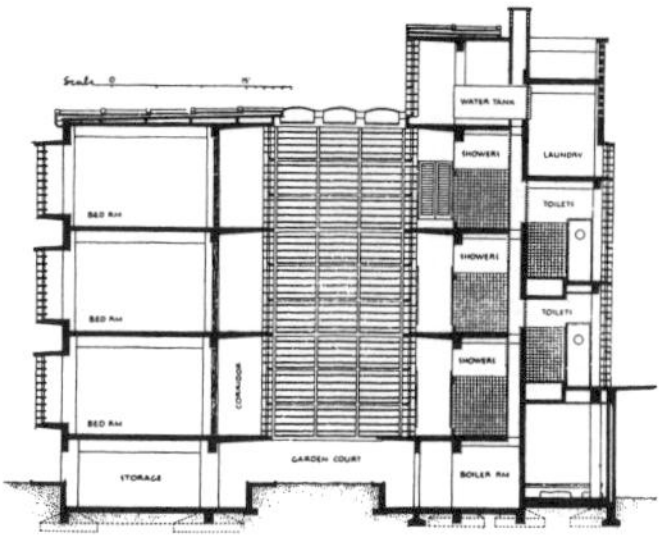

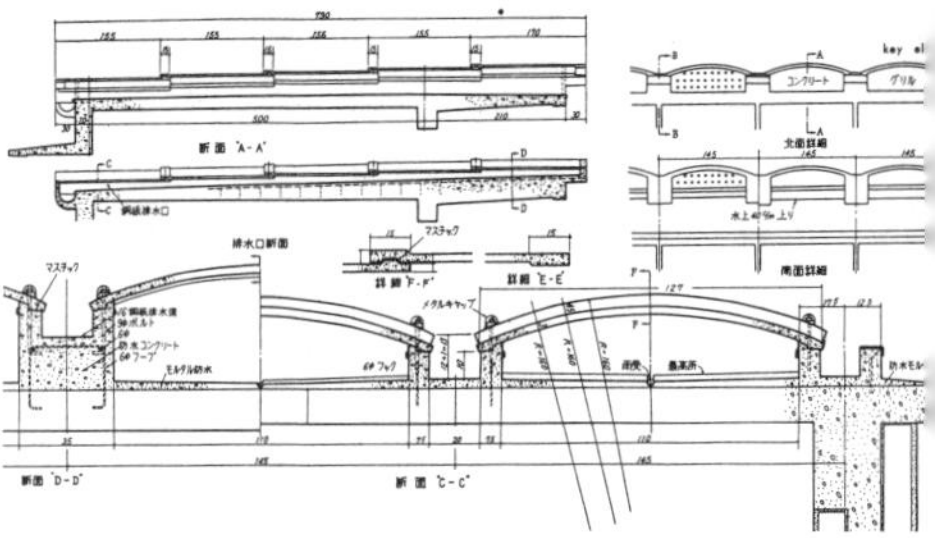

のせたのである。厚さはわずかに三〇mm、一・二×一・五m角で円弧をもつプレキャストのコンクリート瓦が和瓦と同じ要領で重なり、勾配をつけたコンクリートの溝に銅板を張って雨を流す。瓦の下は空洞にして、風を通して屋根を冷やすという手法である。瓦はメタルキャップをつけたボルトでとめられているが、これらの大瓦をどうやってつくり、いかにして屋上に運びあげたものかわからない。

当初から立面全体に用いられた水平ルーバーは、フランス製の薄いアスベスト板に耐久性をもたすためにアルミ剤が塗られていた。北側は廊下で三段に分かれる水平ルーバー。南側は床から四〇cmあがる腰かけ代わりの床から八枚の水平ルーバーで、いずれも軽い。

したがってこれらを除く軀体は、柱と各階の一一の部屋を仕切る壁だけ残し、コンクリートによる完全な透明体となり、風が通る。ルーバーも引違い戸も、すべて風と日射のコントロール用であり、涼しさを念頭においた構造である。一階のピロティにしても写真で見るだけだが、見るから涼しそうな場所を提供している。おそらくひたすらインド南部の風土と気候に、順応するように考えた結果である。

このポンディシェリーの仕事は今見ても驚くほど現代的であり、そのルーバーや屋根のプレキャストの考え方も、技術的に高く評価されてよいものだろう。その手法を最小限に用いることによって「近代建築」としての単純な構造や機能の融通性という要求に応えている。しかし「国際建築」レベルへの昇華は念頭から外していた。そればかりでなく「環境建築」ま

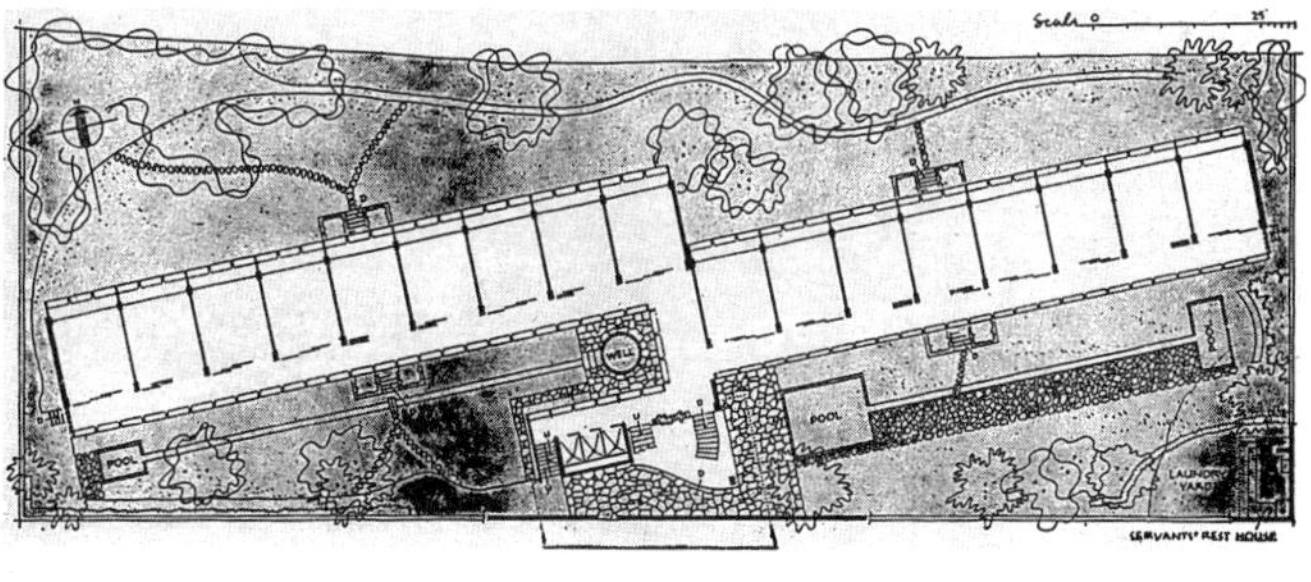

同　平面　方位の矢印はまちがいで上が南
同　屋根詳細断面
同　南北断面

たは「地域建築」としての完成に向けて、さらに考えを発展させたものであろうと私は考える。

このような地域的対処の方法は、当時のヨーロッパで先端を切っていた「近代建築」や、グロピウスの唱えていた「国際建築」という考え方から出てくるものではない。「国際建築」とはその土地の風土を顧みることなく、いかなる地域にあってもすべて人工的気候コントロールができるとして、もっぱら工業生産品による建築の普遍性を焦点としていたからである。

これらに着目してか、『プログレッシブ・アーキテクチャー』（一九四九年三月号）に、またフランス誌『ドージュルデュイ』（一九五二年一二月号）に掲載され、とくにマクスウェル・フライとジェーン・ドリュー共著の『Tropical Architecture（熱帯地方の建築）』（一九五六）には熱帯建築の好例として載り、

建物全体が、光と直射を防ぎ、常に自然換気する断熱構成の天然冷蔵庫である。◆

と高く評価されている。

その夏、家族がインドの暑さにやられ、本人も病気になり秋まで避暑し、そして恢復するやインドを離れる。彼は前年の離日までは日本のチェコスロバキア共和国名誉領事であったから、帰路にジュネーブにいた日本の代表松岡洋右に戦争回避をのべようと考え国際連盟を訪れたが、その時点ですでに日本は国際連盟からの脱退を宣言していた。

スリ・オーロビンド・ゴーズ僧院宿舎外観

◆ Maxwell Fry, Jane Drew, "Tropical Architecture", B. T. Bathford, Ltd., 1956.

アメリカに定着して

アメリカに戻ってからの最初の仕事は、『作品集』や『詳細図集』の出版で知られたため、講演会や展覧会であった。一九三四年以降、アメリカの建築雑誌に日本における作品がとりあげられ、その発表はほぼ毎年くり返されたため、いわゆる有名建築家の仲間入りを果たしつつあった。発表されたいくつかの作品の中

に、比較的多量のガラスの使われていることを「リビー・オーエンス・フォード・ガラス会社」の人々が知った。当時のアメリカでは、一部を除き住宅を含めてガラスの必要性が低かった。ガラス製造業者はこれを広めようと、ニューヨークのロックフェラー・センターにあるインターナショナルビルの二階ギャラリーで、滞日作品の展示会を申し入れたのである。

一九三六年一二月に銀座資生堂で開かれた「レーモンド建築事務所作品写真展覧会」に次ぐ、第二回目の作品展「Antonin Raymond His Latest Works in Japan and India（日本とインドのアントニン・レーモンド近作展）」であった。

この展覧会はいくつもの新聞で記事にされ、週刊誌『タイム』のアート欄にも紹介された（一九三九年三月二〇日号）。とくに雑誌『ニューヨーカー』に、有名な評論家ルイス・マンフォードがそのコラムに次のような評論を載せたことは大きかった。

展示ではアントニン・レーモンドの、主に日本における仕事が見られる。彼はF・L・ライトのアシスタントとして一九一一年（一九一九年の誤り）**に日本に渡った。展覧会は写真、平面、パース、引違い窓の模型で構成されているが、生活の違いが要求する窓の開口、内部空間の調整問題の解決に役立つものだ。ある建物は厳しく機械的であり、あるものは古代の日本の形に迫っている。つまり、疑いもなく次の世代に次第に意識されるであろうひとつの事実を、劇的に示しているのである。**◆

レーモンドの気持ちの昂揚はいかばかりであったろうか。五〇歳をやや超えた働き盛りの彼は、世の期待に応えようとしていたと考えられる。

しかし何も起こらなかった。現代の発見や傾向からいえば、二十年は先駆であったのだが、ほとんど見向きもされなかった。……当時のアメリカの知識層や、美術家グループは特に近代美術館に注目しており、ヨーロッパ、なかでもドイツ哲学がより以上受け入れられていた。それは、私たちが東洋で取得したものとはむしろ反対のものであった。◆◆

ロックフェラーセンター内のレーモンド作品展

◆「ニューヨーカー」一九三九年三月一一日号。

◆◆レーモンド『自伝』一五六頁。

これらについての意見を方々でのべ、依頼をうけて講演もしたのであったが、彼の考え方はドイツ哲学に対して厳しかった。

この態度は、新しくきたドイツ人や、ナチから逃れアメリカを求めてきた、中央ヨーロッパの建築家の間に、相当な怨みをかったのである。◆

建築の世界では一九三七年にワルター・グロピウスがアメリカに渡り、ハーバード大学におさまる。翌年にはミース・ファン・デル・ローエがIITに迎えられ、バウハウスで活躍したマルセル・ブロイヤー、ポール・クレー、モホリー・ナギ、ジョセフ・アルバースらも「バウハウス」派として、続々とアメリカに渡ってきている。

その一方、一九三九年には「ニューヨーク万国博」が開かれ、当時のアメリカ建築デザインのオンパレードとなった。未来の建築ともいわれ評判だったが、いずれもアールデコ風が尾をひき、アメリカ建築界の大御所たち、ジョン・ハウ、レーモンド・フッド、ベル・ゲデス、デザイナーのウォルター・ティーグらの活躍だけで、いわゆる「近代建築」は陰をひそめていた。レーモンドの失望の一端は、これらアメリカ建築界の名士、名流とは一線を画されていたことへのあらわれのようにも思える。

彼は以前からニューヨーク郊外のロングアイランドに、三〇エーカー（一二万m^2）の土地をもっていた。しかしニューヨークも郊外への拡大が進み嫌気がさしてきていたため、当時はまだ本当の田舎だったペンシルバニア州のニューホープに住むつもりで、そこの土地一五〇エーカー（六〇万m^2）に買い替えていた。その土地の広さはすごい。まったく目の届く限りが畑で、池あり、川あり、屋根付き橋あり、その小高いところにクエーカー教徒の農家と納屋とか畜舎などがあり、すでにその一部は捨て去られ廃墟化していた。

そこが軽井沢の「夏の家」の場所にも似て、広がりのある田園風景をもっていたこともあり、自然を好むレーモンド夫妻としては、本当に晴耕雨読の生活が望める場所であった。

事実、ニューホープの建設には建築雑誌を見て、レーモンドにひかれてやって来たいく人かの若い建築家

◆ レーモンド「自伝」一五六頁。

ニューホープの家

が住み込んだのである。測量や話のまとめに建築家H・スティーブンス、後に都市計画家になったポーランド人C・ジェボンスキー、後にニューヨークに行ったテッド・ハリス、カリフォルニア大学バークレー校の教授になったマイケル・チャヤ夫妻、E・ストランク、B・ハント、D・レット夫妻等であった。彼らは納屋を改造して住んだり、そのうちに母屋の改造が完成してからは、そこにレーモンド夫妻と共に住んだりもした。このやり方でレーモンドはアメリカにおける設計活動を始めたのである。

たしかに先見の明があった。ロングアイランドの郊外化に見切りをつけ、新たに広大なニューホープの土地を得たことは、当時としては賢明であった。ロングアイランドはすでに避暑地ではなかったからだ。ところが一九三八年から六〇年を経た今日では、そのニューホープも芸術家の住むところとして有名地になり、多くの観光客があらわれ土産品屋や骨董品店が並ぶようになっている。

同　南面　右手に増築部分

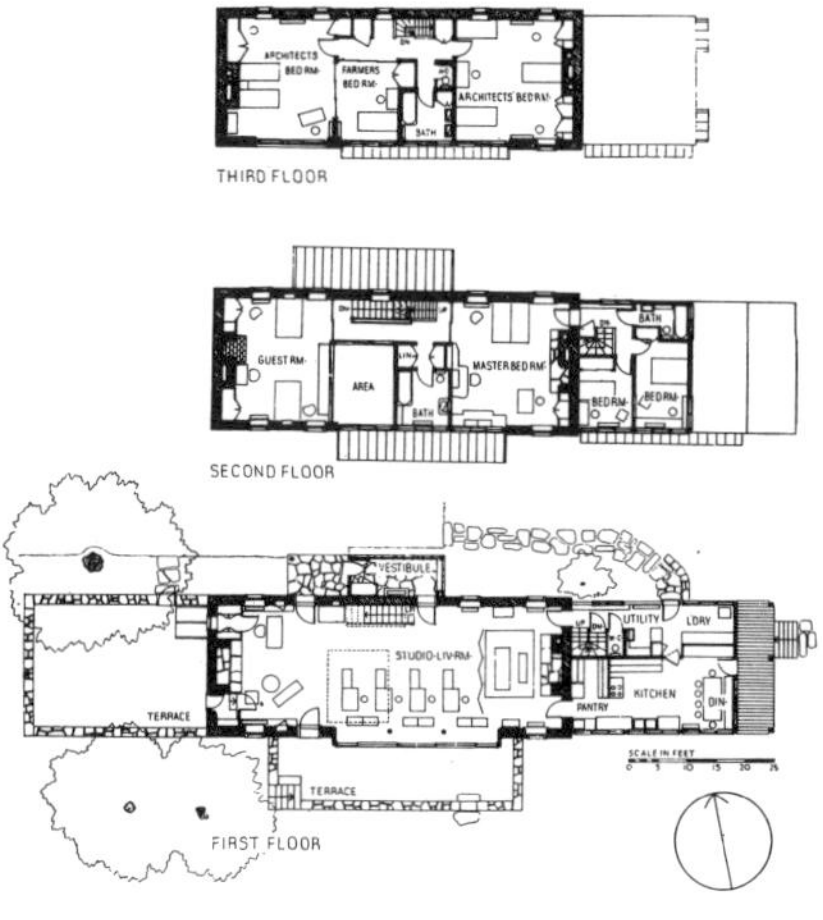

同　平面

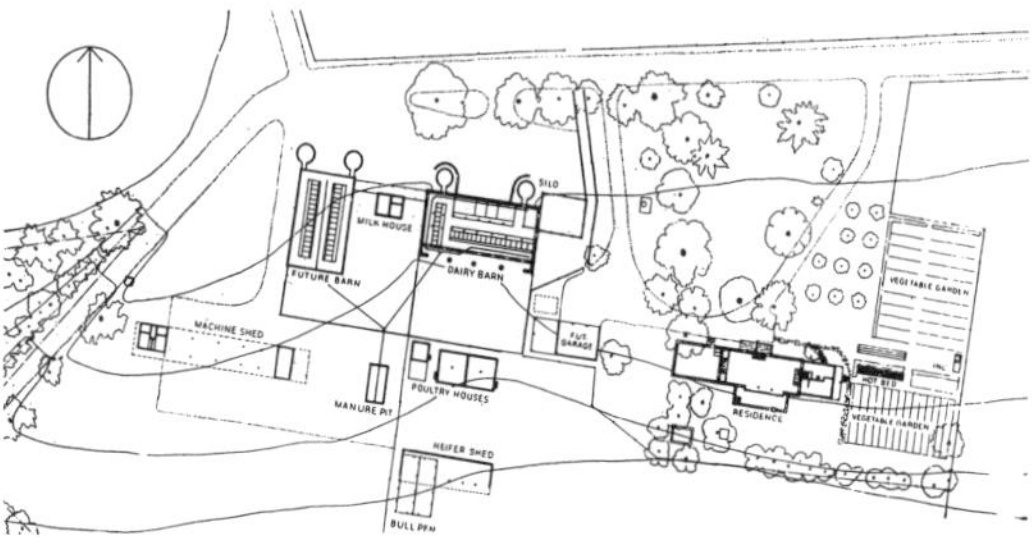

レーモンド農場（ニューホープの家）配置図

ニューホープの家　居間の俯瞰

それでも当時は静かで、そこには残された石造のクエーカー教徒の家と畜舎群等があり、そこでそれらを直して、晴耕雨読の日々を若い建築家たちと過ごすことができたのである。吉村順三もその一人で、一九四一年の日米開戦前に最後の客船であわただしく帰るまで、一年半余を過ごしている。彼を日本から呼びよせた仕事のひとつには、ワシントンDCの国会図書館内に「故斉藤大使記念図書館」を和風で計画することがあった。それは駐米日本大使の依頼によるもので、アメリカで客死した故斉藤大使の遺体を東京に送り返した返礼としての、日本と中国の稀書のコレクションのための図書館であった。加えてそれより早くレーモンドは、ニューヨークのロックフェラーセンター内にある「日本協会（ジャパン・インスティテュート）」のために、文化施設の設計をうけて一部に茶室を含めた計画も進めていた。

「ニューホープの家」改造では、クエーカー風の石造の内部を改修し、木造の二階建ての増築を加えている。その細部に洋風のクエーカー風よりも和風の方がよく見られる。吹抜けを襖で囲うとか、寝室を引違いで仕切ることに加えて、ここでも石造の内部に丸太柱をたて、「芯外し」で南面を大いに開放し、広大な田園の風景を居間にいながら満喫できるようにしている。当時はこの暖炉のついた居間を製図室にあてていたのであり、共同生活の間は居間は仕事場、晴れていれば外で作業を進め、若い者と一緒に食事は庭先でとっていた。

同　居間の芯外し部分

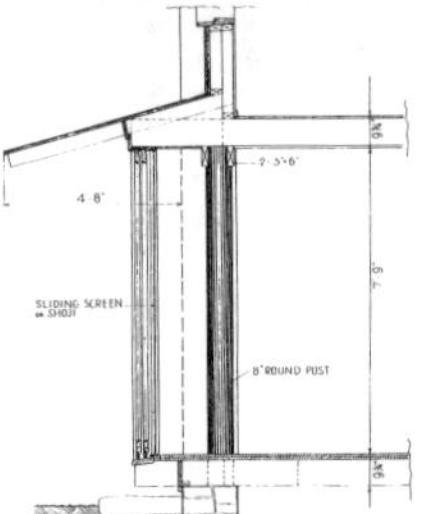

同　居間の芯外し部分の断面

同　二階吹抜上部

吉村順三が設計に手を下した、ニューヨーク州ロングアイランドの先端のモントークポイントに建った「カレラ邸」（1940-41）には、「ニューホープの家」のような「芯外し」が見られる。大西洋を眼下に見下ろす小高い丘の上の家の居間には、足許からその広大な海の風景が目に飛びこんでくる。すだれを下げて陽をよけ、木造のテラスを通して海岸へと導く、この豊かな開口部は、日本で鍛えた南面の全面開放を、アメリカで実施した最初のひとつである。ただし、ここでは外に柱を置き内側に建具を置く「芯外し」に変えていて、張り出したテラスの一部にはいつも柱が残され見えていることになる。この手法は戦後の日本における住宅にもとりこまれている。階段の細部でも木製の踏板に手すりを組みこむなど、後の吉村流にあらわれる手法を感じさせる。

しかし「カレラ邸」に引き続き設計をうけた「トニー・ウィリアムズ邸」（1939）、「ストーン邸」（1940）、

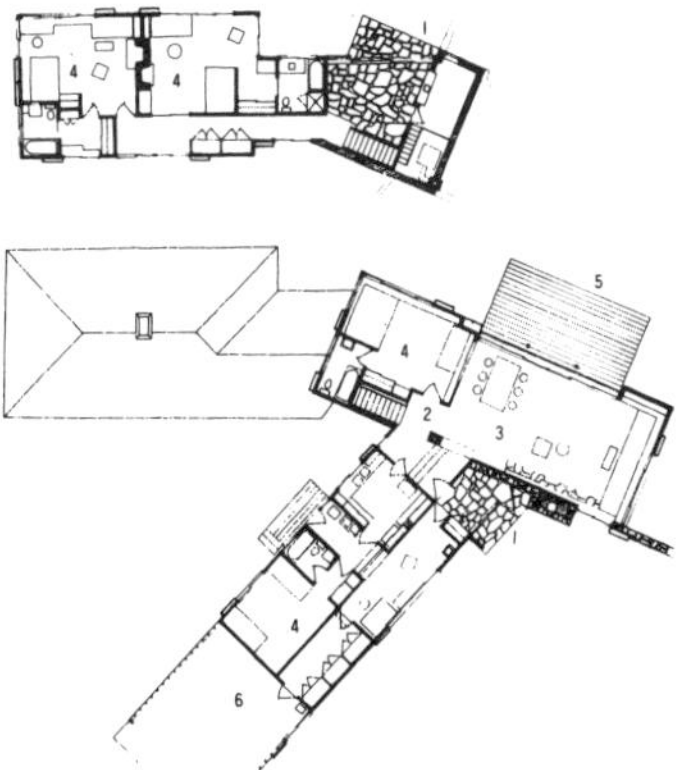

カレラ邸　居間から海を見る
同　平面
同　外観

「デラノ・ヒッチ邸」(1940–41)、「カーソン邸」(1943–44) などに見られるごく普通のデザイン感覚は、日本で充分に養った建具の扱い、横羽目の扱いを、アメリカ風の木造や石造の家などにほどよくとり入れて、レーモンド本来のデザインを示している。それはプロポーションの良さ、自由な平面の考え方であり、同時にその土地の風土、気候にあわせ常に育んできたいつもの考え方である。それでありながら

日本の優秀な大工技術と、出来栄えとに頼ってきていたため、アメリカの状況下では考え方も、デザインも困難な時期に面していた。◆

と述懐しているのは無理からぬことであった。

そのような時、かつて日本で交際のあった当時の駐日フランス大使ポール・クローデルが、今度は駐米フランス大使としてワシントンDCにいた。ニューホープとはそれほど離れていない。電話があっていく度か会いに行き、話の合う人のいないという嘆きを聞く。その上で「シカゴの地下の教会計画」の詩が読みあげられ、レーモンドはそれを青写真にすることになった。彼のスケッチは巨大な円形のドームが二重にとりまき、二層分の扇形劇場型の礼拝堂があり、教会の中心には泉があった。祭壇はその中におかれる。随分と考えたらしいが、そのスケッチが残されている。

この一九四〇年のドーム計画は、二四年後に東京で再燃する。それが日本聖公会の「聖アンドリュース・カテドラル」(1966) であり、二重ドームの代わりに二つの半球が重なりあい、その一部にコンクリートの小教会「聖アルバン教会」をとり入れるという案である。しかしながらこれらの壮大な計画のいくつかも、彼の生前に決定するものではなかった。

さてその当時、ヨーロッパの戦線があわただしくなり、アメリカ東海岸は戦力を送り出すのに忙しくなっていった。その中で、レーモンドのアメリカへの協力として得られた仕事は、連邦住宅局による「USHA国防住居群」(1940) であった。これは当時のアメリカ建築家が参加した、戦時体制下における経済的住宅団地計画である。ペンシルバニア州ベスレヘムに敷地を定め、二二棟約一〇〇戸の団地で、非常に単純な箱型

◆ レーモンド『自伝』一六五頁。

木造住宅を連続させる仕事であった。彼はアメリカ流2×4でない方法として、柱梁構造を利用し引違い窓にすることによって日本で覚えた技術を応用し、他の建築家とはいささか異なる住宅群を示した。

この「USHA国防住居群」は、多くの建築家が積極的に参加して、アメリカ全土に及び六カ月以内に三〇万戸建設するという大計画であった。それは国防政策のひとつであり、ある日限の中で政府の声掛かりの住居群をつくり、社会的、経済的価値のある住宅建築の示威行為でもあった。しかも建築家たちは格子状でない道、小さな公園づくり、小さな家への充分な配慮、プレファブ化など、新しい手法や新しい提案を、高層ビルなどとは違う形で示すことができた。

そこには後に名を成す建築家たちがいた。ヒュー・スタビンズ、ルイス・カーン、ウイリアム・ウルスター、サムナー・グルーゼン、クラレンス・スタインであり、とくにヨーロッパからきた建築家グロピウス、ブロイヤー、サーリネン、ノイトラたちもいたことは記録に値する。レーモンドの参加はこのような意味でも、自ら納得するところがあったと思われる。

レーモンドの戦時中のアメリカ時代は、アメリカ人として国に協力し積極的に軍隊の仕事を獲得し、自分のもつ能力と技術を生かしていた。一時的には「日本から帰還した近代建築家」としての名声があったが、それらは当時のアメリカの、ドイツ的近代主義つまりバウハウス系一辺倒の時代では、「建築詳細に長けた日本を知る建築家」に過ぎない。彼の述懐の中にその思いが込められていたのを知ることができる。

一九四一年一二月八日、突然の日本軍による真珠湾攻撃から太平洋戦争が始まる。レーモンドにとっては予想を超えた事態が起こったことになる。開戦により日本はアメリカの敵対国となり、日本に残した建築作品のすべてが手の届かぬところに行ってしまったのである。それは心の矛盾でもあった。彼の建築思想を支えてきたすべての原理の放棄にもつながることであった。『自伝』のどこにもその心の葛藤はあらわれてはいない。その当時はひたすらアメリカに向いていたのであろう。

開戦と同時にさまざまな苦労もあった。元所員のジョージ中島は、レーモンドがインドを去ったあともイ

ベスレヘムのUSHA国防住居群

ンドに残り、現場監督として「スリ・オーロビンド・ゴーズ僧院宿舎」を完成した。戦争が始まっても音信なく、どこへいったのか心配していたところへアイダホ州ミニドカの日本人強制収容キャンプに抑留されていることを、中島の母校ＭＩＴの教授から知らされる。抑留解除への陸軍の条件としては西海岸から遠く離れたところで、近隣の合意を得た上で中島一家をひきとるならいいという。そこでレーモンドが保証人になり、九カ月後の一九四三年にニューホープの農場に中島一家が着く。二年間、ミルク小屋のひとつに住んで家具をつくり始める。その後近くに土地を求めて、簡素な住宅をつくり、次いで数々のすぐれた家具を生み出すことで有名になったスタジオを建てた。

レーモンドは中島のことをあまり語ろうとしなかった。しかしながら中島の努力は次第に実り人の知るところなり、戦後は日本でも展覧会が開かれ、共鳴した彫刻家に流政之がいる。そして流に紹介され後に中島を師と仰ぐようになった、四国の高松にある桜製作所の永見眞一は、中島の製作指導をうけて彼の家具を日本で生み出すようになった。その家具は、中島がニューホープで一九九〇年、八五歳で病没して以後の今も◆、東京新宿のデパートなどで売られている。

◆一九九八年現在。

軍事基地建設に携わる

当時のアメリカには、さらにヨーロッパへ送る兵隊たちの臨時駐屯地の整備の仕事があった。そこでレーモンドはその仕事に参加しようとして新たな組織をつくり、これらの仕事に対処する準備を始める。主任に元ニューヨーク市の技師アーサー・タトルを据え、構造技師エルウィン・シーリーと設備技師クライド・プレースが紹介され、戦争中の「タトル・シーリー・プレース＆レーモンド事務所」が結成される。ニューヨークのセントラル駅にほど近く、アメリカ建築家協会にも近くて便利なパークアベニュー一〇一のビル内に事務所を構えたが、ここはニューヨークの根拠地として、長くレーモンドが居座るようになった馴染みの場所となる。この事務所は早速仕事に追われた。

アメリカにおける本格的な仕事は、こうして組織をつくることから始められた。戦時体制を固めつつあった国家に対して、彼のアメリカ建築家としての責任と義務の遂行が、極めて意識的に始められたのであった。

軍部への協力が始まる最初から、陸軍基地であるロングアイランドの「キャンプ・アプトン」、そしてニュージャージーの「キャンプ・キルマー」「ベル・ミード」「フォート・ディクス」、さらにニューヨークの「キャンプ・シャンクス」というような、基地づくりの仕事に追われることになった。いずれも一九四一年から四三年にかけてのことである。

まず最初は一九四一年一〇月の「キャンプ・アプトン」で始まる。

対空三個中隊の住居群の技術的なデザインをした。そのキャンプこそ、第一次大戦の折、野戦信号大隊の一兵卒として私が排水路を掘ったところでもあった。◆

同じ場所とは因果なことであった。そしてこの度の計画が始められる。今までの格子状配列は空からの攻撃には不利であり、設備配置にも不利であることから、新たな提案から始まり、第一は交通量の綿密な評定による総合的敷地計画、第二には再デザインによる軍隊的配置のやりかえ、第三に可能な限り土地造成を排除し、表土と植物の損害を減らすこと、第四に多色の屋根材や壁材の使用と植物の利用によって、特別出費することなく建物に限定された迷彩を施すことであった。

これらは実行され、レーモンドは大いに面目を施したとのべていた。わずかばかりの写真でしのぶ以外はないが、忠実に迷彩が行われ土地の造成は大幅に減少し、工事がはかどったと聞かされた。

次は一九四一年一二月の「キャンプ・キルマー」である。

アメリカ陸軍ニューヨーク港駐屯地は、一挙に建設されることになった。この港から直ちに、全軍隊

◆レーモンド「自伝」一七三頁。

キャンプ・キルマー基地　全景

キャンプ・シャンクス基地　俯瞰

を出帆させるための、集合と点検の地としての足場であった。デザインは一九四二年一月早々に始まり、最初の軍隊が六月一〇日に入ってきた。それ以来、キャンプ・キルマーを通ってヨーロッパに一三〇万人が送られたのである。◆

だが「キャンプ・シャンクス」の場合は違っていた。

最終的に、ニューヨーク市から二五マイル離れたオレンジバーグの敷地をきめた。キルマーと異なり、敷地の大部分は樹林で、残りは果樹園とオレンジバーグの町であった。可能性があっても町の建物とキャンプはつながってはならなかった。……一九四二年九月始めに敷地を設定した。数日間で、基本的にキャンプの配置を決定しなければならず、二本の主要な道が全キャンプの建設用道路と平行した。この各旅団地域のデザインは同時に行われ、完成前、敷地上で調整された。時間的に多くのデザインは、正確な土地測量もなく、即決でなさねばならなかった。◆◆

かなり荒い仕事ながら、新しい組織は確実に動いていたのである。

一九四三年には、海軍によって与えられた技術レポートなどをいくつも提出している。ノースカロライナ州の「ニューリバー・マリン訓練所」、同州「チェリーポイント・マリン空軍基地」、カリフォルニア州「プレザントン海軍病院」、一九四四年にはハワイ、その他の島における「太平洋海軍飛行基地」などである。これらの仕事は作品リストにはないが、当時の経歴書にすべて掲載されていて、建築担当パートナーとして忙しく働いていたことがわかる。

一九四一年の太平洋戦争勃発は、アメリカ東海岸にもさらに造成を進ませていた。これらの仕事はヨーロッパ総反攻の日（一九四四年六月六日）に至るまで続けられ、第二次大戦の勝利の日（一九四五年五月八

◆　レーモンド『自伝』一七三頁。

◆◆　レーモンド『自伝』一七四頁。

キャンプ・シャンクス基地　兵舎群

日）には帰還センターとして、帰ってくる軍隊を迎え入れる施設に変わっていった。

その各駐屯地にはやがて病院を補足する必要もあり、附属施設を多くデザインすることになったりした。時には「バウンド・ブルック陸軍駐屯基地」（1942）のように、膨大な倉庫群に鉄道線路と道路を、横づけにする交通計画も必要であった。「フォート・ディクス」（1942–43）ではキャンプの再構成に加えて、空軍訓練センターのための飛行場も必要になった。ミッチェル飛行場の病院施設も改良したが、それはヨーロッパから戻ってくる戦傷者の再帰基地の飛行場であった。ベイヨンヌの「ポート・ジョンソン（ターミナル）施設技術報告書」（1943）では、車輌工場の改造提案をしたり、時にはプレファブ生産工場をシステム共々に開発したり、よくこなしている。

当時、彼はアパートをニューヨークの事務所の近くに借り、ニューホープの農場と往き来していた。

こうして陸軍、海軍の基地、飛行場、必要となった病院などを手がけ、次第に仕事の範囲を拡大していった。全体的に基地計画にも匹敵する兵舎の並ぶ連隊計画は即時使用であり、測量から土木工事、そしてデザインに至るまで、軍隊のノウハウをこうして得ていった。

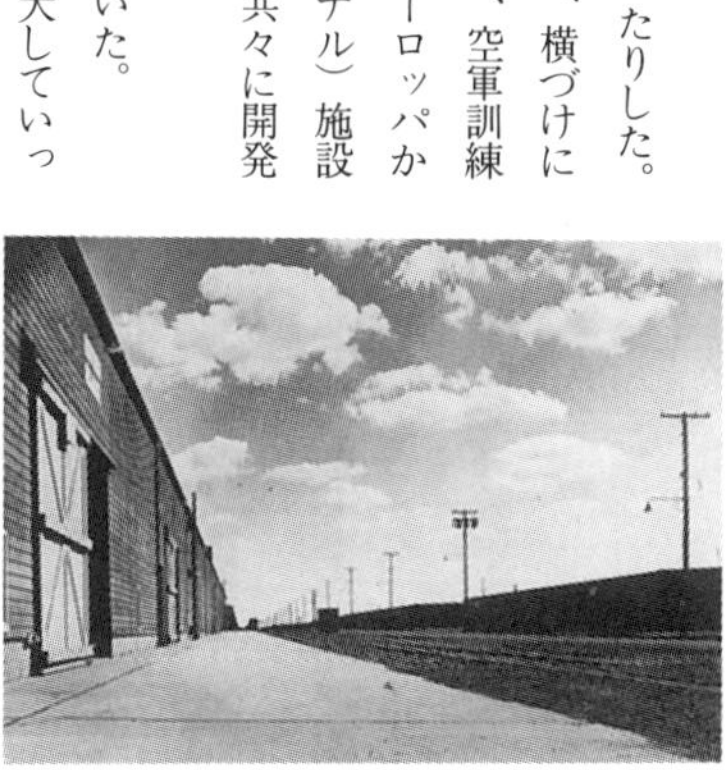

ベル・ミード陸軍補給基地

また飛行場や空港の経験は、ニューヨークの「アイドルワイルド空港」（1945）と、ケンタッキーの「レキシントン空港」（1943）に生かされることにもなった。前者はその空港による交通問題の分析であり、ニューヨーク全市へのその空港の交通手段の実際的な解決を考えることであった。さらには飛行機量を分析して滑走路のパタンを考え、そのデザインをする仕事もあった。後者は研究の結果を雑誌に発表したに過ぎなかった。

このようにして戦時中のアメリカでは、主としてヨーロッパ戦線にかかわっていた。これらの駐屯基地の構成、病院施設の経験、空軍基地のプロジェクト、その結果が、やがて戦後における日本の事務所再建の折にも、

フォート・ディクス空軍基地と住宅群

基地造成の仕事としてもたらされてきている。

話は飛ぶが、戦後の一九五〇年代初期の仕事には、アメリカで設計されていた「立川飛行場整備」「横須賀海軍基地整備」、日本各地の「極東空軍病院施設」がある。また釜山における「国連軍朝鮮再建局事務所」や大邱の「病院施設」もある。あるいはグアム島の「劇場と図書館」「空軍基地」「病院施設」もこれに入る。

さらには私が入社した一九五五年頃には、アメリカの設計事務所であるSOMの下請け仕事があって、沖縄のさまざまな細かな設計などに延長されていった。表向きの作品群とは別の顔があったのである。

戦争終結への努力

戦争中の矛盾はさらに深まっていく。

太平洋戦争の初期、戦前に東京に在住した弁護士ジェームズ・L・カウフマンの提案で、かつて日本にいたことのある人々がアメリカで「日本協議会」をつくり、いく人かの要人を集めた。たとえばジョセフ・C・グルー前駐日大使、ウィリアム・R・キャッスル・Jr.前駐日大使、カーン・ニューズウィーク誌編集長らである。レーモンドもそれに参加したとある。

われわれは私の事務所で会合し、運動をおこし立法化促進をはかろうと試みた。たとえば無差別爆撃の禁止とか、京都、奈良または宮城の爆撃禁止、あるいは平和に関すること、天皇権の存続などであった。長くその国にいたわれわれの日本と日本人に対する知識を公言し、戦争の終了、アメリカの勝利、その後の日本の良き提携を望んでいたのである。

私には、日本の工場や、労働者住宅のような普通建築の構法の知識が、欧米に事実上ほとんど知られていなかったということが信じられなかった。それは日本の工場と労働者住宅をいかに効果的に爆撃

し、工業能力を壊滅できるか、という問題が起こった時のことである。◆

そのような問題が起こったからか、あるいは米軍がすでに考えていたのか、レーモンドは一九四三年初頭に戦時局に出頭を命じられ、スタンダード石油会社研究部との協同で、種々の焼夷弾や爆弾の破壊効果を調査させられることになった。それはいかに日本の軍需工場と軍需産業に従事する労働者住居を爆破し、生産力を壊滅させるかを目標とすることになっていった。そのためにレーモンドは日本における建物の知識の提供を要請されたのである。結局のところ、そのような労働者の住居群をデザインしていわゆる下町の長屋をつくり、内外装を施した実物を建てることになった。

その住居は種々の型の焼夷弾や、爆弾の効力を調べるためのものであった。その目的は、できるだけ小型の軽量爆弾を作り、飛行機で大量に運搬ができ、それにより多くの飛行士の生命を助けることにあった。私と妻にとって、日本を負かす意味をもつ道具をつくることは、容易な課題ではなかった。日本への私の愛情にもかかわらず、この戦争を最も早く終結させる方法は、ドイツと日本を可能な限り早く、しかも効果的に敗北させることだという結論に達した。◆◆

心の矛盾は、おそらくはかりしれないものであったろう。彼は自分の日本に残してきた作品にも当然愛着があったはずだし、破壊されるおそれを充分に知っていた。自らの手で自らの作品を壊すことは、忍び難いことであったに違いない。

まず日本の労働者住宅に多い、二階建ての長屋を記憶の中から想定する。その上、できるだけ日本の材料に近いものを考える必要があった。桧や杉に代わる木材は北米のスプルース材。漆喰に代えて塗るのは、インディアンの住居にも使っている「アドビ」という土壁であった。畳はハワイから輸入することになり、家具はちゃぶ台から座布団まで、指導してつくらせることになった。

こうして彼はユタ州の砂漠地帯の爆撃実験場の、木造住宅群建設のために設計をした。もと

◆ レーモンド「自伝」一七四—一七五頁。

◆◆ レーモンド「自伝」一七五頁。

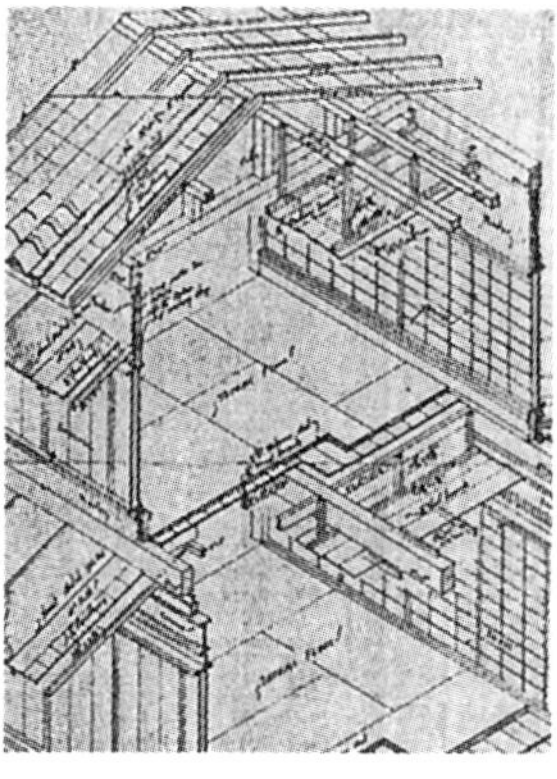

「フォーラム」に掲載された日本長屋のアイソメ構造図

プレファブ・ターゲットといわれた日本長屋　建設中の風景

よりすべて『詳細図集』に基づき、記憶によって細部に至るまで設計したと思われる。『アーキテクチュラル・フォーラム』（一九四六年一月号）に戦後初めて公開された写真によれば、長屋は和瓦をのせた二階建てであり、二戸ずつが煉瓦の仕切壁で区切られているが、まさにありふれた下町の普通の長家のように見える。間口約三間、奥行き約四間。雨戸をとりつけて、二階には小さな物干用張り出しがつき、ややごつい木製の庇が一階の縁側を覆っているところがわかる。とくに構造材の取り合わせの仕口の詳細は、レーモンドがよく知っていたとしても、アメリカのその土地の大工には当然難しかったに違いない。

これらの長屋はプレファブ化されていて、大量の予備材をも要求されていたとある。

当時、私はニュージャージーのフォート・ディックスにあって大変忙しい時であったから、われわれはその近くにプレファブ工場を建設し、そこからユタの実験場までトラック路線を設定し、何千マイルもはなれて、プレファブの部材を送り出したのである。その部材は実験場で組み立てられ、爆撃の目標とされた。破壊されるや否や、満足な結果を得るまで次々に新しく建てられた。建物は布団、座布団、その他すべてを含み、いつも完全な一軒の日本の家に見えるような状態に仕上げられた。雨戸も取りつけられ、開けたり閉めたりして、爆撃は夜となく昼となく試みられた。私の事務所では、連合軍爆撃委員会が何度か会合を開いていた。◆

◆レーモンド『自伝』一七五頁。

同　内部のちゃぶだい

レーモンドが名づけたのではないが、雑誌はこれを「プレファブ・ターゲット（プレファブ目標）」と呼んだ。ここにその雑誌の記事を訳して引用しよう。

プレファブ・ターゲット

——A・レーモンド、米陸軍のために日本の労働者住宅を再現

ニューヨークの建築家A・レーモンドは、一八年間日本に住み、日本人と同じ位に日本の建物に通暁している。一九四三年初頭、レーモンドはニュージャージー州エリザベスにあるスタンダード石油開発会社から、不思議な注文を受けた。スタンダード石油は、日本の労働者住居群の複製の設計を要求し、それは原寸で正確に三尺×六尺の畳と紙障子にも及んだ。またそれは、二四軒の工場生産のプレファブ住宅であり、即刻現場組立の設計で、余剰構造材の大量蓄積も加えられていた。しかし、不思議な注文の不思議な部分は、その単純な目的にあった。即ち、住居群は建設直後、徹底的に焼き尽くされることであった。

陸軍の検閲許可されたばかりのこの写真が示すように、この戦争で最も細心なデザインのひとつとして、残された記録である。住居群は建設されるや否や、陸軍爆撃機がユタ砂漠の現場に飛来し、焼夷弾で焼き払った。その実験の基礎は、陸軍の科学戦隊と国防研究委員会とが統率し、陸軍が焼夷弾を選んだ。それは昨年三月に、東京の一八平方マイルを焼き尽くし、また第二〇空軍によって、日本の工業都市の約一六〇平方マイルを破壊するのに利用された。

凡そ、日本の都市の工業地帯六〇%は労働者住居が占め、その多くは瓦かトタン屋根である。いかに早く火災を起こすかが第一の要点であり、いかに早急に付近の軍事産業に打撃を与えうるかであった。

ニュージャージー州のペンバートン木材&加工会社は、多数の構造材を加工する、プレファブ経験を極めて多く積んだ。ニューヨーク州ヤングタウンにあるユニオンナショナル会社は、家具を生産するために全工場二週間を当てた。ロサンジェルスのフォード・J・トゥワルツ会社は、現場組立のアドビ・プラスターを塗る仕事に、インディアンをあてて仕事した。その仕事に着手してから六七日間でプレファブ日本住居群は、破壊準備ができたのである。◆

◆ "Architectural Forum", 1946.1, p.11.

同 外観

第7章

再来日——近代建築展開への布石

日本に戻れた驚きと喜び

焼夷弾の爆撃実験結果は知られる通りすさまじいものであった。アメリカ空軍は焼夷弾を運び、日本空襲に絶大な効果をあげた。B29は軍需産業の破壊と、軍需産業に従事する労働者住宅ばかりでなく町まで焼き払い、たとえば東京大空襲（一九四五年三月一〇日）の惨劇をもたらし、多くの民間人が犠牲になった。

その三月一〇日、それは東京人にとって忘れがたい日となった。夜半二時半までの二時間、飛来したB29は三三四機にのぼる。凡そ二〇〇〇トンの焼夷弾は主として下町をねらい、その夜のみで被災家屋は二六万八〇〇〇戸にのぼったという。死者八万四〇〇〇、負傷者四万と警視庁の記録に残る。

誌上で「プレファブ・ターゲット」と呼ばれた爆撃実験住宅設計へのレーモンドの参加は、戦後の日本で時々話題になった。この事実は一九七〇年出版の『自伝』に一頁の記述がある以外では、『私と日本建築』（一九六七）の中の「時間と建築・レーモンド小論」◆の半頁に記されているに過ぎない。しかし時折あらわれて、レーモンドの立場を危うくしたり、建築家という職業人の運命と「業」を考える際の例となったりして

◆ 三沢浩「時間と建築・レーモンド小論」、レーモンド『私と日本建築』所収。

いる。
そのひとつに建築史家、藤森照信の記述がある。彼はレーモンドの歴史にも詳しいしその建築を高く評価する一人だが、チェコのクラドノに行って少年時代のレーモンドのいた家を探りあてようとした。

古い空気がよどんだ通りに立って、レーモンド一家が住んでいた雑貨屋と一体化していた建物と思われる裏手の空き家の崩れはじめた壁を見上げているうちに〝アッ、あの一件はそうだったのか〟とひとり納得した。（中略）

自分でも好きだったにちがいない日本の町を焼き払う計画に加わったレーモンドの気持ちについては、これまではかりかねていた。その謎が、クラドノの町のそこだけ寂しい一画を眺めている時に解けたように思えた。

彼がアメリカで空襲計画に参加している時、頭にあったのはナチスドイツによって消息不明となった兄弟たちのことであったにちがいないし、そのドイツと手を組む軍国日本をたたくことによってしか自分たちユダヤ人は救われない、と考えていたのではないかと思う。アインシュタインが原爆開発に加わったのと同じ気持ちだったにちがいない。◆

しかしレーモンドはユダヤ人ではなく、「自分たちユダヤ人は救われない」とある記述はまちがいである。加えて一家が住んでいた二階建の雑貨屋が、塔のある三階建とまちがわれている点もある。一家が消息不明になったのは一九三八年以降の、ナチスのチェコ侵略戦争にあったことを忘れてはならない。つまりナチスはチェコ人をにくみ、併合のために反対者を殺りくしていたのであり、犠牲者はユダヤ人だけではなかった。その反動として戦後チェコから逃げるドイツ人のうち、二二万を殺したのはチェコ人だった。

戦いは終わり、昭和四十八年（昭和二十三年の誤り）、**レーモンドは再び来日し、焼け野原となった東京の上にリーダーズダイジェスト社のビルなどを次々に建ててゆくが、収まらないのは戦中に空襲対策で走り回った日本の建築家たちで、焼け跡でアメリカの力を背に活動を再開したレーモンドを強く**

◆藤森照信「東京大空襲と一建築家」、『週刊朝日』一九八九年六月二三日号。藤森照信『建築探偵神出鬼没』（朝日新聞社、一九九〇）に再録。

批判した。◆

しかし、雑誌でユタ砂漠の件が発表されたのは一九四六年一月号であり、それまで多くのアメリカ人は知らなかったし、日本では当時、アメリカの建築雑誌は手に入れにくかった。したがってたしかに戦後のアメリカ全盛時代のレーモンドをうらむ批判はあっても、「プレファブ・ターゲット」をつくったからであったかは不明である。だがそのことにからませてもうひとつの例がある。林昌二著『二十二世紀を設計する』の「あとがき」だが、少々長い文を引用する。

今日は奇しくも四月一三日。東京空襲で私の家が焼かれた一九四五年のその日から数えて、五十周忌に当たる日です。それは三月十日に続く二度目の大空襲でした。まず周囲が火の海になって逃げ道が断たれ、じわじわと幾万もの生命が蒸し焼きにされました。（中略）

それまでの軍事施設に対する昼間爆撃とはうって変わる、夜間低空からの焼夷弾による都市攻撃を実行したのはカーチス・E・ルメイという将軍でした。そのコンセプトを提案したのはアントニン・レーモンドという建築家だと聞きました。この人は木造家屋が密集する日本の都市構造をよく知っていました。

信じ難いことですが、ルメイは戦後の一九六四年、昭和天皇から勲一等旭日大綬章という高位の叙勲を受けています。レーモンドは戦後米軍とともに上陸したリーダーズ・ダイジェストという雑誌社の社屋を、いまパレスサイドビルが建っている地に設計して、日本建築学会賞を受けました。建築家であること、日本国民であること、二十世紀人であることが、ときに疎ましくなります。◆◆

この著者は「リーダーズ・ダイジェスト東京支社」をとり壊し、そのあとにパレスサイドビルを設計した日建設計の担当者である。文中の言葉は、当時リーダーズ・ダイジェスト社から何のことわりもなかったことに対するレーモンドの抗議を『新建築』誌上で、また建築家沖種郎、鬼頭梓他の『建築家協会ニュース』への投稿によるレーモンドの抗議への同意◆◆◆を、読んだであろう人の言葉とは思えない。

◆ 藤森『建築探偵神出鬼没』一〇九頁。

◆◆ 林昌二『二十二世紀を設計する』（彰国社、一九九四）二八六―二八七頁。

◆◆◆ 『日本建築家協会ニュース』一四四号（一九六三年一一月一五日）投稿欄。

その『新建築』の抗議文とは、レーモンドに何のことわりもなく、新聞報道によって、パレスサイドビルの新築にあたって、「リーダーズ・ダイジェスト東京支社」がとり壊されることを知ったことに対する公開の手紙であった。

過去において私の貴社のためにした仕事の質を考えますと、貴社の今回の行動は私にとっては不可解であり、かつ容赦することができないもののように思われます。私には自分の怒りを表現すべき言葉が見当たりません。◆

これは『日刊建設通信』一〇月二九日付に邦訳で掲載され、『新建築』誌にその評と共に再掲載された。

レーモンドのこの文は、建築家としての自信に満ち、社会における建築家の位置に対する正当な要求が堂々となされている。そして少なくともこの問題に関しては、法的妥当性を云々したり、論理的に究明するよりも、道義的な問題としての建築家のプロフェッションの問題として、レーモンドの抗議は正当なのである。(中略)しかしそれとは別に、近代建築をいかに次代への遺産として保存すべきかという問題がここにあらためて起こってくる。◆◆

話を戻す。過去にレーモンドは関東大震災のあと、アメリカ極東艦隊のアンダーソン提督の道案内として同乗して、救援物資を届けるために、築地に視察に行ったことがある。その折に累々たる死人の浮かぶ川と、下町の焼け跡と、被服廠跡地の犠牲者の山を見ている。

それから二五年後、戦後初の来日で彼は再びその光景に出遭う。

車は(羽田から)**都心に向かって出発した。途端に何マイルにもわたる完全な荒廃が私の目を射た。まったく無秩序な廃墟以外に何もなかったのである。派手な着物や、祭のような賑やかな人の群がいた、一九一九年の日本到着の最初の日に代わるのは、幽鬼のような人びとの姿であった。人びとは廃墟のあちこちで灰にまみれ、やせ衰え、悽惨な姿をしていた。あまりのことに私は心が動転し、誇張ではなく、泣くのをこらえ切れなかった。考えていたよりも、はるかにひどいものであった。**◆◆◆

◆ レーモンドのRD社への手紙。『日刊建設通信』一九六九年一〇月二九日。

◆◆ 『新建築』一九六九年一二月号、七三頁(署名なし)。

◆◆◆ レーモンド『自伝』一八五頁。

戦後の焼跡 青山・六本木あたりか(レーモンド撮影)

それは、飛行機の上から眺めた、その時の日本の海岸や山の平和とはまったく違うものであった。

日本の島々、そして本州を機上から眺めた時の、あの胸をついて溢れ出る感情をのべることは、ほとんど不可能に近い。その島々の美しさ、空から眺めた日本の海岸と山や谷はあまりにも想像を絶するものであった。そこには平和そのものがあった。海岸に沿ったいくつかの舟の群、自然の中で茸のように育った家々、平野からそのそのまま立ち上った丘や山、平野を細かく分割した田畑、そして川が曲がりくねって海に注いでいた。◆

再び見た日本で、悲喜こもごもの感情が溢れ、それを彼は毎日ノエミ夫人に書き送っている。彼女も日本がどうなっているかを、本当に知りたかったのであった。

レーモンドの戦後の来日は手間どった。戦争終結への努力は実りはしたけれど、日本がどうなったのか、知りたい気持ちがはやったに違いない。再び日本がうけ入れてくれるかどうかについては、大きな不安が残されていた。終戦当時、民間人は日本に渡ることができなかったこともある。不安とはやる気持ちが彼を焦らせていたのであろう。

その戦後のある日、かつての親友のひとり白石多士良が、日本における水力発電の必要から、ダム調査のために来日できるかを尋ねる手紙をよこした。一九四七年、彼は来日の希望を直接、総司令官ダグラス・マッカーサー元帥に手紙で打診したのである。マッカーサーからは「レーモンドの日本における建築の業績は歴史的なものとして評価する」という意味の返信が届き、ようやく来日が許可された。

そして翌一九四八年、日本に民間人としてやって来る。羽田飛行場では旧所員や、友人たちに温かく迎えられて喜び、同時に大いに驚く。その驚きとは早く戦争を終わらせるために、日本を降伏させることを考え、ユタ爆撃実験場で日本家屋をつくり、焼夷弾による爆撃効果をあげ軍に協力していたことが、彼の心中にあったからだろうと思われる。

その年に「株式会社レーモンド建築設計事務所」が設立されている。さらに一九四九年、マッカーサー元

アメリカ大使館アパートの敷地から見た戦後の光景（レーモンド撮影）
◆ レーモンド『自伝』一八四－一八五頁。

帥への協力申請の一部でもあった「奥只見ダム」開発視察に同行し、後の「白石基礎」や「パシフィック・コンサルタント」の基礎をつくることにもなった。

新たな体制を組んで

戦争中の忙しい、しかも荒っぽいともいえる仕事の間で、レーモンドはわずかばかり民間の設計もしていた。数軒の住宅と、商店二つほどであり、「スチールプレファブ農業施設」(1945)のデザインであった。プレファブはストラン製鋼会社という、第二次大戦中の「クォンセット・ハウス」というプレファブ建築の製造元が依頼主であった。

またロングアイランド鉄道の友人からは、「グレートリバー駅」(1945)が依頼され、それを設計し建設している。プラットフォームもない待合室だが、四本の柱で屋根を支えただけの小さな無人駅である。これを最初に雑誌で見た時には驚いた。屋根を版として扱った木造で、その単純なことこの上なく、素直な美しい形の建物である。暖房器をおさめた石造りの壁と煙突までが、素朴な田園風の駅をひきたてているのである。

鉄道が駅舎の現代化をさせたのである。結果として成功であったが、全体としては、鉄道組織に与える影響力は何もなかった。◆

とのべているが、彼の意気込みは小さな建築であろうとも常に組織全体への影響力とか、デザインの改革を考えていたのであって、この些細な記述の中からもそれがうかがえる。

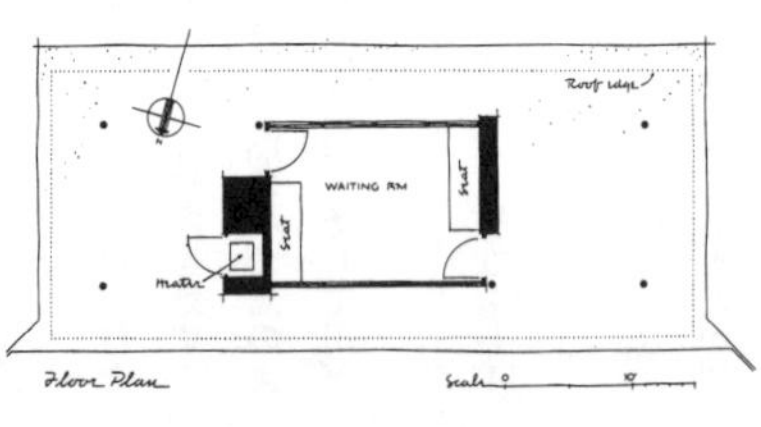

◆レーモンド『自伝』一七六頁。
グレートリバー駅　平面
同　全景

一九四五年にはデザイナーのベル・ゲデスの許で働いていたチェコ人のラディスラフ・ラドが加わる。助手からたちまちにパートナーとなって、仕事をこなすようになる。レーモンドより一七歳若い、プラーグの工科大学出身の後輩であった。彼はヒットラーのチェコ侵入直前に、ハーバード大学で修士号をとるために、プラーグを去っていた幸運の人である。二人の出会いはうまくいき、ラドにアメリカでの仕事を任して、レーモンドは日本における仕事に集中することになる。

われわれが理想的なパートナーの態勢をとっていることは、何ら誇張のないところである。互いに尊敬しあい、各々の努力と各々の知識が、ごく普通に補いあっているからである。全般にわれわれはデザインの哲学では完全に一致しているのであるが、個々の表現方法はどちらの仕事なのか、簡単に区別できるほど異なっている。◆

二人とも故郷の特にプラハの文化や伝統に深く感じるところがあった。そして二人とも、自分たちが育った社会とは大変異なる経験をし、それに適応してきた。今世紀の建築における大変動が何に起因するか、またどこに帰着すべきかに関しては、双方が良くまとまった意見を持っていた。◆◆

ともあれ、その頃はレーモンドのいうように「戦争から平和への転換期には面白い仕事は稀であった」◆◆◆ようだが、とにかくラドとの仕事は同年に始まる。共同体制でつくった作品にはヒッコリーの「コミュニティセンター」(1948)、サミットの「コミュニティセンター」(1948)、「ステート・ファーム保険会社・レクリエーションセンター」(1948)、オマハの「レビ・カーター・パーク全体計画」(1948)のように公共的傾向、レクリエーション的傾向が高まっていく。その中で、ノースカロライナ州マヨーダンに建てた「ワシントン製材会社・レクリエーションセンター」内の「ピクニックシェルター」(1948-49)の、端正な「鋏状トラス」の単純な木造にも、駅舎の考え方と同じような、明快さが流れている。これは過去にレーモンドが手がけた、軽井沢の「聖ポール教会」の「鋏状トラス」を、もっと豪快に、単純におさめて解決したものである。その平面の何気なさと表現としての山小屋風の姿と加えて、森林の中のシェルターとして、強くかつ素

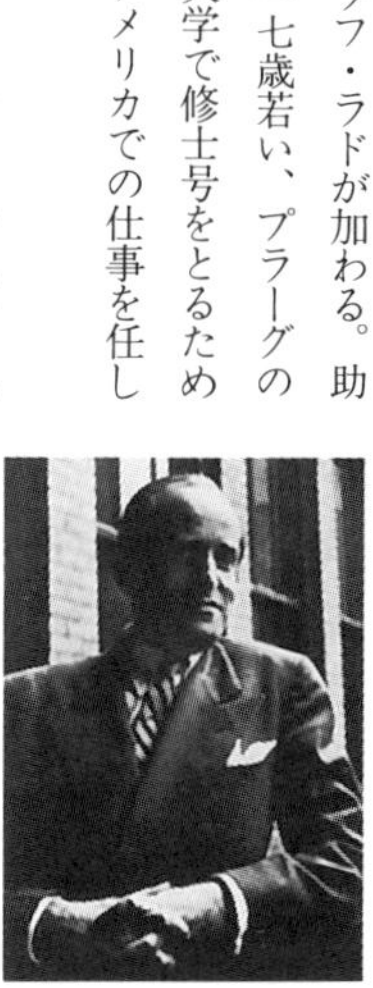
パートナーのラディスラフ・L・ラド

◆ レーモンド「自伝」一七七頁。

◆◆ ウィリアム・マーリン「近代の行き詰まりを超えるもの——ラドに聞く」「日経アーキテクチュア」一九七八年一〇月一八日号。

◆◆◆ レーモンド「自伝」一七七頁。

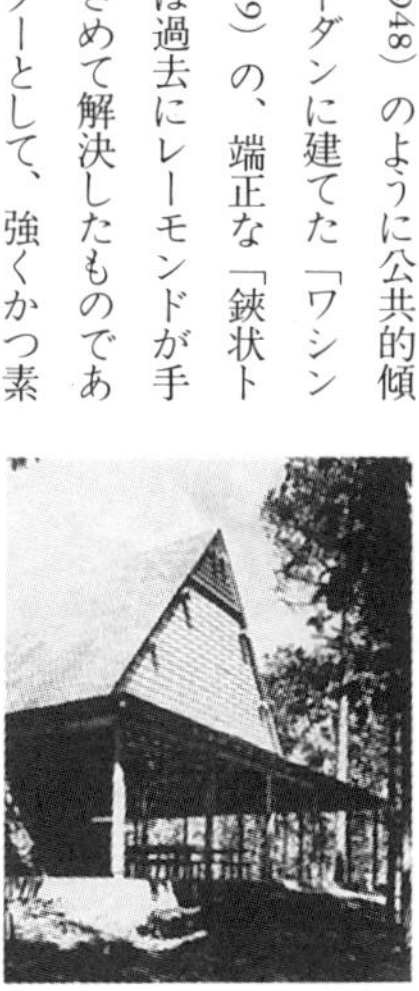
ノースカロライナ州マヨーダンのレクリエーションセンターにあるピクニックシェルター

朴な点は評価されてよい。

加えて、本格的な作品のひとつ、コネチカット州グリーニッチにある真空掃除機製造会社のための「エレクトロラックス会社・レクリエーションセンター」(1949-50)には、「東京ゴルフクラブ」で培った、切れの良い構造とすっきりした立面がある。これらがおそらくは、戦後日本の、レーモンド流「近代建築」の基礎になっていったのではないかと思われる。

この作品は『アーキテクチュラル・フォーラム』(一九五三年四月号)の誌上に発表されたが、日本では知られていない。二階建てのコンクリート打放しの丸柱のあるラウンジ棟、右に低くのびるボーリング場、背後には天井が円型ヴォールトになった体育館がつく、屋外にはテニスコートと野球場など。正面の端正さと梁のない手法は、構造家としてすでに協力者であったポール・ワイドリンガーによるものである。この点からも、ラドをパートナーとし、さらに構造をワイドリンガーに協力させたレーモンドは、もうひとつ次の段階に入っていったことを感じさせる。

すなわち「東京ゴルフクラブ」、「スリ・オーロビンド・ゴーズ僧院宿舎」と、「エレクトロラックス会社・レクリエーションセンター」を結んだ延長線上に、「リーダーズ・ダイジェスト東京支社」(1949-51)があると考えられる。

戦後ではグアム島の「コマーシャル・パシフィック・ケーブル会社中継所計画」(1946)あたりで、構造の妙が際立ってくる。これもワイドリンガーとそのパートナーであったマリオ・サルバドリの協力によるものであった。

まず「中継所(ケーブルステーション)」であるが、戦後最初の平和的仕事として、レーモンドも感激して手をつけた計画だった。熱帯で年中二七~八度C、時に九〇%以上になる湿度、年間平均五八四二ミリという雨量の土地で、いかに快適に過ごせるかを目標に、基地として小さなオフィスと住居群をつくる計画であった。住居には明らかに現在いわれているようなパッシブソーラーの手法が使われている。屋根は二重スラ

エレクトロラックス会社レクリエーションセンター

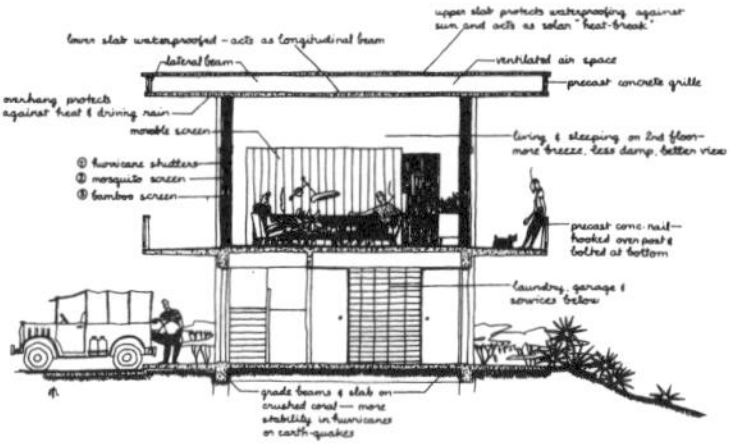

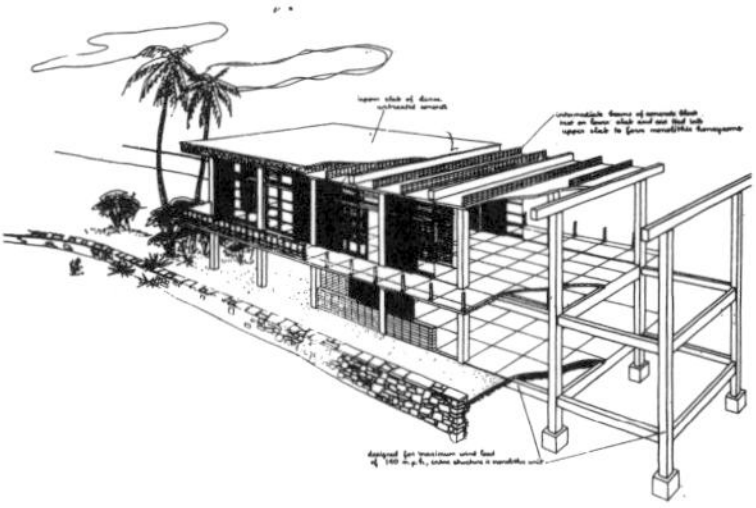

コマーシャル・パシフィック・ケーブル会社　グアム島の中継所計画　全景
同　断面
同　断面アイソメ

ブで空気を通し、インドにおける経験を生かしていて、室内はバルコニーと庇で太陽光を防ぎ、引違いのすだれ戸で風を通し、雨戸で襲いかかる台風の風雨をよけるというやり方である。すべてが引違い戸という方法がここでは良かった。しかし惜しむらくは、その会社が解体して実現には至らなかった。

戦後のスタート地点

前節でのべたレーモンドのパートナーとしてのラドと、構造家ワイドリンガーの協力による作品をもう少し続けたい。

「空軍基地五〇〇人劇場」(1951)も、グアム島における計画であった。これも構造の冴えがデザインと一

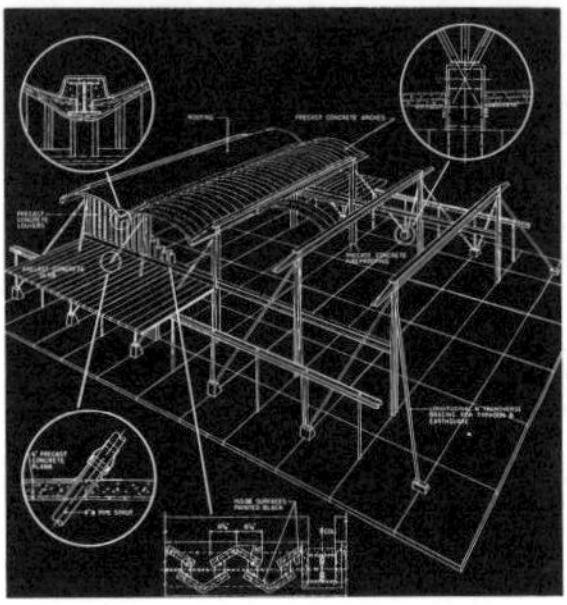

体となり、簡単な構造と単純な平面の劇場ではあるが、厳しい現地の要望に対して答えを出そうとした力作であると考える。

ワイドリンガーの考え出した原理は、建築各部を構造的に完全に独立させることである。そうすれば不測の事態が起っても、建物の一部が損傷を受けるだけですみ、残りの部分は安全でありうるからである。この考えかたは、従来の耐震構造に真向から対立するものである。……一連の自立的な骨組で構造体をつくり、各骨組は他の構造体の助けをかりずに、それ自体で地震や風に耐えさせる。◆

グアム島空軍基地の五〇〇人劇場　断面見取図

◆　レーモンド「空軍基地の劇場」、『建築』一九六一年一〇月号九一頁（上杉啓訳）。

◆◆　"Architectural Forum", 1950. 12.

このように問題は地震と台風であり、少数の熟練工によって短時日で建てられるように単純な構造とすることが命題であった。コンクリート柱を三脚状のケーブルで引っ張り、屋根にはアーチ状の七五mm厚のプレキャスト・ルーバーを立てるなど、さまざまな工夫がなされた。このすべての部材は日本でつくられて、運ばれることになっていた。完成は聞いていない。

次に『アーキテクチュラル・フォーラム』（一九五〇年一二月号）に載った作品は、第一期の「A大学スタジアム計画」（1950）であった。

それはすでに東京に戦後の事務所を構え、本格的に活動を始めていたレーモンドのアメリカにおける作品となっている。つまり当時の彼がしばしば日米間を往復した、その時代の産物であった。その作品は巨大な観客席を支えるのに一切柱がなく、「すり鉢」を置いたままの姿で中央にスタジアムがあった。つまり「テンション・リング」によって、「すり鉢」のふちをしめつけて、すべてを片持梁として観客席をつくるという途方もない構造であった。この案はその後年に、さらに模型写真と共に「一〇万人のスタジアム計画」（1956）として雑誌の誌面にあらわれる◆◆。

A大学スタジアム計画

「レーモンド&ラド」の仕事は、その当時極めて順調であった。東京では「リーダーズ・ダイジェスト東京支社」の仕事が進んでいたし、ニューヨークの方も仕事を次々に固めていた。ラドはレクリエーション施設計画を専門としていたエルウッド・アレン・オーガニゼーションとの、協力体制を確立していたからでもある。だからこそいくつかのレクリエーション施設とか、公園計画が進められたのである。その中で、戦後ハイライトを浴びて『アート・アンド・アーキテクチャー』誌（一九五五年六月号）を飾った「ロングビーチ海岸開発総合計画」(1954）がある。それはいく種類ものシェル構造による、レクリエーションセンターの計画であった。

もはや「レーモンド&ラド」という名は、戦後のアメリカにあって建築設計のユニークな事務所として定着し始めていたのである。そのような構造的企画や環境設計的企画を通じて、レーモンドが発展させてきた「近代建築」は新たな局面に差しかかり、それを構造的な部分から近代への洗練、または近代における構造的実験へと追い上げていったのではないかと思われる。たしかにそれはひとつの飛躍といえるものではあるが、明らかに現代的な構造への限りない挑戦でもあった。

「ケーブルステーション」のように、極めてパッシブな方法により熱帯的気候を、二重スラブによって涼しくするという細かな手法があった。また「空軍劇場」のように、耐震、耐風のための、V型パイプガーダーとプレキャスト・コンクリートとのとりあわせによる、小劇場のための細かな細工があった。「一〇万人のスタジアム計画」は「テンション・リング」による巨大計画だった。それらに加えて、レクリエーション施設におけるラドとの協同があった。その上にワイドリンガーという優秀な構造家の協力を得て、「現代建築」の輪がもうひとつ、技術的に拡大していたのである。

同事務所には、学生時代に夏期のニューホープで働き、海軍を経て戦後の事務所に加わったアシスタント、プリンストン大学出身のデーヴィッド・レビットの力もあった。彼はワイドリンガーのシェル構造を、いくつかのスケッチで手早く描き上げ、デザイナーとしてレーモンドの右腕になっていたのであり、やがて

一〇万人のスタジアム計画　模型

日本にも滞在し、多くのデザインをこなした。

さて、このような一九五〇年までのアメリカにおける蓄積は、戦後一九四八年に来日して東京で事務所を再開した折にも、充分に手応えのあるデザイン源になったといえる。それは単に戦後にかけてアメリカ技術を日本に運んできただけではなかった。構造的にも環境的にも対応できる、実践の体験をアメリカで養ってきたのであり、それが基礎となって、日本における戦後の華やかな再出発にもなったのである。

戦後の日本における最初の仕事は、「スタンダード石油会社」の住宅群であった。また、当時の日本で絶大な読者数を得ていた『リーダーズ・ダイジェスト』誌が東京に支社をつくることになり、支社長マッケヴォイと鈴木文史朗が世話役でレーモンドは交流を深めている。

この「リーダーズ・ダイジェスト東京支社」の成功によって戦後日本の「近代建築」のランドマークが出現し、設計者レーモンドは一躍有名になり、戦前の業績を知らなかった日本の建築家にも認められるようになった。彼は戦後のアメリカ資本の普及の波をとらえ、映画会社「MGM」の全国各地の建築、銀行では「ナショナル・シティ・バンク」をつくり、また「アメリカ大使館アパート」を建てる。やがて日本の企業にも再興の波が来て、大型建築が続く。

その頃、朝鮮戦争が起こる。その米軍基地であった沖縄の仕事のために所員を増員して、次々に仕事をこなした。それは戦争中にアメリカで米軍キャンプの仕事をしていたように、沖縄でも教会から住宅まで引きうけたのである。

ロングビーチ海岸開発計画　シェルターのスケッチ
同　レストラン

第8章

リーダイ論争

戦後初の近代建築出現の驚き

戦後四年目の一九四九年に、アメリカで基本設計が進められ、戦後の創刊号の『国際建築』(一九五〇年七月号)に模型と透視図とが発表され、五一年に完成したのが「リーダーズ・ダイジェスト東京支社(以下RD社)」である。しかしそしてその建物はあまりにも良いその場所故に、日本の経済成長の初期、一九六四年に巨大なビルに建て替えられ、そこに同社と毎日新聞が入った。はかない一三年間の命であった。

一九四六年五月の創刊以来、アメリカの『リーダーズ・ダイジェスト』誌の日本語版は、雑誌『ライフ』を買うのにも行列だった本のない戦後、駅の売店にも置かれていてよく読まれた。私の最初の定期購読誌のひとつで、当時で出版部数毎月五〇万と聞いた。大波のように押し寄せるアメリカ文化の、窓口のひとつでもあったのである。

「RD社」建設の予定されていた場所は竹橋のほとり、皇居の石垣に向いた美しい敷地であった。かつてそこにはフランス大使館があり、木立と神社があったという。大使であり詩人であったポール・クローデル

RD社初期案 模型

は、関東大震災で焼けた大使館のあとに、レーモンド設計で木造の仮住居の大使館をつくった。それは小振りながらライト・スタイルで、横板張り、庇が大きく張り出すバルコニーのある家だった。

政府がその土地を買い上げ、フランス大使館は現在の麻布の地に移り、その仮住居はなくなってあとに外国語学校が建てられた。それも戦災でなくなり、戦後RD社が買った。不思議な縁でレーモンドは、同じ敷地に異なる建築をつくったことになる。敷地には因縁がつきまとっていたのだが、これに至る計画過程にも因縁があった。

戦後の東京でレーモンドが会った同社の東京支配人が、ニューヨークの同誌創始者ウォレス夫妻を紹介した。夫妻は東京支社の建設にふさわしい立派な現代建築を求め、F・L・ライトにデザインを依頼したが、何カ月待っても返事がなかった。諦めて第二の候補者であったレーモンドと契約した。そのあとでライトから承諾する旨の手紙がきたが、遅かったのである。これを知ったライトが大いに憤慨したのは、いうまでもない。

レーモンドは敷地をよく知っていた。そして、現代の最も優れたアメリカ技術による自分の建物が、皇居に向かって、しかも江戸時代の技術を伝える平川門と対峙することを喜んだ。

その両者が、共通の永遠の原則に従って、デザインされ、建築されているのを一望に見るのは感慨深いものであった。(中略)
日本人の正しい方位観の尊重や、自然への親近感、それに基本的なものから自身を隠してしまわないように、材料を自然状態のまま用いるなど、日本人の気持を念頭においた。そのほかに私に示唆した日本の原則は、極度な単純さと奥床しさ、材料の経済性、軽さと優雅さであり、重量感や、部厚さや、虚飾よりは、むしろ透明に近いものであった。◆

と彼はのべている。

まだ自動車も少なく、静かな内濠を前において広い敷地に余裕をもって、長々と横たわるように配置され

RD社初期案　玄関のスケッチ

◆　レーモンド「自伝」一九七—一九八頁。

フィリップ・ジョンソン／ガラスの家（1949）

た二階建の建物。周辺には高い建物もなく、焼け残った如水会館、学士会館が目の当たりに見られ、今では残された写真で確認できるのみだが、平川門の脇の石垣に登れば駿河台のニコライ堂ですら間近にあった。

戦時中の軍事色から解放されて戦後の極貧の中で欧米文化を漁り、アメリカ映画で彼の地の生活を知り、洋風化の遅れを痛切に感じていた時代である。

それは日本が初めて見た、総ガラス張りの本物の「近代建築」であったといってよい。明るく、軽快で、見ただけでも単純な解決の構造がよみとれた。当時発表されて有名になったガラス張りのミースの「ファンズワース邸」、フィリップ・ジョンソンの「ガラスの家」、あるいはチャールズ・イームズの「自邸」に溜め息をついていた、その矢先のことであった。日本にも本物があらわれたのである。

言葉通りというか、物理的にもこの建物は透明感のあふれる建物で、通りかかる度に中で働いている人がまる見えであり、見られても平気であるのが不思議に感じられた。とくに玄関を入り、ギャラリーから食堂へと続く部分は、両側がガラスで庭の中に埋没するかのように一体化していた。外から庭を越えて入ると突然、食堂に大勢が食事しているのが見えるのも珍しかった。

その長さ東西に約六〇m、一一スパン。寸法にはフィートに近くアメリカ人にもわかりやすい尺寸が使われ、一八尺（五・四五m）が基準寸法。中心の柱からバルコニーの先までは二九尺（八・七八m）、つまり一七・六六mの幅をもった六〇mの長い棟が、道に平行に走っていたことになる。高さは二六・一尺（七・九m）、プロポーションが良かった。ことに側面から見る時、ボックス型におさまった二階部分の中央がわざとあけられていて、中央の柱を一、二階共明瞭に見せている。どういう構造かを視覚的に示すあたり、特にデザイン

RD社　外観

の考え方をこの建物から学んだ。

そのコンクリート打放しの美しさは隅々に及び、内部の梁、柱の小割り板でつくった仮枠のあとが、美になっていた。これらコンクリートの打込みの美しい肌も戦後の日本国内で、バイブレーターを初めて使った成果だったことがうなずけた。外観で引き立っていたのは、斜め柱に使われたパイプと四枚の水平ルーバーの濃いブルー。それを一階の煉瓦の腰の赤がよく引き立たせていた。ちょうど二mの高さのドアとガラス戸は欄間がはめころしで、その外側だけイェローオーカーに塗られた梁まで届き、カーテンウォールというのは、こういうことかと納得させられた。ルーバーのブルーに対して、すべてのサッシュが濃いブラウンであったのも、色の対比のあり方として忘れられない。

RD社　内部　両側がガラス張りの透明感

同　外から見た食堂

使われている材料は極端に単純で、仕上げにしても玄関の床は人造石研出し、内部ではプラスチックタイル、これは初輸入品であったとも聞いた。天井は一面に吸音テックス。アメリカの「吸音セロテックス」のサンプルを元に、手づくりで有孔板をつくったそうだ。また、塗料はすべて米国製であり、使われた面積としては極端に少ないが、壁は合板のクリヤーラッカー仕上げ。一部、間接照明とルーバーつきのオフィスの照明は、このとき初めて輸入した蛍光灯であった。

初めてのものといえば、構造コアではない機能上の「コア・スタイル」をもった平面計画であったろう。今では珍しくもないし当たり前なのだが、便所や物置、ダクトをおさめるのに中心部分にかためる方法、それもこのように長いコアにしたものは、それまで見たこともなかった。

それから機械設備では「ヒートポンプ」の先駆的計画がある。それも庭の周辺につくった池の水を利用して、夏冬のエアコンをしている。このことは、『アーキテクチュラル・フォーラム』（一九五二年三月号）がとくにのべていることからも、日本の気候に対して先見の明があったとわかる。それに現在の家庭空調のヒートポンプ蔓延の傾向に見られるように、なかなかの先駆的技術をもっていたといえる。

構造について、学会誌上で多くの議論をもたらしたことは有名である。これらについては、特徴や構造家ワイドリンガーの言い分を含めて、改めて後述する。

外構について考えたい。エアコンに用いる池があるのだが、池のデザインは全外構を含めて、彫刻家イサム・ノグチがあたった。彫刻家でありながらいくつもの公園計画を残しているし、死後の現在も（一九九八）札幌のモエレ沼（アイヌ語で静かな水面の意）公園計画が進んだり、ルイス・カーンとの協同のニューヨークの公園計画は、東京のギャラリー、ワタリウムで一九九六年に展覧会が開かれたばかりだ。そのノグチの彫刻作品も一点西側の池の中に立っていたし、それをいれた写真も有名であった。池はその彫刻の位置から発し、玄関のギャラリーの下を抜けて、食堂棟との間の中庭をうるおわせている。そして再びラウンジの下を通り抜けて、北側の地に至って終わる。北側の一帯は江戸城の外れの一ツ橋御門近くにあたるのだが、外濠と内濠の間を流れる日本橋川の石垣となって落ちる。現在はここを首都高速道路が通って、甚だ暗くてしかもうるさく陰気な場所だが、当時は神田の方面に抜けて眺めも良かった。

ノグチのデザインは、表玄関周辺にも特色があった。道路端にはやや道と縁を切る溝があり、石垣が高くなって垣根をつくり、玄関に入る車寄せの手前に築山と松の木を残した。そのあたり芝生を置いて平石を敷き、一部盛り塩のように巨大な盛りあげをつくり、それにも石を貼る何気ない造形であった。中に入っても、池や流れの周辺は芝生がうねり、時には盛られて、しかも視線を越えることなく広さを見せていた。誰

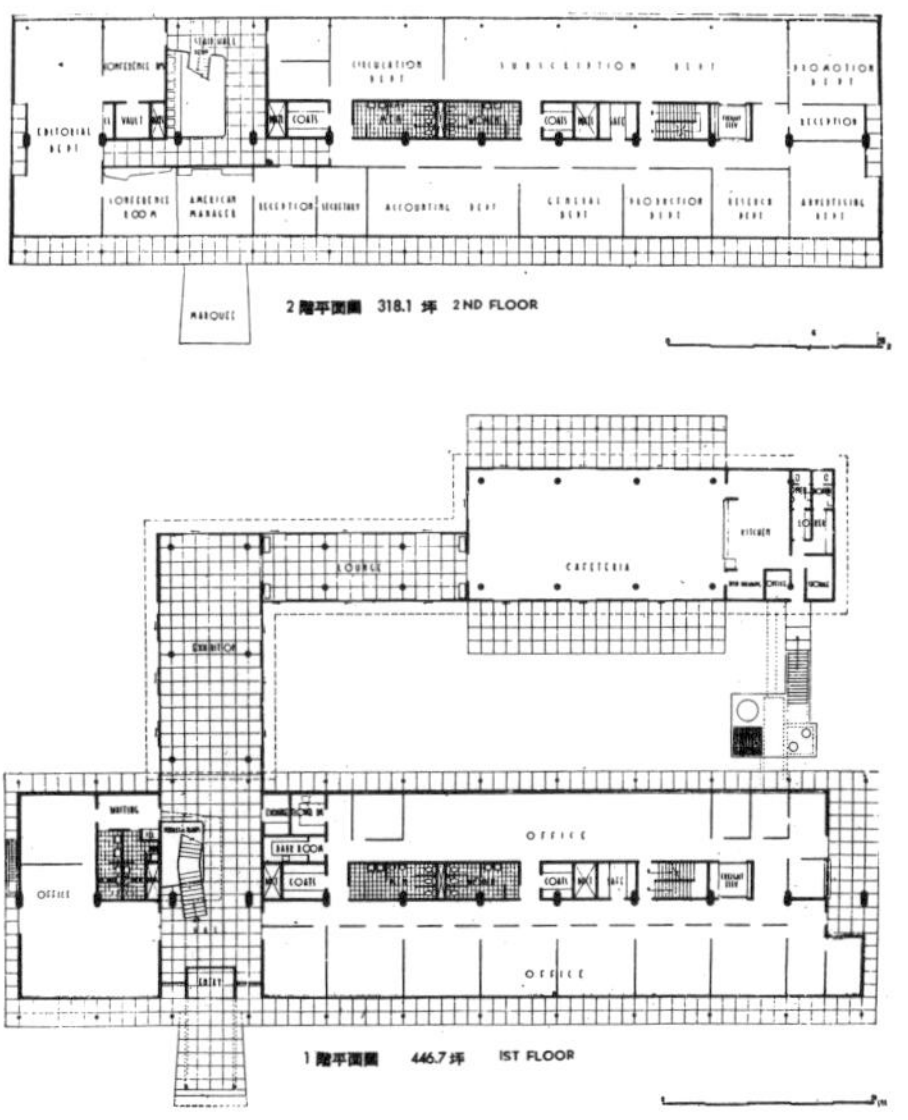

RD社 平面

でもその気になれば気軽に中まで入っていける、そのような雰囲気があった。

さて「RD社」が「近代建築」のマイルストーンといわれるのは、果たしてどの点だろうか。先にレーモンド自身の言葉を引いたように、日本建築のもっていた材料の自然状態、経済性、単純で奥床しい優雅な姿、にもかかわらず直截的で強い、それらの統一感ではないかと思われる。それに加えていいのは構造の明快さと、その正直な表現であろう。平面構成の上でも明快なら、断面の上でもかけ引きのないことが明瞭に見える。これ以上加えることも差し引くこともできない極限が日本の古来の建築にあったとしたら、それはこの建築にも当てはまる。それこそレーモンドの求めてきた「近代建築」であり、彼が日本に「近代建築」の原理が昔からあったというのは、まさにそのことであった。

レーモンドは、この建物の実施設計と監理のため、敷地内の一角に木造平家、足場丸太を「鋏状トラス」で組んだバラック建築の現場小屋を立てた。総員で現場に常駐して監理にあたったことになる。そして周辺に昼食をとるところもなく、食糧難でもあったために、所内に小食堂を置いて、実費給食を実行した。そのバラック建物と給食システムは、そのまま麻布の「笄町の自邸と事務所」に再現され、継続されていった。

完成一〇年後の一九六二年の春、イギリスの評論家ジェームズ・M・リチャーズがやってきた。二週間滞日して日本の建築をよく見ていった。滞日最後の日に彼はレーモンドに会いにきたが、その午後、彼の仰せに従って私はリチャーズを案内した。当然行程に「RD社」を入れた。しかし彼は「アンセルム教会」や、木造の「アルバン教会」により興味をもったようだった。レーモンドも「RD社」を超えて、次の建築を目指していたが、リチャーズもまた、「近代建築」を超える新たな建築を、丹下健三、前川國男を加えて探していたのではなかったかと今考える。

RD社　西側側面　池の中にイサム・ノグチの彫刻が建つ

皇居東御苑の濠をこえた北側、竹橋のたもとにその端正な姿をあらわした「ＲＤ社」は、当時としては話題作のひとつであった。戦後の焼け野原の中にまだ復興の兆しは見えず、最小限住宅が緊急課題であり、駅前では闇市が盛んで、進駐軍、ジープ、ＭＰの時代が続いていた。

竣工式は一九五一年四月二五日。アメリカ大使シーボルドが出席し、時の首相吉田茂が五月一八日の開館式で祝辞を読んだ。当然、各建築誌はトピックにとりあげたが、それが一九五一年九月号の『国際建築』『新建築』『建築文化』であった。

特に日本建築学会の『建築雑誌』は、同年一一月号に「ＲＤ社」の批評と紹介の特集を組んだ。学会誌ではそれまであまり例のないことであったと思う。そしてこれが有名な「リーダイ論争」に発展していった。批評に対して構造家ワイドリンガーが反駁論を掲載し（一九五二年二月号）、坪井、竹山両氏がそれにさらに反論する（一九五二年五月号）。

ところが、「ＲＤ社」はその年の建築学会賞をうけ、それが同誌（一九五二年六月号）に発表され、さらに、レーモンドの依頼で構造的検証を続けてきた、早稲田大学の内藤多仲教授の「テスト結果」が英文で掲載された（一九五二年八月号）。「筆者の希望により原文のまま掲載」とあるから、当時の英語と和文のやりとりには、かなり誤解も含まれていて、それを避けるための原文での発表であったと思われる。論争はこれによって終わった。

これらの細部の内容をここで全部のべることは難しいが、大枠はのべておこう。一九五一年一一月号の特集が発端になったのだが、この発表時の内容も変わっていた。

「ＲＤ社構造設計の批判」　坪井善勝　一頁
「揺ってみたい建物」　竹山謙三郎　三頁

「美しき特異児童とその意義」　伊藤喜三郎　六頁
「一つの批評試案」　森田茂介　八頁
「肯定？、否定？」　池辺陽　一〇頁
「RDの照明について」　小木曽定彰　一二頁
「RD社見学の記」　幸田彰　一五頁
「RD社社屋」　アントニン・レーモンド　一七頁
「RD社」写真（発表形式）　一九頁
「RD社建築工事について」　池田末造　二五頁

単純に目次に従って見てもわかるように、構造批判や設計批評が先にたち、そのあとでレーモンドの主旨と写真、竹中工務店担当者の解説になっている。編集の意図からしても、批判を喚起すべく構成されているように思われてならない。

坪井東京大学教授は、梁行方向の構造法に問題ありとし、

エレベーションに現われた支柱は重要な構造材である。しかし一般的に支柱はピンでなくても、これを細く従って剛比を小さくし、中央の柱を太く従って剛比を大にして、震力を中央に集める……

と構造の方針を認めながら、「ピンでなくとも」とのべているのだが、レーモンドは後に『自伝』の中で「ヒンジ（蝶番づけ）」だと異論をのべている◆。

さらに坪井は「進歩的デザイナーのために警告したい」として、欧米的平面をつくるなら、構造要求にマッチさせよといい、「この点について日本を知らないデザイナーは極めて勇敢であった」と慨嘆している。

竹山建築研究所第三部長は、かなり誤解を気にしながらも、無駄口と嘲笑を感じさせる文章の中で、やじろべえ（弥次郎兵衛）スタイルを連想して、「竹馬に乗って海の中に立ったような感じの建物」「察するにこれは人間の軽業趣味、アクロバット好みに他なるまい」といっている。その背後にはこの土地が軟弱地盤で

◆ レーモンド『自伝』一九九頁。

RD社　二階バルコニー

あることを知り、その上に剛構造で「海の上に浮んだ軍艦のように」安全を強調すべきだと考えるところに、反論の根拠があった。当然、コアの耐震壁も分析し、RC造の間仕切図も挿入し、「壁の効果は全然期待して居ないのではないだろうか」と心配している。

これに対してレーモンドの方は「この建物の梁行骨組は一本の柱から梁が両側二段に突き出されたもの」という記述に対し、三本の柱に支えられた一本の連続梁とを勘違いされたとのべ、あえてのべることはないというほどに無視している◆。

建築家伊藤喜三郎はこの建物を「特異児童的建築」と呼んだ理由を、敷地、地価、建築費、ゆとりなどといった点にふれて「これ程めぐまれた特異な条件を与えられた建築は戦後日本に於て無かった」と称えているが、その一方では、「氏は決して新らしい建築や造形思想の先駆となる人でもなく」「いつもなにか創意に於てとぼしいと感ぜられた」とのべていて、レーモンドを慨嘆させている。しかし、「色彩計画に於ては極めて大胆」で日本に良い刺激となったといいながら「軽快な建物にしては色彩が重い印象を与えた」と、ほめたりけなしたり、批評には抑揚が見られる。

同じく、当時の建設省施設課の森田茂介建設技官は極めて批判的にのべている。「色彩計画は相当度ぎつく、寧ろ露悪的である。露悪的というのはわざとあゝした強い色を使ったのだろうと思うからである」。その他でも「屋上を使わないこと」は、一般原則からは変貌だということものべている。また「内部の人はあの建築をどう感じているか」と、透明で外からまる見えのオフィス空間で、働く人の身になって心配している。たしかに当時では、そのような建築はなかったことがわかる。また、イサム・ノグチの庭園に対して「予算が足りないのか、かなりお粗末だ。日本の伝統的な庭園には遥に優れたものがある」と批判していることもつけ加えておこう。

池辺陽東大助教授は、「問題の中で最も目立つものは主構造に関するもの」と指摘し「肯定論はデザイナーから、否定論は構造技術者から出ているようである」と、この論争の的を衝いている。

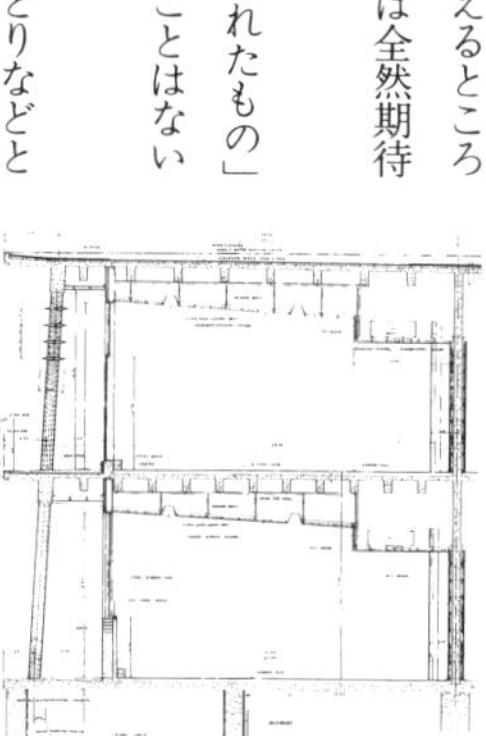

同　バルコニー側の断面

◆　レーモンド『自伝』一九九頁。

RD社　内部　透明なオフィス

さらに、小木曽定彰東大助教授は「光の設計」のあることをのべ、変化が多過ぎると建築家たちが指摘していることに対して、「光の状態を見ないで器具を見過ぎるのでは」と逆批判に及んでいる。連続埋込みルーバー照明、ダウンライト照明がアメリカの照明器具の花形であり、それがまだ日本では珍しくもあり、それらとスポットライトと間接照明が変化のあり過ぎといわれていたのである。

幸田東大助教授は、イェローオーカーの鉢巻き（ガラス面上部の小梁）や、横ルーバーの暗青色を気にしながら、建築計画者の立場から厨房の狭さ、厨房倉庫の不足をのべ、他に地下の「機関場」（いわゆる機械室のこと）に塵埃の少ないことや、館内の塵も少ないのを換気の良さから発見して「この建物は外国だなと感ずる」。

このあとにレーモンドの主旨と構造概要がのべられ、そして建築全体の写真紹介である。

さらにあとには六頁に及ぶ、竹中工務店の池田現場担当者の解説が載せられ、今読んでもその施工要領と工事の綿密さは驚くばかりである。要求強度一八〇kg／cm²より一五%高い圧縮強度。水圧不足で工事用水を夜間ためていたこと。異形鉄筋に徹したこと。型枠は板幅を揃え、セパレーターは錆を恐れて特殊合金の手造り金物をつくり、しめつけボールトも間隔一定にし、打放し面に平滑剤を塗る工夫もしている。スランプは一五〜一八、水セメント比は一対二・五対三・五として現場調合で、コンクリート打ちに際しては桟橋を段取りしてカートで送り、五台のバイブレーターを使っていたと記述している。

この「批評特別号」はすべてレーモンド事務所内で翻訳され、その英文をレーモンドは構造家ワイドリンガーに宛てて送っている。その回答が「竹山謙三郎、坪井善勝両氏の論文に答えて」（『建築雑誌』一九五二年二月号）であり、建築家野生司義章訳で三頁にわたって掲載された◆。

翻訳者による前文では、訳は適正だったのだが「誤解の又誤解と思われる節がある」とし、「日米両国のエンジニヤーの物の考え方の相違」であり、これは米国側が進歩主義、日本側を保守主義とするエンジニアリングという車の両輪として必要な相違だとのべている。

ワイドリンガーの反論の視点は、すでにのべたレーモンドの指摘としたところとほぼ一致している。つま

RD社　外観一部

◆　ポール・ワイドリンガー「竹山謙三郎、坪井善勝両氏の論文に答えて」（野生司義章訳）『建築雑誌』一九五二年二月号。

り『自伝』にのべている指摘点は、ワイドリンガーの論点をいいかえていたことになる。

片持梁と誤解している梁は実際には三本の柱の上に支持された連続梁である。

といっているのがそれである。この点についてレーモンドの同じ号の主旨の中に翻訳文であるが

カンティレバーの両端は鉄柱で支えられ、上・下端はガーダーに蝶番づけとなっており、地震の際生ずる摩擦熱を防ぐようにつくられている。

とあり、片持梁として張り出されているようにうけとめられ、誤解されやすかったのではないかと思われる。

とくに支柱のあり方についても、坪井反論で防火的でないとし、支柱がピンでなくてもできるといっているのに対し、ワイドリンガーは、「鋼柱」は内にコンクリートをつめて耐火性能をもっているとのべ、またピン接合についても、一番経済的であることを主張している。さらに彼は

両氏のいっていることは構造力学上の設計の問題というより、むしろ心理学的問題を取り扱っているようである。

と、論点のずれも指摘している。

RD社　上から見た階段

いわゆるリーダイ論争とは・その2

「RD社」についての建築論争のことを、もう少し続けたい。その理由は、論争自体が戦後初めてのことであり、とくに論争の少ない日本では、「建築非芸術論」（野田俊彦、一九一五）とか、「伝統建築論」（丹下健三、一九五四）などのように、ひとつの歴史的エポックに数えられるからである。ことにワイドリンガーを含め、外国人を交えた論争は本邦初めてのことであった。

ワイドリンガーの主な論点は、竹山の批判にある「弥次郎兵衛」の件であった。「問題を単純化して逃げて

いる」のであり「串団子理論よりはるかに複雑である」として、理論を展開している。

第一の考慮は、柱を外壁から後退させ、内部で働く人の視野の障害となる柱のないガラス面にしたこと。そのために「外柱は鋼柱で設計することに」したのである。これにより中央の柱は大きくなり、梁は根本で太く、端部で細い「くさび形」になる。だから「普通のエンヂニヤーの頭にはこの特殊な形が、片持梁としてうつることは非常に不幸だ」といっている。

鋼柱と鉄筋コンクリート梁とのピン接合については特別に注意をした。このピン接合の設計は、二階柱の荷重が二階床を支持する梁に直接伝わらないで、鋼製ピンによって、一階柱に直接に伝わるように設計した。……

両氏にとっては、壁体の共力なしに水平荷重に耐える剛節架構は不可能であるかのように思はれるらしい。◆

「くさび形」の梁に対して、外柱である鋼管は梁に直角にとりつけられ、外部から見ると傾いて見える。この「くさび形」の梁こそはワイドリンガーの新たな発見であった。

最初の略設計の計算で、外柱を少し傾けることによって、中央柱の剪断力をへらすことができることを見つけた。◆◆

これらを実証するためにモーメントの分布計算をし、さらにプラスチック模型で変位を測定し、つくった基本公式の結果を試している。仮定としては、梁間方向の骨組はどちらの荷重に対しても水平移動すること。次の仮定は、各骨組の水平移動は隣接骨組で完全に阻止されているとすることであった。さらに地震力についても、「特別の注意」をはらって検算したという。

彼は、地震の問題に正しく解答すれば、その結果の建物は普通の建物とは必ず違いがあらわれるという。また、人によってダイナミックに見たてられたり、驚異に価する形に考えられるということは、普通の建物が思慮に浅い証拠であるともいう。したがって「その外観だけが真似されるならば、その結果は極めて危険

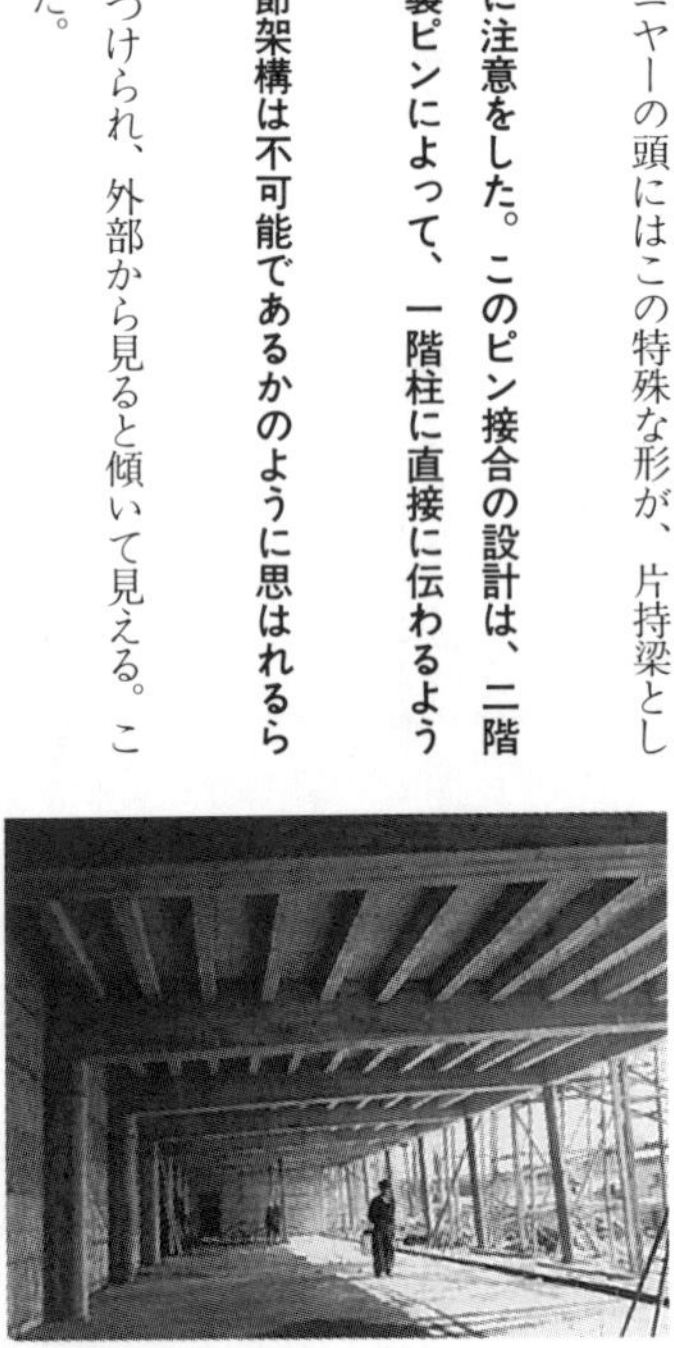

RD社　工事中の一階　「くさび形」の梁が見える

◆　ワイドリンガー「竹山謙三郎、坪井善勝両氏の論文に答えて」。

◆◆　ワイドリンガー同掲論文。

である」と警告している。

論争は当の坪井・竹山両人の「ワイドリンガー氏の反駁論への感想」（「建築雑誌」一九五二年五月号）に見られる。前者は「構造設計の真の目的はデザイナ《（ママ）》の要求を極度に充すことである」「前論を書く前に日本のデザイナー等はこの様な形式に深い関心を寄せ構造家である我々にその構造的批判を求めた」「私は個々の問題の論議は大して興味もなく、したいとも思わなかった」といって逃れ、その上で、

ワイドリンガー氏の云われる米国の最近の耐震計算の基礎仮定が決して未知であるわけではない。

と、前回の言葉の非を認める。もうひとつの

ピンの丹念な設計、これはたしかに細部設計の大まかな日本の現在の行方には啓蒙的とは云えよう。

とまでいっている。

後者は「紙上の討論というものは難しい」といいながら、

あの建物の基本設計に当って構造計画というものがどれだけ採り入れられたかということであった。

とふりかえる。そして構造計画の中では「外壁に障害物のない自由な窓をとり度いという希望」が、唯一のデザイン要求であるようだと指摘はしている。それに応じたワイドリンガーのデザインへの協力に対しては、次の理解に留まる。

地盤又は外力の条件を考慮に入れた痕跡もなければ、この恵まれた国のエンジニアーには、構造形式と経済上の得失など〻いうことは一筆にも値しないことであるらしい。

どうも論争というほどの結末には感じられないし、自由に広い敷地で、ゆとりあるデザインを進めた「RD社」への「ねたみ」のような気配すら感ずる。

もっと大切なことは見解の違いにあった。

今日の常識では、構造設計上最も重要な事柄は構造計画であって、構造計画の如何により先ず建築物耐力の大勢が定る……

氏の説明文を見ると、構造計画の問題は極めて軽く扱われ、その大部分の関心は寧ろ応力計算と断面計算に注がれ……

とある。

面白いことに同じ頃、アメリカの『アーキテクチュラル・フォーラム』（一九五二年三月号）は、表紙を「ＲＤ社」で飾り九頁を割いて発表し、その多くが「構造計画」の説明に費やしている。タイトルも「ショックプルーフ・オフィスビル」であり、耐震的で斬新な構造システムとうたっていて、特に内容について「斬新構造として、経済条件とデザイン要求の一致点の展開」として、四つの段階図を示した。

第一に三本柱の固い箱枠、第二は重い中心柱と細い外部柱、第三はくさび形梁としっかりした外部のつなぎ、第四が外部のヒンジつなぎに軽い鋼柱（つまり結論）、と解説し、斜めになった柱は二重構造で耐火、そして二階梁をつきぬけてそこでは摩擦防止しながら、上下の鋼管を堅固につなげる断面を示している。

ワイドリンガーの含みのある技術は、細部に見る如く、柱と梁をヒンジでとめる。屋根の梁と柱の基は「だぼ」と耐力板でつながれ、二階スラブでは潤滑油入りの「だぼ」が梁をつきぬける。この方法は特別な荷重問題と建ちあげと、梁と柱の第二の伸縮問題とを満足させ、デザインを優美にした。◆

と説明している。これは基本計画とデザインの到達した一致点であった。この雑誌で示された一部のカラー印刷が、今ではただひとつ残された、外部の色彩計画を示したものとなった。

論争にけじめをつけたのは、前節でのべたように建築学会賞受賞報告（『建築雑誌』一九五二年六月号）であり、さらに加えて内藤多仲早大教授の英文による「ＲＤ社の振動試験」（同誌一九五二年八月号）であった。

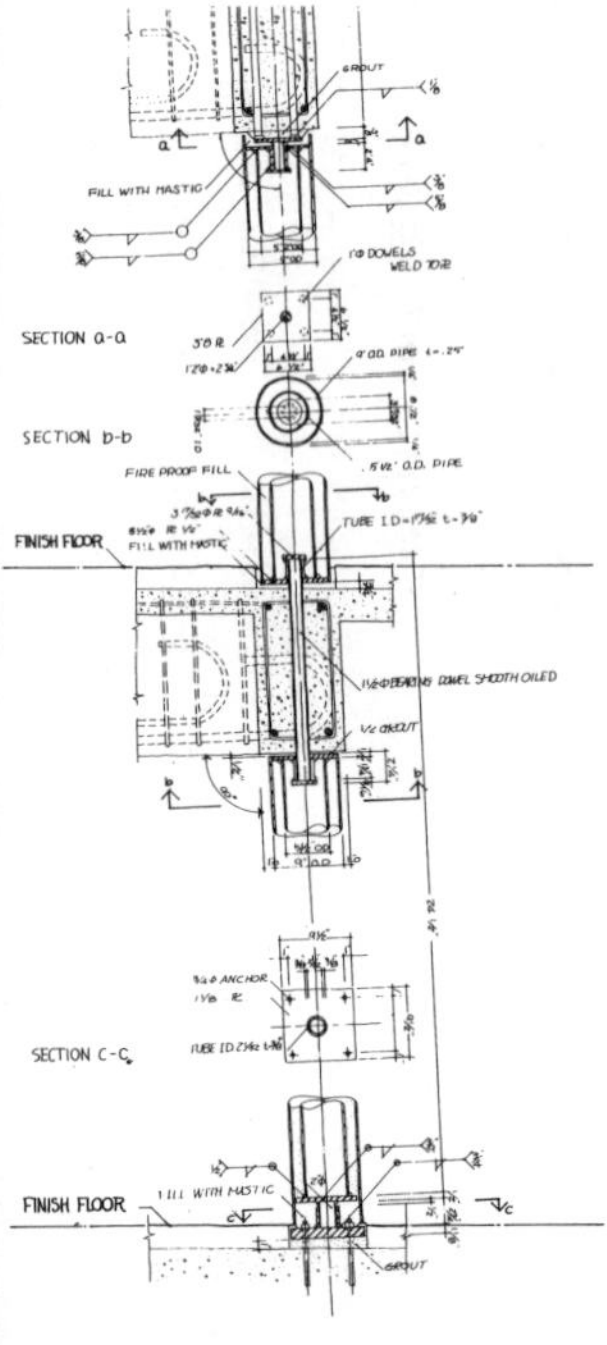

◆ "Architectural Forum", 1952.3.
ＲＤ社　斜柱のとりつけ詳細図

内藤博士は説明の「要約」でのべる。

当建物は極めて軽量であって、当建物に使用したコンクリートは高い強度であった。また地震に対しては充分であると考えられる。現在のテスト結果は、この点を満足するものであった。振動時間の計量では短手方向で〇・一八三秒、長手方向で〇・一二秒であった。これは普通建築で常に前者で〇・二秒かまたはそれ以上であり、後者で〇・一七秒かまたはそれ以上であるのにくらべ極めて短いものと考えられてよい。◆

と肝腎な点にふれている。これらは坪井博士のいっていた点をも、カバーするものであった。

これらの問題以前、すでにレーモンド事務所内で次のようなことがあった。

「RD社」の基本設計は、レーモンドとパートナーのラドとで進められ、ワイドリンガーが構造計画に協力したものである。実施設計が東京で行われていたその頃、すなわち一九四九年一一月一八日付けの、ワイドリンガーのレーモンド宛のメモがある。それによると、彼がいかにレーモンドのデザインを尊重しながら、日本における施工に心をしていたかがわかる。コンクリートの調合と強度、異形鉄筋の徹底使用、強度の計算手順、荷重の考え方、摩擦杭、そしてさらに細部の点について「中央の柱に全荷重をかけること」、そして斜めの鋼柱の耐火性と、中の柱と「だぼ」についての留意などがあり、最後に「設計の軽快さ明快さを、構造機能のはっきりした表現と共に充分に保持したい」という希望でメモは終わっている。論争以前、設計中のことであった。

ひとつの結論

すべての経緯は驚きと興味との間でおさまり、「近代建築」の新たな方向が日本の戦後に迎えられたと考え

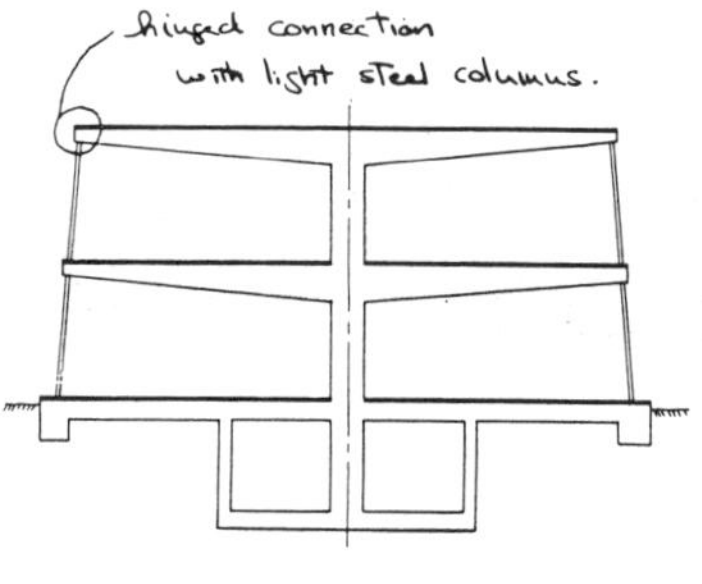

「フォーラム」が示した第四図　外部のヒンジつなぎに軽い鋼柱

◆『建築雑誌』一九五二年八月号一四頁。原文は英文。

てよいだろう。それにしても思う。これだけの論争を起こしたもとは、レーモンドが建物内で働いている人のために視野の障害となる柱のないガラス面を要求したことにあった。それにワイドリンガーが積極的に応えて外柱をできるだけ細い鋼柱にしたのである。平川門の風景を中の人に見せたかったことが目的であるということは、機能本位の「近代建築」の原理にあてはまらず、だからこそ当時はあまり理解されなかったように思う。

それから約四〇年の後、「戦後日本近代建築の出発点」(『建築文化』一九九一年一月号)において、建築家松隈洋はそれらの経過をつぶさに検証し、レーモンド事務所や担当者にも聞き、「RD社」の「近代建築」としての位置づけを示した。それは、軽い構造のヨーロッパ近代思想に対して、

重く不自由で不経済な『耐震構造』の分厚い壁を取っ払って建物の自重を軽くし、経済的で透明感ある空間を実現させよう◆

という「パトス」であったのであり、それを

さらりと現実化してしまったレーモンドと異国の構造設計家ワイドリンガーに思わず『やっかみ』をぶつけてみたかった。◆◆

というのが、本音ではなかったかと疑う。

耐震構造を克服することで、ヨーロッパの近代建築と同質の〈空間性〉をこの日本の地にも獲得することが十分可能なのだ。◆◆◆

という見方は、まことにうがった、「近代建築」の発生の発見であったと思われる。たしかに日本の戦後は力づけられ、そして思い切って発展したのである。

かくて「RD社」は、経済成長期の日本にあった一九六四年、東京オリンピックの年だが、土地の高度利用のために効率化の犠牲としてわずかな生命を終えた。

◆ 松隈洋「戦後日本近代建築の出発点」、『建築文化』一九九一年一月号一六〇頁。モダニズム・ジャパン編「再読/日本のモダンアーキテクチャー」(彰国社、一九九七)所収。

◆◆ 松隈同掲書一六三頁。

◆◆◆ 松隈同掲書一六四頁。

RD社 外観

第9章

戦後近代建築の展開

レーモンドの戦後の近代建築思想

一九四八年の再来日から一九七三年の帰国に至る二六年間の戦後の成果は、ひと筆ではのべられない。大よそでいえば戦後にはいくつかのピークがあった。つまりアメリカ資本による幾多の仕事と、カソリック教会系の仕事があり、中でも「群馬音楽センター」(1958-61)は別格のピークとなった。

まず「RD社」(1949-51)の、「近代建築」の申し子のようなカーテンウォールと、微妙な構造による成功に次ぎ、「アメリカ大使館アパート」(1951-52)という、治外法権だからこそできた徹底したコンクリート打放しの壁構造があらわれる。これらの成果は「聖アンセルム教会」(1954-55)のコンクリート打放しと折版構造へと続く。この折版構造の系列の中で、手法は「群馬音楽センター」にひきつがれていった。これらは「RD社」以後、ワイドリンガーの協力をはなれ、戦前からの所員の小野禎三、戦後の岡本剛の二人の構造家の力によるものになった。

一方で住宅の流れが続いているが、「スタンダード石油社宅群」(1949-50)のコンクリート住宅以後、日本のその時代を象徴するように木造の小住宅もあらわれる。それも「笄《こうがい》町の自邸」(1950–51)のような、足場丸太と鉄板はぜ葺き、たて板張りのいわゆる「レーモンド・スタイル」が定着し、建築界にも少なからず影響を与えた。戦前のひとつの傾向の把握の上に築かれたものながら、完全に日本の風土、気候にも対応していたという意味で、モダニズムの枠を超えて、次のスタイルへの入口にあたるものになった。

ここでいう「レーモンド・スタイル」とは、とくに公式のものではなく、事務所内でそう呼ばれていた「軽井沢式」と同列の手法を指している。ただし表現上ではたて板張り、足場丸太、鉄板屋根、深い軒等だが、内外空間の貫入、モデュール、内部空間の自由度、自然材のあらわし、構造の露出など、日本建築の特徴でありながら「近代建築」の行き方に同調するところがあった。レーモンドはこの手法に対し、これらは表面的な類似であり、その形式や材料の奥にひそむ根本的な動機の奥義を探り、日本人の自然観、世界観に基づいたものを表現しなければならないという。自然を征服しようとし、対抗して建築を堅固につくってきた西欧思想とは逆に、日本には自然を包括し、うけ入れ、庭を生活の一部と考えるという原理があるとくり返しのべている。

また、「南山大学」(1962–64)にしても、その環境への考慮とか丘の上の等高線を維持するなどの考え方は、総合開発として平らな造成を基本とする、現代一般のマスタープランの方法とは異なっていたことを知る。これらのことは「アイルランドSVD(神言会)修道院計画」(1966)でも健全に活きていたし、また「ハワイ大学・汎太平洋域国際会議センター計画」(1969)の中でも、充分に活かされていた。

ハワイでは太陽はほぼ垂直に当たるから、日除けの傘が建物の上につくられた。直射日光をさけると同時に、傘と平屋根の間に完全な空気の対流をもたらし、最高の熱遮断ともなるのである。◆

これは戦後になっていい始めた五原則にも当てはめられる言葉であり、気候への積極的な理解と利用にもあたり、レーモンドのデザイン精神のひとつであったことを知る。

「群馬音楽センター」の設計では、市民の寄附金によるために経済性の尊重、そして民主主義に基づくのだ

◆レーモンド『自伝』二六五頁。

南山大学　全景

が観客席と舞台の一体化、環境の尊重からフライタワーをなくして低い建物にしたことがあげられる。つまり、「近代建築」の信条にはなかった人と環境への配慮を示したという点で、ある意味では近代を超えた理念が生まれていたといってよい。

そのためにはごく大雑把に「近代建築」とは何かを定義しなければなるまい。第一に、前世紀から引きずってきた、歴史的様式建築からの装飾をすっかり払いおとしたことがあげられる。第二には、機能的な要求に従った合理的な平面計画である。第三には、コルビュジエの五原則のように自由なプラン、横長の窓、屋上の開放、地上階の自由なピロティ、そして自由な立面の、いわゆる白い四角のモダニズム的表現があげられる。第四には、工場生産材料の使用、工業的な量産への道がひらける普遍性。第五は、何といっても国際性で、どこに行っても同一の条件をもち、機械による人工環境の得られること。これらによって、世界的に「近代建築」は共通言語となり得る。第六には、鉄とガラスとコンクリートという、前世紀にはなかった材料の駆使により、単純で美しい、世界共通の美を生み出すことでもあった。第七には、これらのための技術の洗練があげられるが、これは高層ビルであり、広大な建築であり、技術の可能性の拡大をはかることも含まれている。

かくて「近代建築」は無限の可能性をもって世界中、地球のあらゆる地域に同一言語によって、同じ理論の建築を普及することができるようになった。津々浦々どこに行っても似たような都市や、住宅地がつくられるようにもなったのである。

これらにはまた、大いなる反省が必要であり、それが「ポストモダン建築」を一九六〇年代に生むことにもなった。合理性、画一性、無駄もない単一性を生み出した「近代建築」を退屈なデザインと批判し、百人百様のデザインが出現し、九〇年代初頭に至るまで混乱した。さらに「ポストモダン建築」の地域独特の個性は商業主義に裏づけられ、それをPRするように打ち出されるようになっていった。ところが、それとは違って地域性を重視し、その環境にふさわしい建築をつくる気配があらわれ、「脱近代」の方向が少し見えて

ハワイ大学・汎太平洋域国際会議センター計画

くる。また、その建築を使用者や利用者の合意によって育て、自分たちのものにする状況が近年生まれてきたこともあげられる。たとえば「群馬音楽センター」は近代建築の平均寿命三〇年を生きた上に、さらに補修が加えられ、元のデザインのまま寿命を延ばしている。これは市民の手で再び自分たちの建築を生きかえらせ、後世へ伝えるひとつの行動であったともいえる。

これは当初のレーモンドの考え方と共通したところがあった。使い手に愛され、その手によって延命される建築こそ真の美の建築であり、それを設計することが建築家の果たすべき使命だと、彼は「旧帝国ホテル」がとり壊されようとした時にのべているからである。

「群馬音楽センター」ではもうひとつ、その土地の環境を保全し、それを損なう形のデザインはしなかった。環境を人工的につくりだし、その結果新しい世界を周辺にも生んできた「近代建築」とは、反対の行動であった。かくて、そのセンターは「近代建築」の技術をうけつぎ、それを拡大しながらも自ら新しい「脱近代建築」をはかり、それを実証したことになるといえるのではないだろうか。

群馬音楽センター

戦後の住宅の二方向

一九四七年に再開されたレーモンド建築設計事務所は、戦前に働いていた中川軌太郎、天野正治、石川恒雄、木村秀雄、土屋重隆、小野禎三、鷲塚誠一、與谷寛らの手によって動き始めていた。事務所は内幸町の「鷲塚建築事務所」と同居し、次に「RD社」の現場に建てられる。さらには仕事の移動と共に「アメリカ大使館アパート」の現場に置かれた。そしてそこからの立退きをいいわたされる。たしかに政府所有の土地であり、当時レーモンドはそこに、事務所と続く住まいももっていたからである。

そこで東京の根拠地として麻布の高台、周辺にはまだビルの見えない麻布笄町（今の西麻布三丁目）の土地六〇〇坪（一九八三㎡）を求めた。そこに事務所と自邸を設計し、一九七三年の離日に至るまでそこに住むことになった。

戦後の日本で最初に発表された作品は、計画としての「ＲＤ社」であった。模型写真と薄い鉛筆画であり、それは当時の建築界に衝撃を与えるに充分であった。ニュースの少ない、戦争で疲弊した日本には、終戦五年目の時点でまだ「近代建築」を消化する力となく、この新たな形は日本の建築界を大いに力づけた。

したがって、レーモンドの名による本格的な戦後建築作品の発表は、横浜山手と本牧の二カ所の「スタンダード石油社宅」（1949–50）が最初で、それは『国際建築』『新建築』一九五一年三月号に発表された。

一九四九年、私たちの事務所が動き出すと、戦前からの多くの施主から、住宅、事務所、その他の建物の修理、修復の仕事がやってきた。その多くは全面的に破壊されており、われわれはその敷地に住所を建てるのを援助した。◆

アメリカ系の石油会社の仕事ではすべてが最優先であったろう。そしてそこに発表された家は広大な敷地の中にあった。横浜山手の場合は市内を見下ろす丘の上に建ち、隣にはフェリス女学院がある。二階建のコンクリート打放しに、外壁にはたて板張りが使用された。鉄筋コンクリートが高価で普通には使えず、木材も配給制限のあった時代である。南面する強力な全体像は一階では打放しの丸柱を室内に独立させ、バルコニーを広々と突き出す二階では、その外部に独立の丸柱を見せていた。明らかに壁面と開口部を自由にするための「芯外し」の手法のとり入れであり、強引な表現ともいえた。

戦前のコンクリート造の開口部の苦労と、一九三七年離日直前の木造住宅における南面全開放の柱独立の「芯外し」の手法を、コンクリート造で見せて戦後の再出発を示したのであった。打放しの見事な表面は仮枠の割板の跡も見せず、コンクリートの綿密な打込みの手腕を見せていて、当時の日本の建築界をびっくりさせたのである。

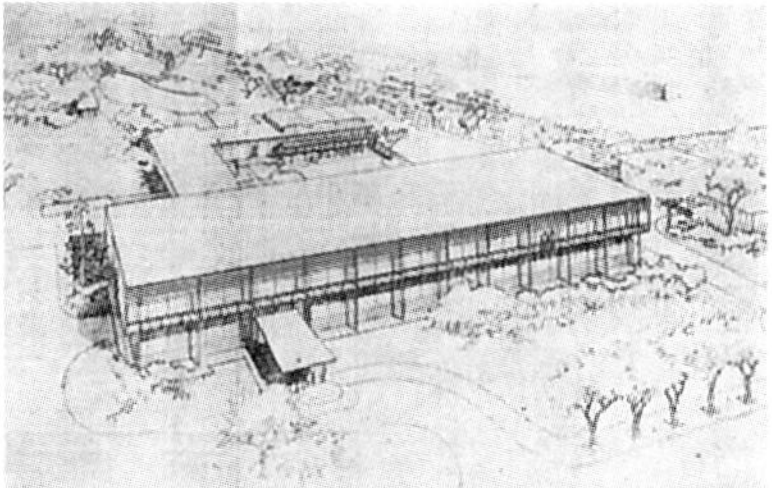

◆ＲＤ社の鉛筆画の透視図　レーモンド『自伝』二七九頁。

スタンダード石油社宅（横浜山手）

南面

同　居間内部

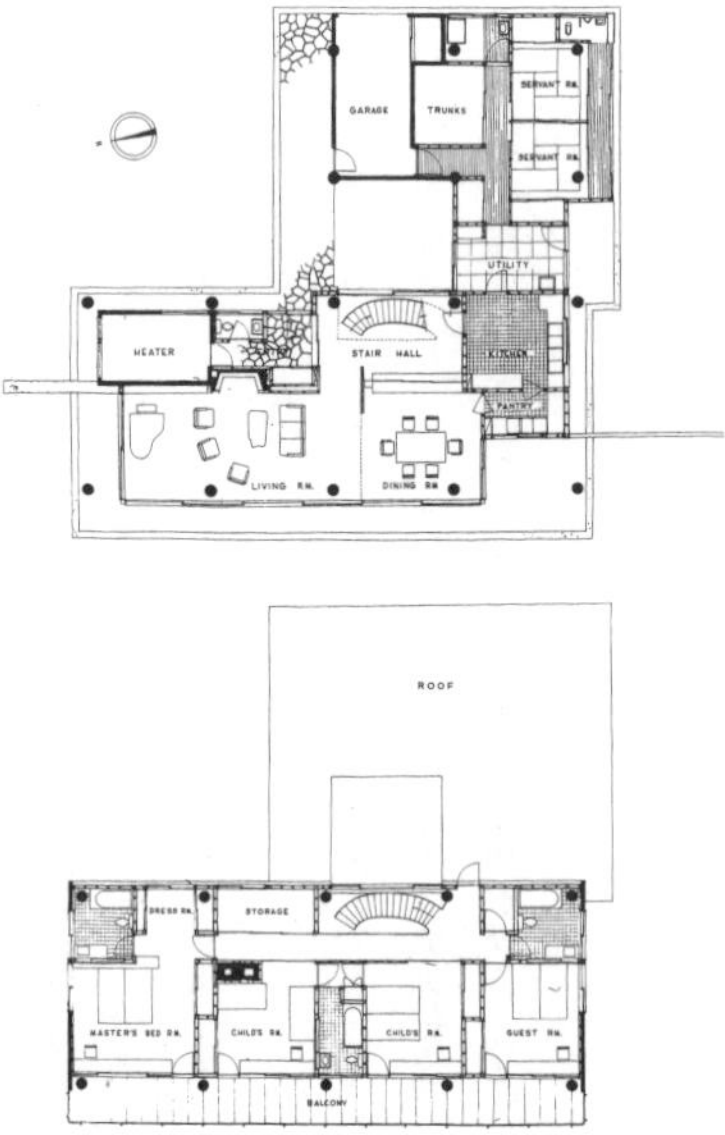

同　平面

室内に厚い合板を壁にも天井にもふんだんに使った設計は、三mm厚のベニア板しか知らなかった当時の日本人を驚かし、床のプラスチック・タイルすら初めて見るものであった。さらには大きなガラス、たしかに木製サッシュにはめられてはいたが、天井いっぱいの建具とその大きさには低頭した。大型の透明ガラスは貴重な存在であった。

山手の一角に突如舞いおりた、大鷹のようなこの社宅は山手では一軒だけであった。まだ本牧の海岸が工場のために埋めたてられる以前、本牧の八聖殿の手前で、一望に東京湾の見える位置に二階建一軒、平家三軒が建てられた。

とくにこの二階建の方はすばらしかった。それは眺望とそこにあった松の木を巧妙にとり入れて、海に向けて借景を豊かにしたことである。この家からはスロープで下がり他の三軒に車でも近付けるが、さらにその車道

スタンダード石油社宅（横浜本牧）

二階建住宅　外観

の上にコンクリート打放しの単純な橋があって、高低差を感じさせず各戸に近道して行けるよう立体交差させていたことが印象に残る。

　平屋三軒は、車寄せを中心に三方向に眺めをとっているが、これとても視界にプライバシーをもち、海への眺望に既存の松の木を巧みにとり入れていた。こちらの方は崖に向けてガーデンパーティにも使えるような広い庭をもち、いわゆる戦後の羨望の的となったアメリカ生活の基本を示していた。緑の芝生、庭の広がり、隣とのつきあい、靴のままの生活、そして床からの暖房で寒さに不自由がないなど、高級な生活スタイルがそこにあった。

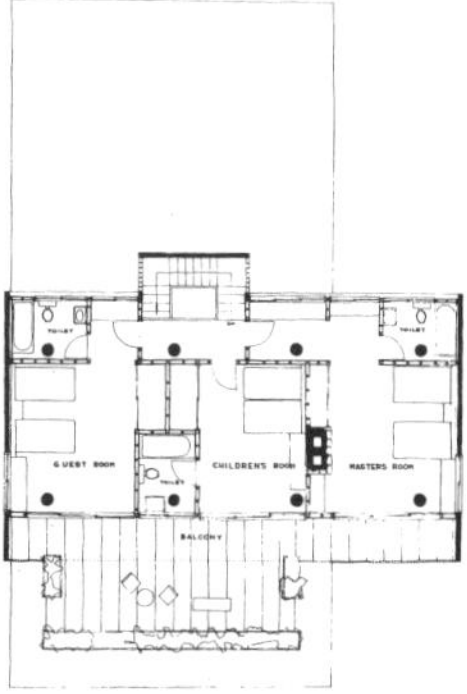

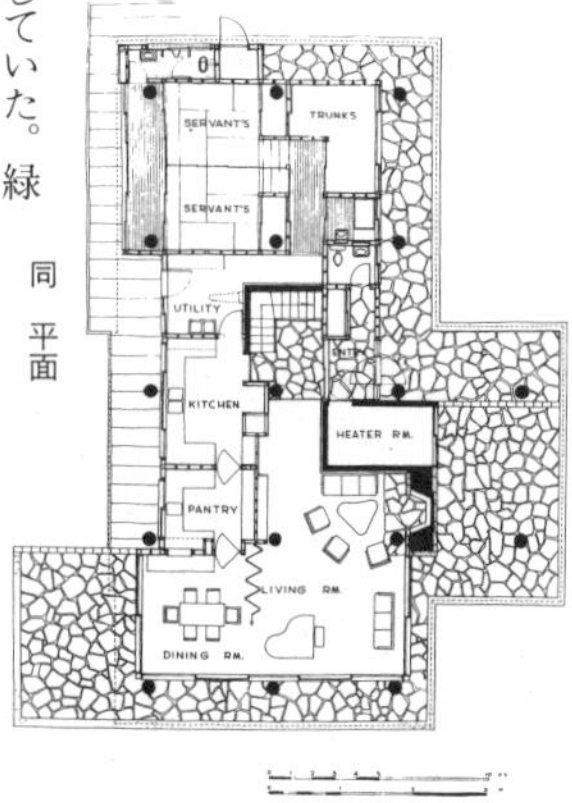

同　平面

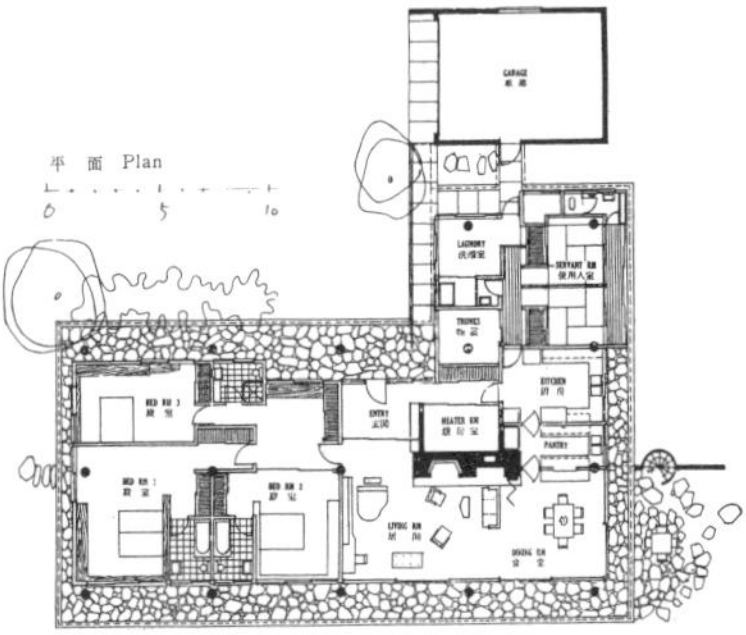

スタンダード石油社宅（横浜本牧）
平屋住宅　全景
同　平面

同　居間内部

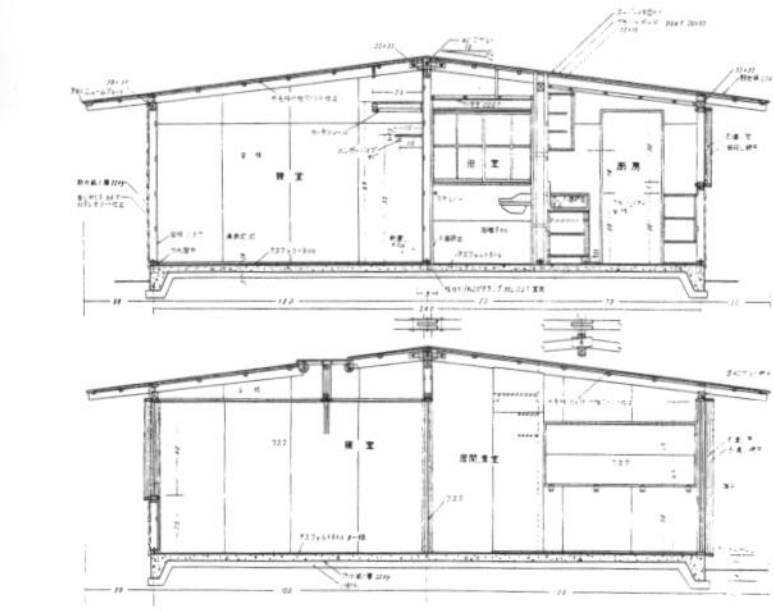

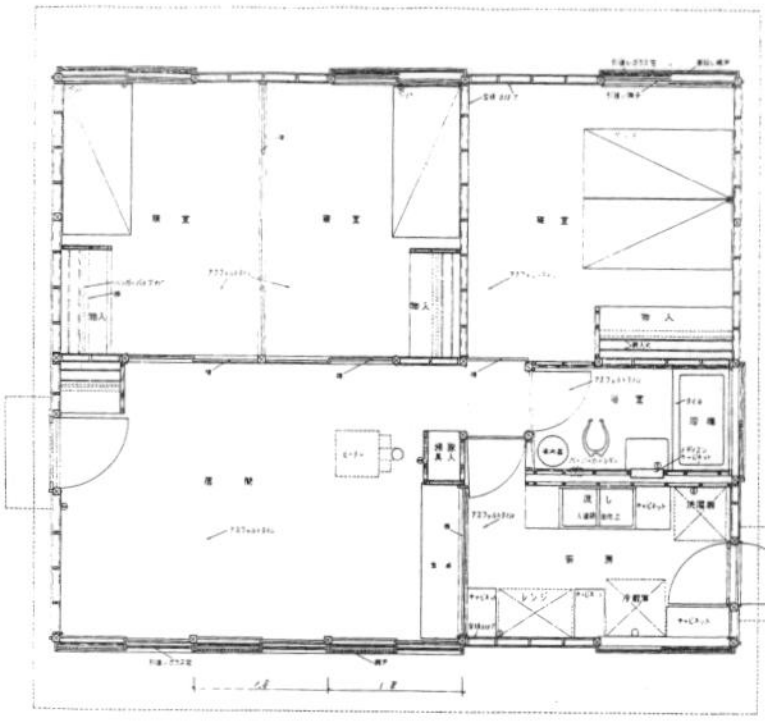

レーモンドはアメリカから直輸入で住宅をもってきたのである。当時の東京の建築家たちは、動員されて代々木、横浜、横須賀その他の土地に米軍の家を設計していた。物のない時代でも、そこには充分な材料があった。接収した軍隊の土地は余裕をもって使われた。垣根のない緑の芝生に点在する洋風の住宅群。そして車がなければ夜も日も明けない生活があった。日本がまだまだ立ちあがれなかった時代のことである。

ところがである。たしか成増の進駐軍基地であろうと思われるが、そのアメリカ軍キャンプの中にレーモンドは下級士官の家族用小住宅群をつくった。これは「米軍用小住宅群（ベーシックハウス）」（1954）と呼ばれた木造平家、平均二〇坪（六六m²）の三LDK住宅群であった。これが広い敷地の芝生に点在していた。数十軒は建てられたのではないかと想像するが、詳細は不明である。

『建築』（一九六二年四月号）に掲載したその内容から類推する以外はないが、少なくとも数種類の平面図が手許にある。図面は尺寸で書かれ、六・五尺（一・九五m）の建具で統一され、一〇分の一・二五のゆるい屋根勾配、南京下見で並んでいる。完全なる木構造で、三寸（九〇mm）丸太を二尺（六〇〇mm）間に並べ、木毛板の上に防水三層。内部は合板四mmの壁、土間コンクリートの上にアスファルトタイルの床。単純極まりない住宅、というよりも臨時に建てたものであろうが、それでもつくりつけの厨房や物入れ、浴室が揃って

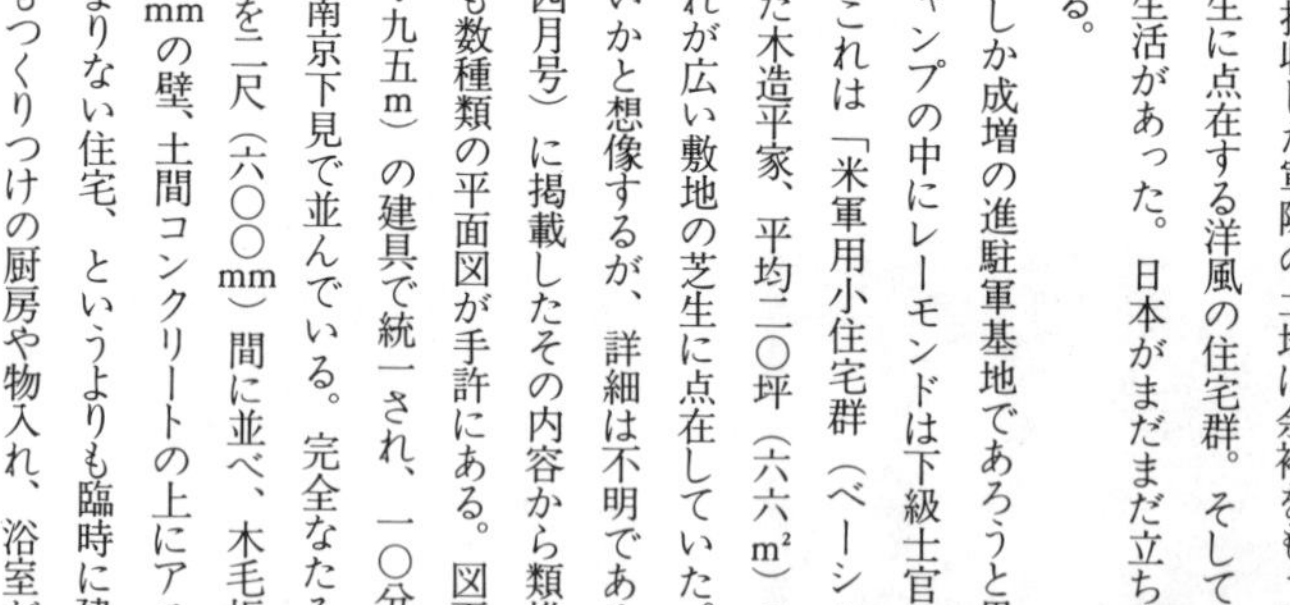

米軍用小住宅群（ベーシックハウス）
平面
同　断面
同　外観

いる。とくに木製枠は使わず日本の真壁の応用であって、このような方法は、「笄町の自邸」の内部の障子や襖の扱いにも出てくる、経済的な手法であった。

まだある。『新建築』（一九五〇年九月号）に発表になっている「フラットルーフの家」（1950）だ。これも小住宅で一ＬＤＫ一三坪（四三m^2）である。しかも平家で水平屋根、同じように尺寸でできている。外国人の住宅でありながら、寝室入口を除いてすべて引違い。玄関の扉ですら面積を確保するためか、ガラス戸の引違いである。両側面はコンクリートの一枚壁で、その壁の間に釘打ちでつなぐ二七尺（九ｍ）の木製の梁を三尺（九〇〇mm）間に並べて、板厚二四mmの上にアスファルト防水をしている。内外壁共にたて羽目であり、南面は雨戸のついた引違いガラス戸が連続してまことに単純。戦後のやむを得ない時期に、緊急に必要になった外国人の友人のための住宅であったのだが、これはまことに最小限の住宅であり正しく「ミニマム・ハウス」といえた。

つまり、資金の余裕ある石油会社の社宅では、戦後の苦しい時期でもやりくりして職人と材料を集めて協力し、一方では本当に経済的にはミニマムの予算を有効に使って、生活に必要な最小限の住宅をつくっていたのである。そこには融通のきく建築家の意志があり、建築のあり方を曲げずに、建主の方向によって単純で直截な手法と材料を使って解決していた。

アメリカ大使館アパート

東京赤坂の台地、今では六本木に含まれるその場所はかつて三井家の土地であった。爆撃に遭って三井家の小さな神社以外に何もなくなってしまったこの土地を、レーモンドはアメリカ国務省の依頼で、本国から派遣された建築家に協力してアメリカ大使館のために購入することに成功した。遠く一九二二年に、三井家の催したガーデンパーティにレーモンドも出席したことがあり、この場所の良さは充分に知っていたのである◆。

彼の写した戦後の当地の写真が『自伝』に載っているが、それはまったく今では想像を絶する荒廃した東京であった。すぐ近くに国会議事堂が見え、手前に銭湯の煙突が見えて、あとは低い民家の屋根がある程度である。

そこにやがて六階建の長大な一棟、アメリカ大使館アパートの「ペリーハウス」（1951-52）がまずあらわれる。全館コンクリート打放し。周辺に何もない時のことであり、まさに丘の上に浮かぶ軍艦であった。南面の陰影の強さが立体感をもたせ、さらに下階一部の間仕切りには、薄いブルーと赤が塗られていて華やかであった。

最初に建てられたこのアパートは、「RD社」に次ぎ、力を入れた作品のひとつとなったのであるが、「RD社」の完成によって、その現場にあった監理事務所はここに移されていた。レーモンドの仮住居も加えてだから、現場管理は相当厳しいものであったと考えられる。

その建築は平面構成でも構造でもユニークなものであった。これが誌上に発表されたのは、『新建築』一九五三年六月号であるから、その前年まで続いた建築学会誌を通じた「リーダイ論争」は、すでに終わっていた。しかし本当はこの「ペリーハウス」の構造こそ問題があったのだが、もはや論争は起こらなかった。つまり米国大使館の土地であり、治外法権の存在により構造も確認も必要がなかったのである。その結果、この「ペリーハウス」は柱なしの壁構造、ジョイスト・スラブによる特殊な構造で建てられた。それは日本の建築家たちの垂涎ものであり、その単純な方法で建物ができることは羨望の的でもあった。しかも背後にはコンクリート打放しのエレベーターと階段のコアが独立して垂直に立ち、水平を主とする南面に対して垂直の補強とも見える恰好がよかった。

この単純な構造の「ペリーハウス」は大学建築科一年生の透視図の課題対象となったこともあり、敷地に

◆ レーモンド『自伝』二〇七頁。

アメリカ大使館アパート　ペリーハウス　外観

行ってつくづく単純な美とはこういうものかと考えさせられたことからも、脳裏からはなれることがなくなったものだ。

壁構造のスパン二四尺（七二m）で一〇スパン、階高一〇尺弱（三m）、小梁の背は一尺（〇・三m）、バルコニーの出は五尺（一・五m）、まことに簡単な寸法で美しい比を示していた。平面上でいっても、一、二階は単身用宿舎、三階以上はスキップ・フロアで各スパン一戸の二寝室。北側二階の密閉廊下に玄関があり、直通階段で居間におりる。その階の厨房とその出入口はサービス用で開放廊下に面する。この階は南にバルコニーが豊かに突出し、上の二寝室は浴室つきだがバルコニーはなし。この間にあるルーバー庇が居間への日光をコントロールする。まことに合理的にサービス動線を分離し、豊かなアメリカ人の生活だと感心したものだ。多くの家族はメイドを使っていたらしく、屋上に共同の洗濯所を設けていて、面白いことに物干し場は和風の大和塀が囲んでいた。

やがて翌年になると二棟目の「ハリスハウス」（1952–53）が完成し、これも発表になった。こちらの方は二スパン短い八スパン。ただし構造もシステムもすべて前者に同じで、「ペリーハウス」の南側に建った。こうして「浮かぶ軍艦」が二隻になり、三井の丘は水平線を強調するアメリカ大使館アパートの丘に変じていった。

日本では戦後まもなくのこの時代、まだ公団も発足せず民間でもアパートどころではなかった。一戸建て最小限住宅の時代から少し立ち直り、清家清の「森邸」「斉藤邸」、そして広島に丹下健三の「広島ピースセンター」が建ち、成城の住宅地に「丹下邸」が建てられた頃のことである。

世界を見渡すとコルビュジエが、マルセーユに「ユニテ・ダビタシオン」（1952）を建て、ミースがシカゴで「レイクショア・ドライブ・アパート」（1951）をつくっていた。これらのアパートは世界の建築界に衝撃的であったばかりか、日本の「近代建築」の遅れを自覚させるもとにもなった。したがって「ペリーハウス・ハリスハウス」の二棟の出現は、いかに治外法権の土地とはいえ日本のアパートに新しい局面を与える

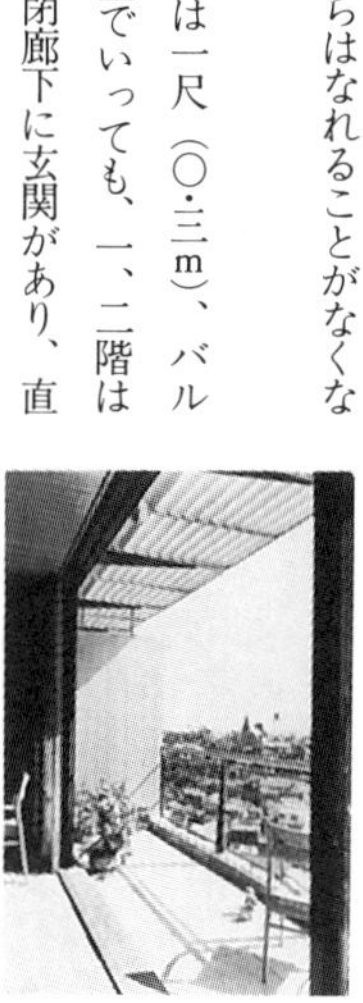

同　バルコニー部分

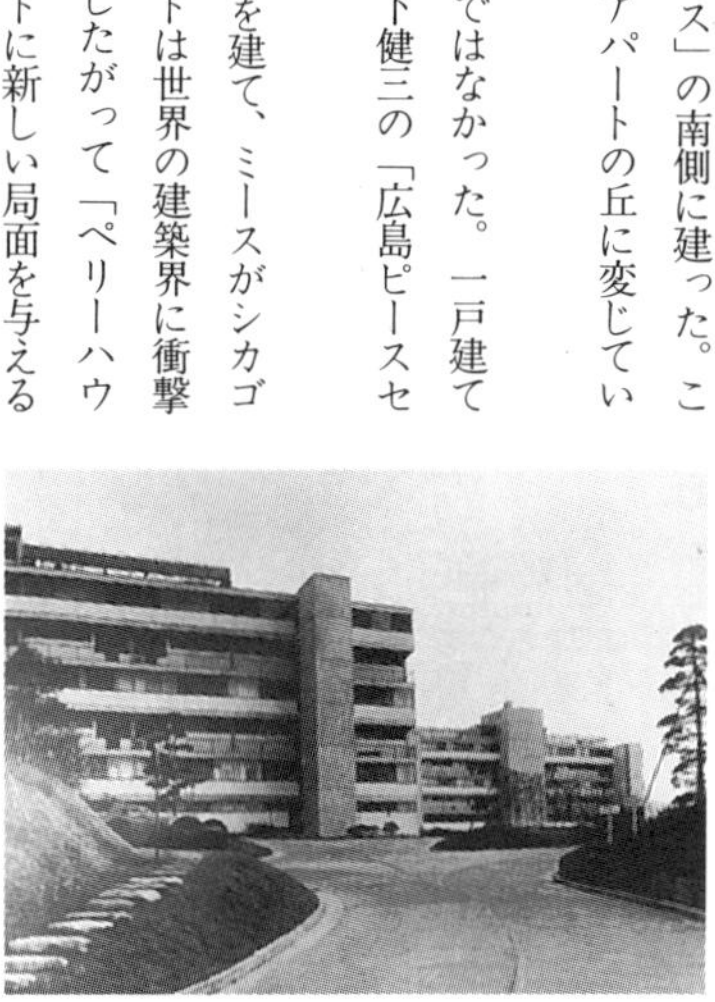

ペリーハウス（手前）とハリスハウス（奥）

ことになったはずだった。

　それから二年後に発足した日本住宅公団でも、五階建の中層アパートにようやく手が出るくらいのところであり、エレベーターのある集合住宅はまだ先の夢であった。それどころかこの「アメリカ大使館アパート」は、スキップフロアのユニット当りのコストが四四一万円であると、担当のデーヴィッド・レビットが『新建築』誌上でのべている。このコストは時価に直すと約八〇〇〇万円で今ではそう高いものではない。しかし、物のない戦後のその時点であってみれば、庶民に手の届くものではなかった。

　そして後になってその両建物の周辺には、他の建築家が従業員住居をつくり、その後、当の二棟も効率が悪いとして壊される破目になっていったのである。そして、アメリカの建築家ハリー・ウィーズによって「新大使館アパート群」（1982）が生まれた。「ペリーハウス・ハリスハウス」の生命は「RD社」よりは長かったけれど、いわゆる「近代建築」の短い平均寿命の、三〇年にも達し得ない二九年であった。

ハリスハウス　北面

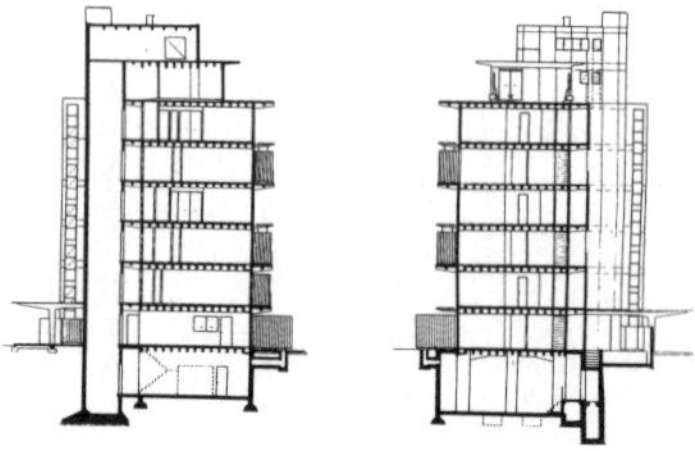
同　断面

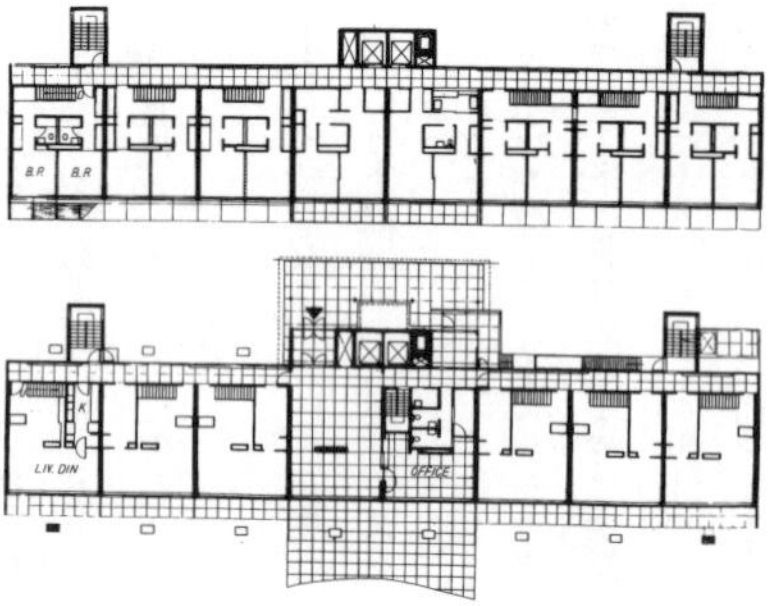

同　平面

その最晩年の一九八一年のある日、誰から誘われたのか記憶にないのだが、施工者の大林組の好意によって、見おさめ見学会に参加することができた。すでに誰も入居者のいなくなった、がらんとした大使館の敷地と建物をつぶさに見学できたのは幸いであった。その見学会の十数人の中に構造家木村俊彦がいたのを覚えている。また若くして亡くなった増沢洵の姿もあった。その場所で彼はよく話し、多くの感想を語った。「このようなレーモンドの作品や人柄を、早く書き残してくれ」といった言葉を、私は彼の遺言のようにうけとめてきた。

すでに廃屋になっていたにもかかわらず、内部は見事に美しかった。各戸の厨房も階段もそして浴室も、そのまま見られた。やや傷み始めてはいたけれど、バルコニーを遮る木製ルーバーは塗ればまだ生命を保ち得た。とうにアルミサッシュの時代にきていたが、スチールサッシュによる引違いの大きなガラス戸は、まだ滑りがよかった。高さ二・四mの大きな戸であった。

また屋上の大和塀と共に、洗い場はレーモンド考案の人造研ぎ出しの大振りな流しが残っていた。屋上の防水はくたびれかけていたが、雨洩りの形跡はなかった。何よりもその打放しの表面はまだ美しく木の仮枠の木目を残していて、コンクリートの表面も一部の庇を除けば元のままであった。ただし北側の開放廊下はなくなり、すべてが閉鎖型の廊下に変わっていたのが変更といえば変更であった。

日本の建築の一時期を示し、日本の構造とデザインの一致という点について指標にもされず、一方で羨望の的になりながら大して問題にもならなかった、名建築のひとつであった。

ペリーハウス　内部

アメリカ軍とアメリカ資本と

アメリカ時代のレーモンドは、陸軍や空軍の基地やキャンプ施設を設計していた。終戦近くの一九四五年に結成された「レーモンド&ラド」事務所になってから、戦後には平和な工場施設やレクリエーション施設の設計がいくつも進んでいた。しかしながら朝鮮戦争(1950)が勃発して以降には、再びアゾレス島、グアム島、ルソン島、アメリカ国内の各基地の陸軍、空軍の施設を手がけるようになっていた(1952)。そこには日本国内の空軍基地の病院施設もあった。さらに韓国でも、釜山の「国連朝鮮再建機関事務棟」(1953)をつくっている。

日本では、まず進駐軍のための「キャンプ座間米軍総司令部」「キャンプ・ドレーク米軍総司令部」(1952-53)の巨大な建物群の設計が、東京で行われている。それに引き続き、沖縄基地のためには「沖縄教育センター」(1955)をはじめとして、「千人劇場、教会、パン工場、仕事場、図書館、サービスクラブ、司令官住宅」(1955)などの設計が相次いだ。レーモンド事務所が最も忙しく、多くの臨時雇いのドラフトマンを雇い入れていた頃のことである。

まず「座間」であるが、いまだに日本人は自由に入れない。入口からも脇からも、その低くて長い建物を遠くにあって眺めたことがあるくらいでは、何ともいえない。しかしながら写真からいえることは、これらの建物がすべてラーメン構造の一定スパンと開口部でできていて、全面コンクリート打放しの経済的な建物であるということに尽きる。これらの設計にあたって、レーモンドには明快な哲学があった。

『芸術新潮』一九五四年一一月号でのレーモンドの「人と作品」という記事の中にあるが、デザイン評論家勝見勝の問いに答えて次のようにのべている。

元来軍人というものは、何處の國でも、非常に秘密をとうとぶものだから、……こまごまと間じきりの多い、各室がアパートのように、一つ一つ獨立したスペースをもった建物をつくりたがる傾向が強い。だから、軍人が軍の目的で建てたような建物は、あとから學校にするのも不適、病院にも無理だという場合が多いのである。アメリカの軍人もその例にもれず、私の考えた柱構造には、本當に賛成している様子はなかった。しかし、私はアメリカ軍が永遠に日本に駐留しているなんてことはとても

キャンプ座間米軍総司令部 俯瞰

信じ難い。（中略）その場合、あとの建物の使いみちがないようでは、多大な費用をかけたことが、全く意味のないことになってしまう。だから私はあえて柱構造を主張し、それが軍の要求する特別の用途にも合致するよう努力した。あの建物は、しかし、大學にでも使ったら、最も適切な構造であり、病院にしても立派だと思う。◆

同　外観の一部

◆　勝見勝「アントニン・レイモンド」、『芸術新潮』一九五四年一一月号一五六―一五七頁。

このことは私も直接レーモンドに聞いた覚えがある。しかしながらあれから四十余年たった今でも、アメリカ軍は安保条約を片手にまだ去ることはなく、建物はそのまま使われている。これも信じ難いことだ。それにしてもこの柱構造は四十余年の歳月を経て、なお機能的要望に耐えるほど融通性を発揮しているのかどうか。入ってたしかめてみたいと思う。

さて、沖縄の軍事施設であるが、これも正確にはどこに建てられているかわからない。入所当時に参加した仕事でもあるので、沖縄に行った時、普天間の基地の脇を車で走って垣根越しにしばらく中を窺ったことがある。どれも似たようなコンクリートと、コンクリートブロックの建物が点在していて、どれが教会でありサービスクラブであるのか、見当もつかなかった。

それも道理であって、当時のレーモンド事務所で進められていた設計は、それほど規模の大きなものではなかった。主なところはおそらく、元請けのスキッドモア・オウイングス・メリル事務所、つまりSOMのアメリカの本拠がやっていたに違いないし、レーモンド事務所も人数がいつもより二〇人はふえて、八〇人くらいにふくれあがっていたが、単体の特殊な建築の設計であったのである。それでも能率からいって、日本の仕事よりも設計料も考え方もきっと歩にあっていたのだろう。

キャンプ座間　内部通路

レーモンドは自身で、この仕事のために吉村順三事務所にも呼びかけたらしい。聞くところでは吉村は、きっぱりと軍の仕事はやらないと断ったのだそうで、それも気持ちのいい話であった。

戦後のアメリカ占領軍の進駐していた日本では、何もかもアメリカ一辺倒であった。文化も政治と同様であり、アメリカでなくては夜も日も明けぬ日が一九五〇年代には続いていた。そしてレーモンドはアメリカ建築家としてでなく、日本建築にくわしい建築家であった。当時の朝日新聞の囲み記事で、レーモンドの写真とともに伊勢神宮と日本の民家を礼讃するアメリカ建築家として、紹介されている◆。

疲弊していた日本の当時の経済力では、建物を新築する建主はまだ稀であった。だがアメリカ資本は日本に投資を始めていた。軍人の世界は前記した通りだが、「RD社」の次には、爆発的に人気を集め始めたアメリカ映画の会社があった。何よりも日本が飢えていたのは生活のゆとりであり、食糧の次には娯楽であったから、アメリカ映画上映館はどこも立錐の余地のないほどだった。それに映画館も少なかった。まだTVのなかった時代では、映画は限られた大衆娯楽だったのである。

映画会社のMGM（メトロ・ゴールドウィン・メイヤー）はメジャーであり、アメリカ映画会社三社の上映権を独占していた。したがってハリウッドは次々に日本を攻撃していた。そして銀座の昭和通り沿いの角に六階建の「MGM東京本社ビル」（1951–53）を建て、大阪・名古屋・福岡に各事務所を新築する。加えて各社のフィルムを貯蔵するための「MGMフィルム倉庫」を、東京・大阪・名古屋・福岡・札幌（1951–55）につくった。このすべてをレーモンドはこなしていった。

「MGM東京本社ビル」は美しい建物だった。柱梁型には一五〇mm角が、また腰まわりは信じ難いが二七〇mm角の大型の、薄い青緑色のタイルが貼られていた。窓にはすべて六枚の黒色の鉄板ルーバーがあって、日光を遮っていた。その単調なデザインは、その当時の街角では「はきだめに鶴」とでもいった形で君臨していた。その角を通る度にこれがデザインだということを、くり返し自分にいいきかせたりした。

そこに三社の試写室があったかどうか。とにかく一度は入ったことがある。この狭くて小さい試写室に入れる常連がいることが、当時では羨ましいことであった。一部の特権階級や有名人がこの試写室によばれ、

◆「西から東から」朝日新聞夕刊、一九五一年四月三日。

MGM東京本社ビル　全景

ジャーナリズムやポスターに登場して、アメリカ映画の宣伝をしたのである。この建物は、日本におけるアメリカ映画宣伝の殿堂のようなものであった。日本中、どこも満員で息もつまりそうな映画館の中で、今ではとても考えられないことだがつま先立ちで映画を見て、一回目が終わると再びわれ先に席をとって、またゆっくりとアメリカを観たのである。すべてはこのビルに始まり、そして映画の退潮と共にビルも消え去ってしまった。

戦後日本の経済力の恢復

戦後日本の経済力の恢復は、遅々として進まぬように見えた。しかしアメリカ資本の流入と同時に、不死鳥のように日本の各企業は力をとり戻しつつあった。銀座は暗闇から戻り、歩道には屋台が並び、進駐軍が日本女性と歩くようになった。数寄屋橋があって今の零番地の建物がない時代、そこには堀があった。日本人が米兵に投げ込まれて物議をかもしたり、夜の女が橋のたもとに立ち、ラジオ番組「君の名は」が評判で「真知子巻き」のマフラーが流行った時代である。

レーモンドの許に、日本の企業から建物の依頼が入り始める。その第一号は銀座に建つ「日本楽器ビル・山葉ホール」（1950–51）であった。少数の焼け残りのビルがあり、ようやく露店がとり払われ、一方で柳もまだ残っていた銀座七丁目に、その「日本楽器ビル」は美しく建てられる。革新的であった。

総ガラス張り、つまり中層ビルのカーテンウォールの始まりであった。建物の外観は今でもまったく変わりはない。またその最上階にできた「ヤマハホール」はほぼそのままの姿で現存しているが、極めて珍しいことといえる。レーモンド自身が『自伝』に書いているが、その仕

MGM東京フィルム倉庫　俯瞰

日本楽器ビル　全景

事の入手経路が不明で記憶にないとしている。一階の配置などは、音楽や楽器の四五年間の甚だしい変化につれて、GK設計などの手によって店舗が改装され、展示内容などはとうに変わっているものの、総体としては昔のままである。まずカーテンウォールは健全である。

次に五二〇人収容の音楽ホールは、当時の東京では珍しかった。東京では二〇〇〇人収容の日比谷公会堂があっただけではなかったろうか。「ヤマハホール」のこけら落しは、当時極めて高い評価を得ていたワルター・ギーゼキングのピアノであり、高松宮の臨席があってレーモンドは感激する。

戦後のホールの中で音響的に仕上げられた最初のもので、北欧でのみ実施されていた吸音材を張った「たてリブ（コペンハーゲンリブ）」の壁、天井の反射板を段違いにして間接照明を入れたことなど、すべてが目新しかったのである。この時に協力者だった武蔵工大の三木韶教授は、これを縁に「群馬音楽センター」（1959-61）でも、音響を担当することになった。とにかく戦後の日本における初めての音楽専用ホールの出現であった。

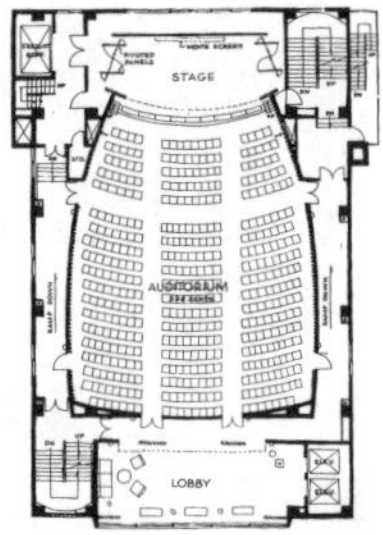

山葉ホール　平面

同　内部

日本楽器はこれに気を良くしてか、そのあと、レーモンドに「たて型ピアノ」のデザインを依頼してきている。永らく「笄町の自邸」の居間に置かれていた、珍しい白のビニール貼りの「たて型ピアノ」は、『国際建築』（一九五五年九月号）の誌上を飾ったばかりか、時に誰かピアニストが来ると、高らかに鳴りひびいた。しかし、チェロを時々弾いていたレーモンドであったが、このピアノを弾いている姿を私は一度も見たことはなかった。

レーモンドの設計した商業ビルは少ない。しかし、戦後の銀座・京橋界隈に「松坂屋銀座店」（1963-64）の改造を入れ、前節の「MGM」を含めると四件がある。つまり、「日本楽器ビル」の次は、京橋に建った「御木本真珠日本橋店」（1951-52）であった。レーモンドは戦前にもいく度か行っ

レーモンドのデザインしたヤマハピアノ（試作品）

たことがあったというが、戦後の伊勢参りの折、有名な御木本幸吉に会った。伊勢の礼讃をすでに表明していたレーモンドに御木本翁は感激したと見え、仕事が依頼された。今も覚えているが日本橋の角地に、その三階建の瀟洒な店はあった。一階がガラス張りのショールーム、二階以上は千鳥にはまったガラスがリブ状に並んで連なる、コンクリート打放しの建物であった。

薄青い特製すりガラスに包まれたこの店を時々見ていたが、入ったことは一度しかない。高級で入りにくくて、学生の身分では無理であった。レーモンドも

結果として美的観点からは良かったが、商業主義的に見れば明らかに良くはなかった。それはただ私が一般大衆に対して見栄をはったり、喜ばせたりできなかったからである。◆

と告白している。この建物も、その近くにあった遠藤新の設計したライト張りの「梁瀬自動車本社」(1928)の、記憶にある建物も姿を消して久しい。

当時の設計の中で、たて横のルーバー、コンクリート打放し、カーテンウォールとは、レーモンドの得意とするところであったといってもよい。中でも「ナショナルシティ銀行(NCB)名古屋支店」(1951–52)には、その傾向が非常によくあらわれているし、小品ながらも印象の強い作品であった。名古屋の駅にも近く、焼け跡の中ではひときわコンクリート打放しのその姿は目立っていた。東と南側は二階建で、上下共に水平の鋼板ルーバーをとりつけたガラス張り、西側はたて型の大きなコンクリート・ルーバーである。それらが濃いブルーのスチールサッシュと共に、立面を引きたてる。内部はコンクリート打放しの丸柱の見える営業室、二階も同じく事務室、金庫室が奥に見えるだけの広間、これがまことに見事であった。

この銀行の設計は名古屋だけで終わったが、当初、丸の内にあって、三菱地所の設計した建物の一部に「NCB」があり、その内部デザインをレーモンドがうけ、その関連で名古屋の仕事になったものであった。

御木本真珠日本橋店　全景

◆レーモンド『自伝』二一六頁。

NCB名古屋支店　外観

同　夜景

さらに、三菱地所が同じ土地に「大手町ビル」を建設した時、レーモンドは「ＮＣＢ」にその一部である一階から三階までの内装と外装を依頼されている。とくに作品リストには載ってはいないが、それも今はない。新大手町ビルの一角を、たて格子で包んで銀行の位置を示そうとしたのが、その苦肉の策であった。

再び銀座に戻りたい。一九九六年の改装でレーモンドのデザインした「松坂屋銀座店」はなくなってしまった。銀座通りの中でも最大の壁面をもつデパートであるが、日建設計との協同で内外装を全面的に設計したものであった。中でも人目をひいたのが、今でも残されている街角にあたる階段室で、たてに素通しで見せたことがあげられる。また残りの一階以外の上部ファサード全面を、二尺三寸（七〇cm）の高さの信楽焼の陶器で覆った。各階はその陶器を二階で六段積み、他の階では五段積みであるが、陶器の形は時間をかけて試作して検討していた。

まずその形は長方形、たて長で中が抜けている。その左右のたての一方が、リブとして横から見えるように考えられた。「たてリブ」は銀座四丁目の方から見て白く、八丁目の方から見て緑色にしてある。総体として斜め方向から見たファサードが、白から緑になるように歩くにつれて色を変えて見せる方法であった。正面から見た時「たてリブ」は黒く、奥の三辺は黄色になり、四丁目に向かって歩き、振りかえると白になっているという単純なからくりであった。

内部は一階の天井に、桜色のうず巻きの間接照明用ルーバーを配置し、全体が柱の波紋が広がるような天井伏となっていた。さらにレーモンドの自筆の壁画が、各階のエレベーター二基の欄間にあたる部分に描かれた。これは美術家石沢久夫が協力したフレスコ画であった。元来、絵描きを志望していたレーモンドとしては得意とするところを表現したものであった。晩年は抽象画を好んで描いていたが、その一階の図柄も抽象で大勢の人を白黒で表現し、茶色の背景の前に白と黒が、地と図の「入れ子」になっているなかなか表現豊かな壁画だった。それもいつの間にかなくなってしまっていた。そのファサードにしても余り評判になることもなかったようだ。

松坂屋銀座店　外装デザイン（一九八五頃撮影）

七階のイタリア・レストラン「キャンティ」も、同時にデザインしたのだが、『インテリア』（一九六五年五月号）に五頁発表になっただけで、それも八〇年代半ばには姿を消してしまっていた。ただ、入口の煉瓦の扱いや、漫画家ソール・スタインバーグのローマの街角などを描いた線画が、壁面全体にあって美しかったことを、私は覚えている。

関西における作品

作品リストによると、戦後の関西で最初の仕事は大阪堂島の「日瑞貿易本社」（1949–50）となっているが、残念なことに写真も平面も見たことがない。

その次は「淀川製鋼所本社ビル」（1951–52）であり、堂島の一画にあった。三階建、均等に三スパンと四スパンという端正な平面をもち、瀟洒そのもの。部分的に見ると、名古屋の「ＮＣＢ」にも共通するところのあるコンクリート打放しで、二面は六枚の水平鋼板ルーバーをもち、西面のみ可動たてルーバー、濃いブルーのスチールサッシュ。道路に面して入口があり、屋上を手すり代わりに囲んだプランター・ボックスの緑が、道路の反対側から望まれた。小粒ながら、一目でレーモンドの作品とわかる風格も備えていた。

同じ頃、心斎橋では「不二家レストランビル」（1951–52）がこれも三階建でつくられている。角地で奥行の深い建物、ペコちゃんでお馴染みの「不二家」だが、前面の二〜三階は全面ガラスのカーテンウォール。戦前の最後期の作品、横浜の伊勢佐木町の「レストラン不二家」（1936）は今でも健在だが、心斎橋の方の状況は記憶がない。

すでに「ＭＧＭ東京本社ビル」についてはのべたが、これらと並んで大阪にも「ＭＧＭ大阪支社ビル」（1951–52）と、「ＭＧＭ大阪フィルム倉庫」（1952–53）を設計している。一連のシリーズであって、東京に

淀川製鋼本社ビル　全景

大阪・心斎橋の不二家レストランビル

おけるような形態を踏襲している。「フィルム倉庫」の方は、当時のフィルムが可燃性であり、ちょうどその頃に、南予線卯之町で国鉄自動車の客の持ち込みフィルムが引火し、三二人が死ぬ惨事があり（一九五一）、排煙に気をつかう設計であった。しかも、アメリカ映画会社数社の合同倉庫ということもあり、会社ごとに耐火壁で囲み直接排煙し消火する設備をもつなど、設備系の技術者の活躍した設計であった。

日本企業の胎動期にもあたり、関西でも二つの計画があり、模型をつくって張り切っていたがとうとう実現しなかった。

そのひとつ「日本板ガラス本社ビル計画」（1951–52）の敷地が大阪のどこか、記録はない。ただ、

その会社が住友資本になると、私に設計料を払い、丁重に断ってきた。その後、住友の傘下にある日建設計工務がその設計を引き継ぎ……◆

とある。当時としては、まとまった大きな仕事であったことは間違いない。地上九階、二層の低層部分は一階がピロティ、二階は張り出して横ルーバーが千鳥に覆う。三階以上は三面をたてルーバーが基本型をつくり、ガラス張りカーテンウォールの階段室が飛び出す。コア部分は打放しコンクリートの壁に、モザイク状の小窓がほり込まれる。これはガラス会社だからといってガラス張りにあえてせずに、象徴的な方法でアピールしようと考えた案ではなかったかと思われる。

全体の構成は、ニューヨークのSOMの設計になる「レバーハウス」（1952）に似ている。それは低層部が周辺をとりまき、高層部が中に建つ構成で、高層部を典型的なガラスのカーテンウォールで覆ったことで有名であった。同じパークアベニューにある「レーモンド&ラド」事務所にほど近いそのビルは、当時建設中であったから、おそらくレーモンドも見ていたに違いない。推測だが、だからこそ高層部をレーモンド流のルーバーで覆う方法をとったのではあるまいか。ともあれ、建ててみたい設計ではあった。

次の計画は神戸の「北尾書店」（1953）である。こちらの方は角地で、台形の長い一辺を北側にもっていた。これは敷地を豊かに使う「環境建築」ともいえる考え方で、南側には中央に池をもつ小庭園をつけ、そ

◆ レーモンド『自伝』二一六頁。

日本板ガラス本社ビル計画　模型

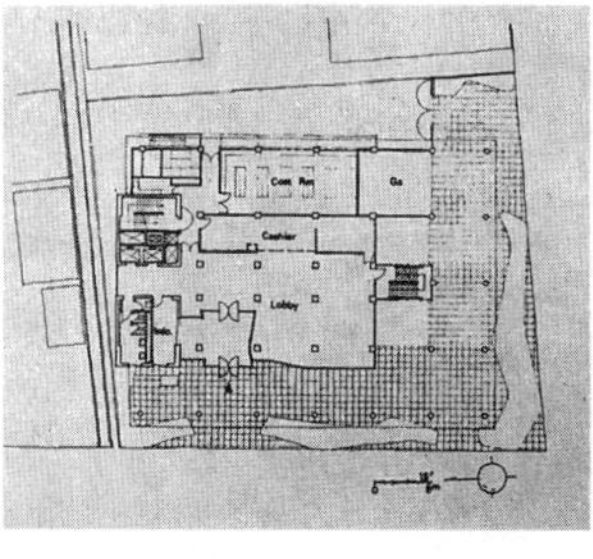

同　一階平面

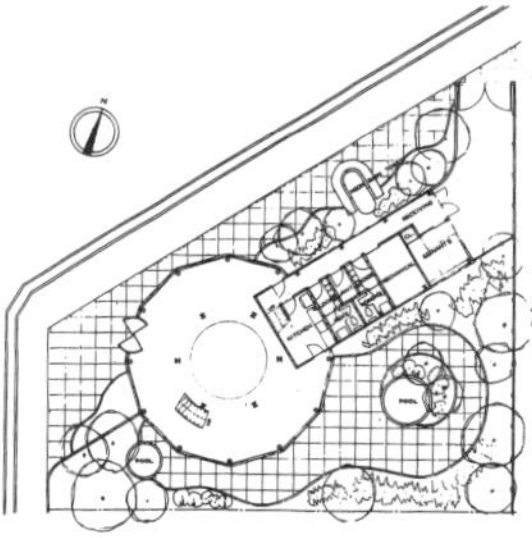

の中心に一二辺形、ほぼ円形に見える二階建の書店であった。一階はガラス、二階は特徴となるたて型ルーバー。低層平屋に便所その他を置き、搬出入部を設けた。だが何といっても大きな特徴は、商業建築としてレーモンドとしては思い切った案だが、何と十数メートルの「ネオンタワー」を建てようとしたことである。模型の写真でしか見られないのだが、この作品も残っていたらレーモンドの商業建築として、ひとつの典型を示すものになったと思われる。戦前からの弟子、当時の株式会社レーモンド事務所社長の中川軌太郎のとりもつ仕事だったが、書店の財政的理由によって実現はしなかった。

関西の仕事の少なかったのは、東京に根拠地を置いていたレーモンドとしては、当然のことであった。今残っている作品としては「淀川キリスト教病院」(1955–56)及び「同病院看護婦宿舎」(1962)、香里園の「聖母学院宿舎」(1954–55)、箕面の木造平屋の「箕面幼稚園」(1957–58)、神戸の「カナディアン・アカデミー」(1966)など。それに最近失われたと聞くが、極めて異色な宝塚の逆瀬川駅前にあった「プライス邸」(1962–63)などがあげられる。この野心的な平面をもった大邸宅については、レーモンド・スタイルとしての典型的木造住宅のあとにやってくる、デザインの変化をのべる時にふれたい。戦後の住宅の変遷の中にあって、近代建築型住宅を破っていったのがレーモンド・スタイルの木造住宅だとすると、構造的にも形態的にも変化をとげつつあった一九六〇年代の、ひとつの野心作であったと思うからである。

遥か戦前の作品「アンドリュース&ジョージ商会」(1922–23)のビルが、チェコ・キュビズムのファサー

北尾書店計画　模型
同　平面

淀川キリスト教病院　全景
プライス邸

ドをもちながら、川に面した背後は一切の装飾のない禁欲的な「近代建築」的表現であった。それは近代建築思考への第一歩であった。だからこそ同じような倉庫であった横浜の「シーバー・ヘグナー社生糸倉庫」（1925）では、すっかり居直った形で四角な打放しコンクリートの箱に、機能的に必要な窓をつけただけの建築となっていった。それはたしかに典型的な「近代建築」の箱型であった。

　ところが宝塚市小林の「小林聖心女子学院」（1926–27）は、内庭をめぐる打放しコンクリートの「ロの字形」の校舎と礼拝堂が一体化した、「デ・スティル」的な近代建築になっている。大きな直方体の空間をいくつもつくりそれを連結し、板状の庇を窓ごとに差しこむ。階段等のコアはそれぞれをかためて表現し、入口もひとつずつ分節化してスケール感をあらわす。さらに部分的には庇の端部を円形に四分の一下げたり、四隅の直方体も円形の角を見せていて、前にのべた「デ・スティル」的なモダンデザインと、オランダのデュドックに似た直方体構成の表現派の手法も見せる。

　一方、香里園の「聖母女学院」（1931）では、スパニッシュ・スタイルで校舎全体をつくり、女性的な表現をうけ入れようとする。でありながらその三年後、玄関の右側、校内道路をはさんで本館と対立するような「体育館」（1934）を、コンクリート打放しでつくってしまった。この体育館については、すでにふれたように、まったく機能的、合理的、無装飾な「近代建築」の出現であり、構造表現共にテキスト的でもあった。この著しい違いを同じ校内にとりつけたのは、一方でスパニッシュにしてしまった分だけ、反動的に極端な現代性をぶつけてしまったのではないかと勘ぐりたくなるほどである。

　もうひとつ、あえてつけ加えたい。神戸の大通りに面して設計され、実現した「第百生命神戸支店」（1957）がある。第百生命の本社も支店のいく

聖母女学院体育館　全景

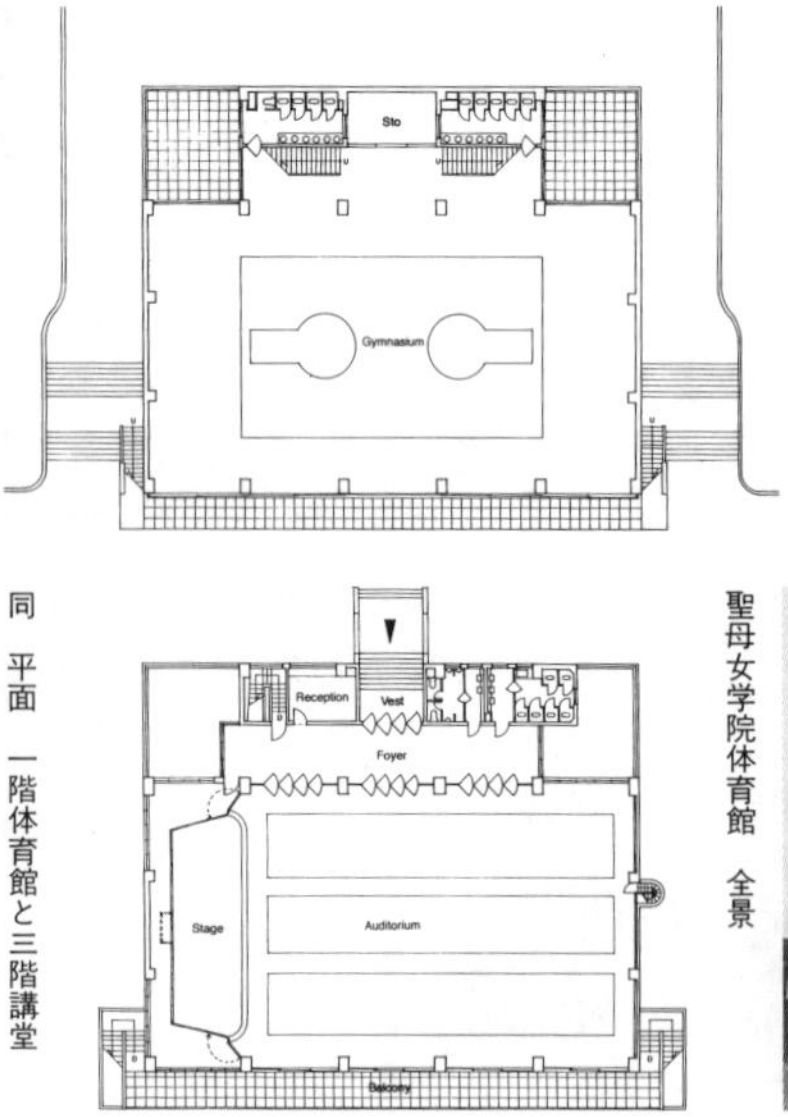

同　平面　一階体育館と三階講堂

つかも株式会社レーモンド建築設計事務所が手がけているが、レーモンド自身は関与しなかった。会社として設計を進めていたものである。狭い敷地の中に四階建。打放しを基調にしてアルミサッシュに、アルミ製リブのつくスパンドレル。建物のエッジは板状にコンクリートで囲い、四階上部の庇は、「ＩＣＵ（国際基督教大学）図書館」（1959-60）の庇のように丸い孔をあけて光を入れた。入口上部は階段室と廊下であり、これをコア状に見せてたて横のアルミルーバーで窓を覆い、一部を弁柄色のコンクリートペンキで色をつけた。この色はレーモンド夫人によるものであった。何とか、あるスタイルから脱却をはかろうとしたが、ほとんど画期的なデザインはなくアルミを使い始めたことくらいで終わった。

近代建築からの転換

ガラスと鉄のマッシブな「近代建築」がこの世に出現したのは、ＳＯＭの「レバーハウス」（1952）であり、ミースの「シーグラムビル」（1958）であり、その時点で頂点に達していた。このような「バウハウス型近代建築」に対して、ピュ－リズムをうたってきたコルビュジエは、「サヴォア邸」（1929-31）以後の住宅から、つまり「エラズリス邸計画」（1930）から白い四角な住宅脱却をはかり、「ロンシャンの教会」（1954）で転換し、「ラトゥーレ修道院」（1957）以後は完全に「脱近代」をはかっていた。

レーモンドの「ＲＤ社」以後の「近代建築」は、ガラスの箱でありながら日光を遮ることと、造形的な逸脱をはかるためもあって、たて横にルーバーを使い表情をつくってきた。気象への配慮は過去の建物でもすでに評価されていたことではあるが、それが陰影と遮光への配慮としてあらわれ

ミース・ファン・デル・ローエ／シーグラムビル
ＳＯＭ／レバーハウス

たと考えられる。
そのようなデザインの最後を飾ったのが、北九州の「安川電機本社ビル」(1953-54)であったろう。三階建二棟を並べる長い建物は、JRの鉄道に沿って車窓からもよく眺められた。妻側にたてルーバー、南側全面に水平ルーバーが使われ長い建物をさらに長く見せるのが、この横の線であった。さらにこれを一部破るように裏側に小さな講堂がつけられ、構造的にも軽いシリンダー形シェルが三つ連続して屋根を構成した。

このわずかなデザインの破調が、実は次への手がかりを示していると考えられる。「RD社」でも構造そのものは単調であっても、軽快なガラス張りデザインを破って主張する力があった。それと同じように「安川」の一部は構造に新たな装いを示したといってよい。それは玄関部分の庇にもうかがえる。こうして構造は、次の形へのキーワードのひとつとなっていたのではないだろうか。「安川」はたしかに、戦後のレーモンドのビルタイプの最後であった。

「ICU図書館」は、打放しコンクリートと横ルーバーを豊富に使った同じようなスタイルであったが、その内容において新しい試みが行われていた。この場合の新しさは空間ではなくて、「図書館システム」であった。東京三鷹の外れ、旧中島飛行機工場の跡地を使った新しいキャンパスは、アメリカの現代型キャンパスの方向をうけ入れようとしていた。中でも図書館は、大学の最重要部分であった。レーモンドはICUの担当者と共に、図書館専門の建築家であり、その道の権威であったR・B・オコナーの協力を得て、基本設計を実施に移す作業を続けていた。東洋で初めての完全開架式図書館であり、書架は中央にあり、周辺にはキャレル(読書机)が並んだ。ブラウジング(休憩所)の導入もこれが最初であったろう。自由に出入りする学生が、自由に本を取り出して勉強できるプランは、当初は馴染めないものであった。

安川電機本社ビル　部分
同　全景

ICU図書館

外観の端正と単純化のために、屋上の雨を柱の中に通した。また空調の排気を柱におさめ、そのために柱を二つに分けた。重い荷重をうけるために梁背を少なくして、菱目の床版を置き外部の控え柱に力を伝えるようにした。これが外観の特徴となったし、同じビルタイプの外観でありながら日照を遮ってはいた。しかし図書館とは本を読むところであり、大学の中枢と考えたところに大きな「システム」の問題があったのである。そしてこの「図書館システム」と開架とキャレルによる手法が、戦後の日本の図書館建築に影響を与えることになった。

「安川」と同じ、北九州にあらわれた「八幡製鉄健康保険組合記念体育館」(1955–56)は、構造の強調性を如実に証明していた。さらには次のステップになる、同時に設計を始めていたいくつかの教会の設計がそれにあたる。このような構造やシステムの変革による、積極的な考え方への転換は何であったのだろうか。

四角い白い箱はいわゆる「近代建築」のイメージであり、ピューリズムからくるものであった。また「バウハウス」に示されたような鉄とガラスの箱が「近代国際建築」であるとすれば、これをまとめて戦後の長方形ガラス張りの、高層建築への道が読み取れる。それとは代わってレーモンドは、コルビュジエのような造形面の「脱近代建築」に対して、構造を開拓することで同じ「脱」をはかり始めていた。

まず「八幡製鉄体育館」は、構造をワイドリンガーに問いかけていた。上部を軽くした大スパン構造をレーモンドが主張し、構造家はそれに対して引っ張りに対する圧縮を主張した。それが鉄骨屋根のヴォールト形と、鉄筋コンクリートによる座席を兼ねたヴォールト受けの「ふんばり構造」になった。

当時のワイドリンガーは「一〇万人のスタジアム」を考えていたこともあり、座席の勾配をそのまま構造化することは、当然の発想であったと考える。こうして体育館には支柱なしの六七・七mの大屋根がのることになった。観客は三〇〇〇席、アリーナを人で埋めると八〇〇〇人が収容できた。内外の仕上げは最小限で、ほとんどがコンクリート打放しのままであった。正面とステージ側は二層分の高さでボックス型で突き出され、上部はガラス張りで光を入れた。

八幡製鉄体育館　全景

この設計には増沢洵が主としてあたり、この屋根のカーブをレーモンドに相談しながらいく度も書き直していた。部分的に手伝ったような記憶があるが、たしか内部の映写室の断面か手すりか、部分的なところを図面化したのだろう。現場が進んでいたことでもあるから、補足図面であったようだ。

体育館といえばすでにいく度ものべた「聖母女学院体育館」(1934)が、戦前最後の「近代建築」的デザインを飾ったのであるが、それにくらべてもこの「八幡」がいかに変化してきているかがわかる。もっと昔に戻ると「東京女子大学体育館」(1921-24)がある。それは和瓦の屋根で他の棟と歩調を揃えながら、体育館の本体部分は精一杯低くして、さらに床を掘り下げ棟高を高くしなかったことと、細い柱と梁で大きなスパンをその部分だけ鉄板屋根で覆って軽くしたことなどに特徴があった。そこにも日光を入れる高窓をとり入れていた。このあとミッション系の学校体育館が宝塚、岡山と続く。

ワイドリンガーのラドとのアメリカにおける協同作品では、いくつかのレクリエーションセンターの体育館があるが、これは無理のないヴォールト型の屋根と鉄骨で処理している。

「八幡」をはなれて「南山大学体育館」(1967-68)へと飛ぶ。ここでは明らかに範を「八幡」にとり、規模をやや小型にしているが観客席部分をコンクリートで固め、中央のヴォールト部分を鉄骨による「ダイヤモンドトラス」にしたところが異なる。「八幡」が観客席の上までコンクリートシェルで覆って量感を出しているのにくらべ、「南山」ではトラスをうけとめる梁をつくったためヴォールトのスパンが四〇mに縮み、しかも低さを示すようなデザインになった。大学の体育館ということもあり、特に「南山」全体が環境に対して意識的に受身の姿勢をもつことから、大振りには見せない努力をしていることが示されている。

構造的努力に加えて、環境への配慮をはかった建物が「脱近代」への手がかりをつくっていく。それは「群馬音楽センター」(1958-61)にも「南山大学」(1962)にも起こった。また当然ながらいい環境に建つゴルフクラブの場合には著しかった。

八幡製鉄体育館　内部

富士カントリークラブ

「富士カントリークラブ」（1957–58）の木造丸太づくり、鉄板屋根はその第一号だった。次いで「門司ゴルフクラブ」（1959–60）では一階がコンクリート打放し、二階へ昇ると大きな空間が木造鋏状トラスでつくられ、その中央に巨大な暖炉を置いた。

このあたりは郊外のクラブハウスである以上、山荘のような感覚がいいのであり、そのゴルフ場の雰囲気を内部にとり入れるデザインの主張があった。戦前の「東京ゴルフクラブ」（1930–32）がコルビュジエ的「近代建築」を範としたのにくらべると、たしかに木造大空間は「レーモンド・スタイル」の大型版とでもいえる建築であった。

戦後の「東京ゴルフクラブ」（1962–63）は、戦前のものが朝霞のキャンプドレークに吸収されたために新たにつくられた戦後版である。下部構造をRC造でコンクリート打放し、上部構造を鉄板屋根で軽量化して、木造の丸柱と梁が支える大型「レーモンド・スタイル」である。東京郊外、狭山の林の中に下部コンクリート、上部たて板張りで、環境にとけ込む形を目指したその姿には、もはやかつての白い建物の面影は完全になくなっていたのである。

「白河高原カントリークラブ」（1961–63）の場合は、レーモンドの直接指導はなかったようだが、山中に建つ方針に変わることはなかった。むしろ逆に木造の大きい丸太構成の空間が、この建物の特徴となっていった。しかも部分的には切妻や鋏状トラスがあらわれ、時には部分的に茅葺きを交えたりして和風が強くなっている。

門司ゴルフクラブ

教会建築による構造改革

「八幡製鉄体育館」が構造上でも、当時の連続する忙しい仕事の中で際立っていたように、同じ頃の「聖アンセルム教会」（1954–55）にも構造的な飛躍が見られる。これはその後に続くいくつかの教会建築の先鞭でもあり、木造、RC造を問わずレーモンドが積極的に取り組もうとしていた、構造の転換期にあわせていたということもいえる。

「聖アンセルム教会」は英語読みをそのまま片仮名読みにしたものだが、この教会は表向きは「聖アンセルモ・目黒カトリック教会」という読み方がされている。一九五五年にはすでに現場が始まっていて、大部屋の窓寄りの席で増沢洵が残りの図面を細い線で書きこんでいた。それは屋根のカーブをきれいにおさめるための製図であったと記憶する。

この教会も他の建物と同じく、尺寸で寸法が入っていた。スパン方向五〇尺（約一五・一五m）、高さ五〇尺の正方形の断面、奥行は一〇〇尺（三〇・三m）で縦方向八スパンの折版が一二尺（三・六m）ごとにたつ。実は三角柱で、これが天井に至って三角の梁となる。それをゆるやかな円で覆って、一枚のシェル状のコンクリート屋根（厚さ八cm）とするものであり、このすべてがコンクリート打放しであった。

細部は計画発表の文から引用しよう。

この建物は、屋根版・壁体共に薄膜で、断面二次モーメントの大なる三角形の連続形を以て組合せ構成されている。かつ壁体の長手方向には壁面と直角に薄版のスチフナーを六尺毎に配して、局部的な挫屈抵抗と繋ぎに役立たしめようとしている。従って桁行水平力に対しては、かなり大きな抵抗力を有することとなる。……屋根版は緩やかなる局面を有し、従って梁形は中央に於て最大の拡がりの断面となる。端部の接合部は断面小で剛とはならないので、鉛直、水平荷重共に曲げモーメントは中央で最大となり、この形と一致する。◆

合理的な構造で、かつ経済的な構法と施工のために苦労したようである。「地震力に対しても〇・二三を得

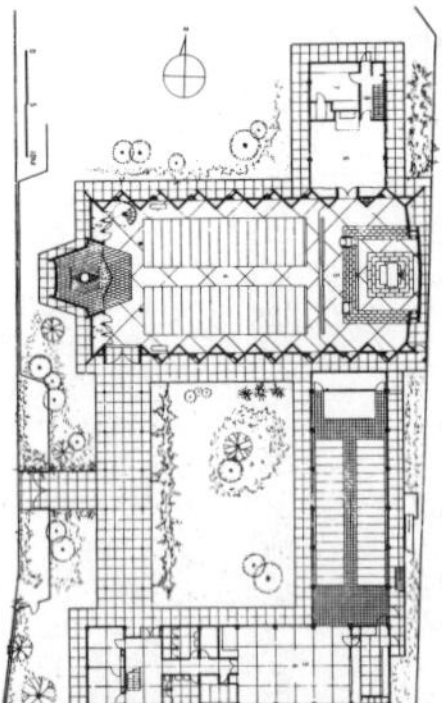

聖アンセルム教会　平面　南に日曜学校
同　俯瞰

◆「国際建築」一九五四年九月号一八頁。

た」として、レーモンドは『自伝』にのべているくらいである◆。

敷地が狭く、その上に日曜学校や修道院の計画もあり、しかも聖壇の背後の崖下にJR（当時は国鉄）の山手線が走っているから、遮音の上でも問題はあった。最終的に音は遮ったが内部では吸音材を使用せず、打放しだけの処理だったため残響が著しく、讃美歌は荘厳ながら、説教は音が割れて聞きとりにくい結果となった。

またすべての窓にステンドグラスを考えていたが、予算上不可能になる。ノエミ夫人のデザインによる臨時のゼラチン・ペーパーののりづけは、実施された当初は美しかったが、当然ながら数年のうちに剥離してしまった。彼女のこの教会に対する貢献は大きく、堂内壁面の十四の「キリストの道行きの祈り像」、六台の鍛鉄の燭台、聖櫃（タベルナックル）、キリスト像など様々な立体的なデザインに及んでいる。

レーモンドにともなわれて行った、最初の工事現場がこの教会であった。現場のことなど何もわからない時代だったが、聖壇まわりの図をつくるためであった。いく日もかかって、聖壇とそれをとりまく手すり、聖書台、説教台の図面をつくった。聖壇は石造りで残りはコンクリート打放し。厳しかったのは聖壇の石の厚さと、そこにつけるラテン語の文字であった。

教会建築として、この巨大な空間は豪快かつ原始的な感じで、その上に西日が聖壇に向けて斜めに入ってくるなど、美しい光景をも考えていた珍しい存在であろう。西日を美しく入れる考え方は「東京女子大学チャペル」でもとり入れているが、レーモンドの室内デザインへの配慮のひとつであった。

中でも正面の金箔張りの天蓋は極めて独創的であり、これはレーモンドが発想し、所員の大村六郎に粘土で型どらせた

同　内部

同　外観

◆レーモンド『自伝』二四三頁。

聖アンセルム教会　内部

オリジナルであった。工事の完成が近付いた頃、レーモンドはその聖壇の背後の正方形の壁を白く塗り、そこに黒で大きな正円を入れ、内接円を四つ描いた。彼としてはフレスコ画を企画しており、それができるまでの臨時処置のつもりであった。ところが完成が近付く頃から、折り合いがまずくなっていったヒルデブラント神父は、レーモンドの留守の間にこの円の上から、たて横の格子を同じ黒線で描いた。レーモンドが爾来、気に入らなくなったのは当然であった。それは今もそのまま見られる。

外部のすべてがコンクリート打放しであったのではない。レーモンド夫妻はいく度も足を運んで、折版と見える側面の垂直面九本を弁柄色で塗ることで合意する。この色は床暖房をした堂内の床の鉄粉入りのモルタルの金鏝ずりと同じ色であり、コンクリート・ペイントでぬったその色が、全体を麗しく見せるようになったことはいうまでもない。

ひとつ苦い経験がある。

この教会の担当構造家は、小野禎三のもとで働いていた岡本剛であった。ある日のこと、先輩の渡辺正介が完成間近の教会と日曜学校周辺の門と、それに垣根の図を描かされていた頃、私も教会と日曜学校を結ぶ渡り廊下を描かされた。教会の一般モデュールは一二尺（三・六ｍ）でありそれに従って柱割を進め、教会の入口の庇をこえるコンクリート屋根をつけ、断面、立面を描き、適当な太さの丸柱をたててレーモンドに見せた。少々厚さ、太さが手直しさせられて「岡本に相談しろ」という。それをもって相談に行き見せたところ、「おやじはこれでやれといっているのか」と聞く。うなずくと、彼はやむを得ないという顔で屋根スラブ厚をいくら、中央でいくらときめる。そしてふと「こんな梁のない廊下はやりにくいな」とつぶやく。

私は梁を忘れていたのにはっと気がついたが、レーモンドがこれでやれといっているのだからもうあとに

同　渡り廊下

は引けない。無理を通して構造家が苦労し、無梁板をのせて実現した。浅はかにも梁を見落としていて怪我の功名になったともいえるが、この後悔は一生忘れ得ぬこととなった。

かくて教会は完成して、今もレーモンドの意欲的な作品として目黒駅近くに見られる。この作品の構造的な改革は、それまでの打放しとルーバーなどの「近代建築」を超えて、新たな方向を見つけようとしたレーモンドの、一里塚ではないかと思う。

ダイナミックな教会の変化

「聖アンセルム教会」は、時代的な位置からいっても、転換としてふさわしいデザインであった。しかし同時代にレーモンドはいくつもの教会を手がけたが、それらの構造などを合成したりして考えると、もっとはっきりと彼が教会にデザインの転換を託していたのではないかと思えてくる。

その最初の教会は、戦後ではあるがアメリカにいた頃に始まった、フィリピンのネグロス島の「聖ジョセフ教会」（1947–48）である。熱帯にある教会はまず通風と遮光が第一の問題である。その解決の好例として、既出の『熱帯地方の建築』（一九五六）◆にポンディシェリーの僧院の例と並んでいるのがこの教会である。原理は簡単であるが、柱だけでは内部を囲えない。そこで内部を内陣と通路に分け、通路の外に折りたたみの板戸をとりつける。その通路は低層構造として内陣に入ると天井が高く立ちあがり、立ちあがり部分の壁を透かしブロック積みとして光と風を入れる。

聖壇の上は三段に立ちあがる鐘楼。これは「東京女子大学チャペル」のペレ・スタイルとはせずに、原理は同じように見えるがまったくのオリジ

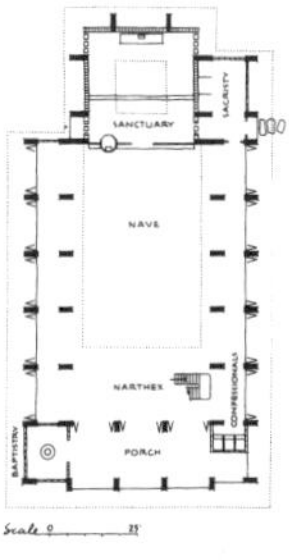

同　模型

◆ Fly et. al, "Tropical Architecture".

聖ジョセフ教会　平面

同　外観

ナルなデザインであった。中心に十字架の芯棒をたて、かご構造の一段目、二段目が聖壇の上の大梁にのる形式のものであった。写真でしか見たことはないがコンクリート打放しの組合せには、窓状のプレキャスト・コンクリートにプリズムガラスを入れて、聖壇に光の色を落とす考え方であり、美しい色が室内にみなぎったことだろうと思われる。残念にもこの教会の内部は、二人のアメリカ人画家の努力で、くまなくモザイク画が描かれてしまい、

両人の熱心さが、むしろ端麗だった内外の打放しコンクリート面、梁などいたる所に描き、飾り、ほゞ全体を覆いつくし、そのため建築の表現を曖昧なものにしてしまった。◆

と、レーモンドを嘆かせた。

これに似た鐘楼の構成がなされたのは東京の椎名町、環状六号線沿いの「聖パトリック教会」(1955-56)である。入口は東に向き西に聖壇があって、高楼の色ガラスから西陽をうけた光が降りそそぐ。その光景は実に美しいものであった。最近見た折には雨洩りでもあるのか、天井はふさがれて往年の光の洪水は見られなかった。

ここでも聖壇部分を手伝うことになった。本体の設計は数年先輩の矢代繁雄が大変な努力で、レーモンドのボキャブラリーを設計に表現しようとしていた。レーモンドはしばしばいらだち、そうするとますます部分的デザインは混迷した。大きな構造は決まっていたのだが、何故か部分がやり直されていた。それはあとで『自伝』でわかったことだが、

因習に慣れてしまったアイルランド系の神父に、古い秩序の真似が致命的なものであると納得させるのは困難であった。◆◆

だから正面の孔をあけかえたり、オカルトである「眼」を書きこんだりであった。構造は二階以上を折版の壁で立ちあげ、折版構造は一階で邪魔になるため柱に代えるという混構造になった。折版の壁がそのまま切妻型の単純なシェルの屋根を支える手法に留まり、アンセルム教会の例をもっと単純にしたものになった。

聖ジョセフ教会　外観

◆　レーモンド『自伝』二三九頁。

◆◆　レーモンド『自伝』二四三頁。

聖パトリック教会　外観

そして鐘楼は、三段構えのボックスが交差梁の上に立ちあがり、光をとり入れる仕掛けであった。

これも神父の意向と思われるがまことに困難なことに、聖壇の上に四本柱の天蓋を建てることになった。それも極めて細い柱、薄い庇、そして四面のシリンダーシェルである。当時、レーモンドは「コレヒドール島の戦没者慰霊塔」のコンペに「レーモンド&ラド」の名で応募しようとしていた。おそらくラドがデザインを聞いてきたのだろう。提出したかどうか結果も分からないが、その塔は同じように四枚の鞍形シェルが十字交差して立ちあがる巨大なものであった。パトリック教会の聖壇ではその小型版を命じられ、またしても構造は岡本剛の世話になって、とにかく超薄型の打放しコンクリートのヴォールト屋根の図面を描いた。おそらく施工者白石建設の担当者は、想像を絶する苦労をしたと思われる。その工芸的デザインは、今も同じ場所にその当時の姿のまま見られる。それを見る度にはらはらするのだが、設計者の下のドラフトマンとは因果なものと痛切に感ずる。

ところが、このシリンダーまたは鞍形シェルの組合せは、まだ執拗に続いたのである。それは埼玉県境に近い「立教高等学校（新キャンパス）総合計画」（1959–60）にあらわれた。全体計画は着々と進み、広大な敷地に高校教室が列棟となって何棟も連続する。この全体計画を、レーモンドは時にあらわれたアメリカ人、MIT出身のスティーブ・シロウィッツを通して指導し、完成した。その本館の前庭にあたる一画に、ミッションスクールのセンターとでもいうべき礼拝堂を計画したのである。

それが「立教高校聖ポール教会」（1961–63）であった。この教会の出生は苦労であった。当初は円形シェルの組合せであって、主になるヴォールトとそれを十字に貫く部分、さらに会堂内に光をとるためのいくつかのヴォールトが交差するという着想で、そう難しそうにもなかった。粘土模型で形はできあがっても、良

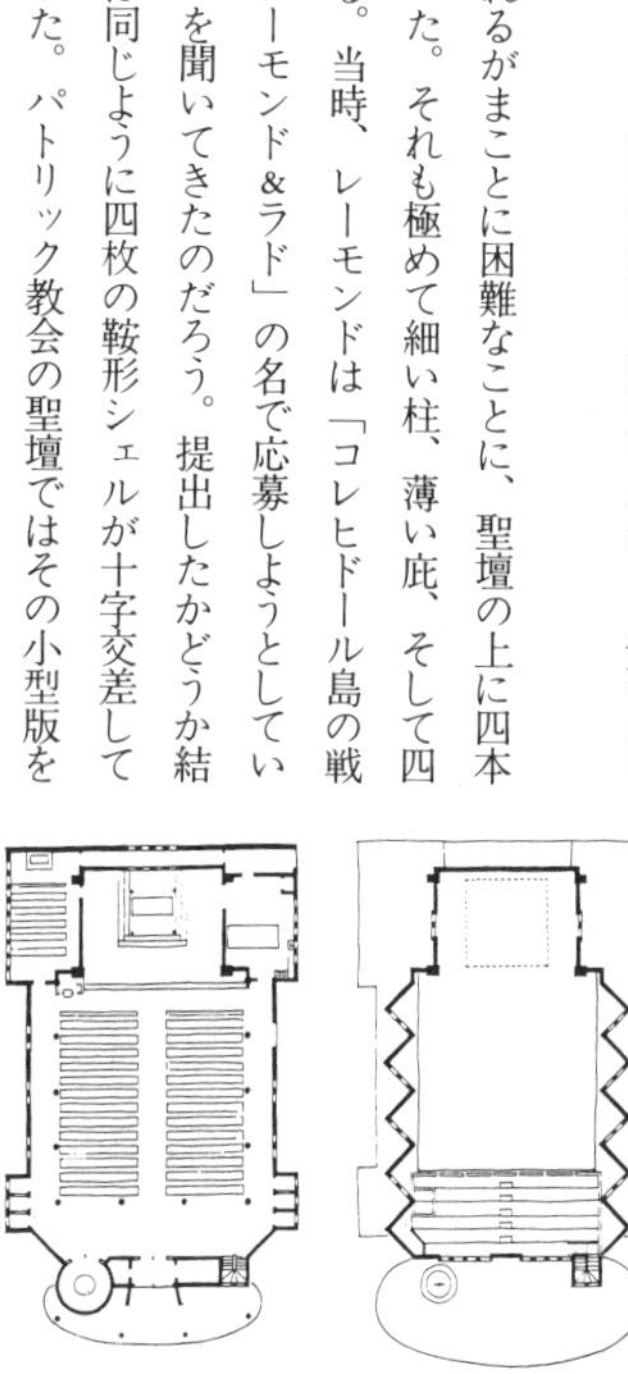

聖パトリック教会　平面

同　内部

立教高校聖ポール教会　初期の粘土模型

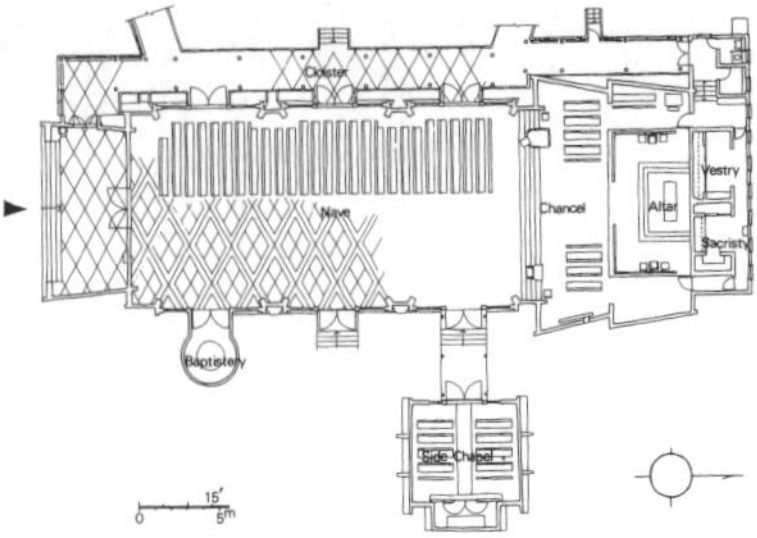

い形にすぐなるわけではない。これを円形シェルにするか、放物線の鞍形シェルにするか、構造陣とのひとかたならぬ協力と方針をまとめる必要があった。設計陣の要望が弱かったのか、構造陣の安全に対する的確な読みが強かったのかわからない。

いく度となく打合せしながら、ヴォールトは円形シェルの薄いコンクリート版ではもたないといわれ、それぞれのヴォールトには縁に補強用の梁形のリブがつくようになっていった。こうすると直角交差する部分は、まるで中世の教会のように交差梁の乱舞になってしまう。これをレーモンドは嫌った。しかし設計の主張の強さに増して、構造の主張は強く、そして安全に建てるためにレーモンドは、初期案を諦めて補強用リブをつけて建てることにした。

「立教高校聖ポール教会」は建った。そして美しいサイドライトはレーモンド夫人の色ガラスで飾られた。だが当初の模型の軽やかさは戻らず、重い形で出現した。最終的にはこのリブにさらに鉄骨が入ることになったこともあり、コンクリートによる薄肉シェルの交差ヴォールトの、真の目的は達せられなかったといってよい。しかし構造への執念は、辛うじてひとつの方針として残されたと感じられるのである。

立教高校聖ポール教会　外観

同　平面

同　外観

第10章
レーモンドの設計プロセス

レーモンド事務所で起こったこと

すでにレーモンドの建築に対する精神面と思想面についてはふれた。彼はその生涯を通して建築に専心し、戦前から戦後に至るまで一貫して「近代建築」のフロンティアであったといってもよい。とくに日本にあって、世界の建築界に当初から日本と自分の存在を認識させてきた一人であった。戦後、一九六三年の『This is Japan』の「追想」◆で、「結局は日本人が新しい方針によって、世界の指導者になるだろう」と彼は予言している。一部、あたらないこともなかった。

ところで実務について、彼の設計態度、製図の手法、事務所の運営、建築家の教育方法など、このようなことについてはあまり語られてはこなかった。前章の教会のところで現場におけるレーモンドにいく分ふれたが、一般論ではなかった。これはいずれの建築家の場合にもいえることだが、人格や個性に関わるために、誰の場合も個人的には知らされていないことが多い。それをのべるためには、私自身の経験を文章にしなくてはならないし、それは極めて限られた経験と体験に過ぎないことをあらかじめことわりたい。

◆レーモンド「私と日本建築」に再録、二〇〇頁。

まず私のレーモンド事務所への入所だが、実は大学卒業の一九五五年の三月末になっても、まだ就職先を決めていなかったことに始まる。友人の電話で四月早々、レーモンド事務所が緊急アルバイトのいく人かを募集していることを聞いた。学生時代に吉村順三教授を通じ、また一年生の課題で「アメリカ大使館アパート」の透視図を描かされたこともあり、アントニン・レーモンドがどういう建築家であるかは知っていた。「RD社」も実際に勝手に中まで入って見ていたし、「御木本真珠日本橋店」(1951–52)にも入ったことがあった。そのような経験の中で、その事務所にアルバイトに行けることは実は光栄だと思った。型通りの面接があって、即日働くことになった。

そのアルバイトの実際の仕事は、沖縄の米軍基地のパン工場や、水泳プールとシャワー室などであり、それらが麻布笄町の事務所のある一郭で始まっていたのであり、その補充員としての採用であった。

総人員は約六〇名、当時は増員された沖縄基地設計の専門の部隊も加えて八〇名。ガレージまで製図室に使い、いっぱいであった。青写真担当者も含み事務系一〇名。仕様書系三名、設備系は電気三名、機械四名、計一〇名。そして構造系の五名がいた。

誰であったかつまらぬ噂をたてた。レーモンドが製図室で図を描いていたドラフトマンに「こうせよ」と指示を与えた時、その男が理由あって反発したら、レーモンドに「Who is the architect?」と怒鳴られたという話である。これは凡そばかげた話であって、ドラフトマンに反発することなど考えられるはずもない雰囲気が、その事務所には漂っていた。

八×四間(一四・四×七・二m)の製図室に二五、六名と、四×二・五間(七・二×四・五m)の製図室に連続

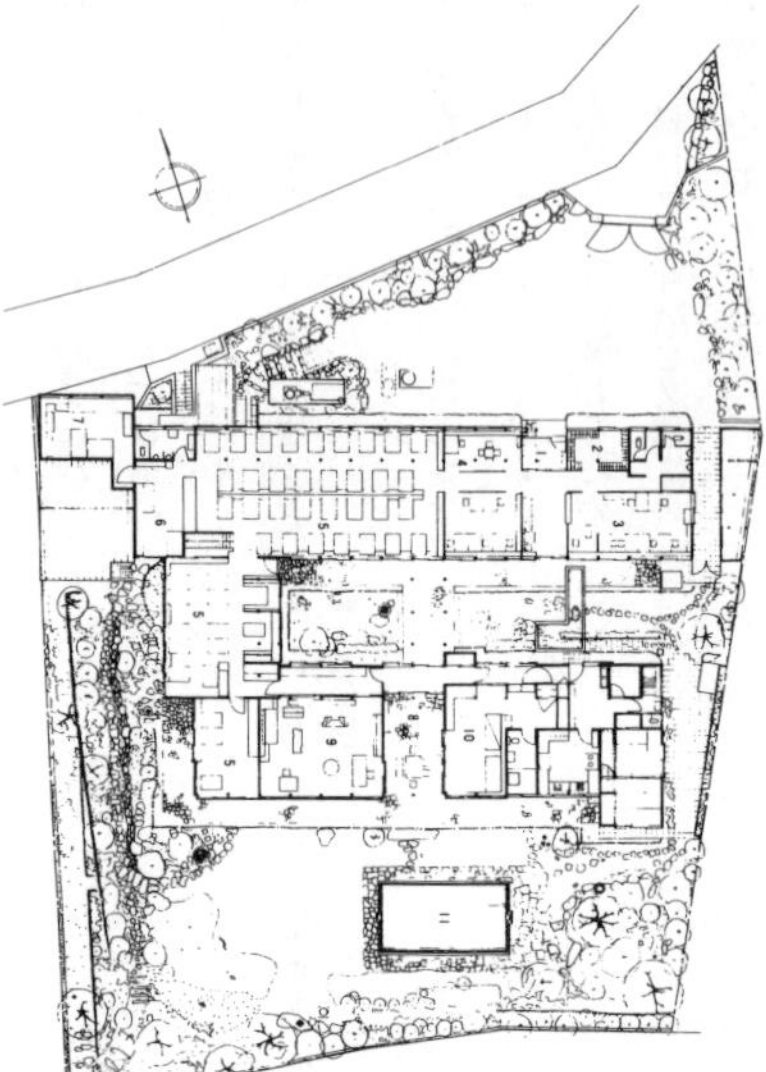

笄町の自邸と事務所　平面　自邸は南側

(次頁)
◆ 一九九六年二月。
笄町の自邸　南側外観
同

するデザインルームという名の小部屋の八人、レーモンド夫人のアトリエにいた一人のアシスタント、これがドラフトマンの総勢であった。つまり、製図板は四十数枚しかなかったのである。五〜六人は現場担当者で、席は現場にしか持っていなかった。

ところでその小部屋の存在は、設計過程からと事務所の平面構成からみてそうなっていた。大部屋である製図室に対して、レーモンドの自室のリビングルームや夫人のアトリエに連絡する、本来なら通路の部分が拡大し、やがてそこがデザインルームの意味をもつようになっていった。しかし単に基本設計を扱っていたに過ぎない。

その当時の製図は平らな四×三尺（一・二×〇・九m）の図板とT定規と三角定規で描かれ、加えて尺とセンチメートルのついた竹製の物差し、それにディバイダーが使われた。このディバイダーこそ、レーモンドの指導をうける際の必需品でもあり、必ず彼は二等分、三等分をこのディバイダーに頼ったからである。また技術者は手廻しの計算機か、計算尺で計算する。中にはそろばんの使用者もいた時代のことである。

美しい図面を描くことが、ドラフトマンの喜びでもあったのだが、戦前の所員の崎谷小三郎が回顧して杉山雅則の図面の美しさを讃えるのを先頃聞かされた◆。また増沢洵のそれを、さらに超える美しい線を描いていたいく人もの先輩たちの図面を、毎日見ていた。それらはたしかに芸術品であったし、直しにつぐ直しでトレーシング・ペーパーが消しゴムですりへって、穴があくほどであった。レーモンドは新しい細部の洗練を求め、時に彼らの鉛筆を止めて新たなものを要求していた。

さて当初、大部屋の中で沖縄の増強アルバイト部隊の一員であった私は、後に株式会社社長になった佐藤一朗と隣り合わせで沖縄の設計に従事させられていたが、何とかレーモンドの本当の仕事の方に移らなければならぬと考え始めていた。そして恩師吉村順三を家に訪ねて、先生の力を借りて正式採用の方向に進もうとした。

ある日、全員に聞こえるような大声のレーモンドが、私の描いた教会のスケッチ透視図の出来の良さを伝

笄町の自邸　パティオから庭を見る
同　内庭
同　玄関から製図室を見る

え、担当役員の天野正治が呼ばれてかけつけ所内で私の位置が確認され、それを契機に入社が決定した。それはアルバイトの人々が去り始める秋の終わりの頃のこと、入ってから七カ月が過ぎていた。そのあと小部屋の一隅で、教会の細部を描かされたが、二、三時間ごとに廻ってくるレーモンドは、必ず製図板の前に座りこんで、ディバイダーを使い極めて細かく寸法を決め、直させまた描かせるのが常であった。

当時「聖アンセルム教会」（1954–55）は、軀体のコンクリートが打ちあがり内装に入っていた。「聖パトリック教会」（1955–56）、「聖アルバン教会」（1955–56）も同様で、聖壇の最後のつめを必要としていたため、連日いそがしいことであった。というよりも何度もやり直され、決定がはかどらず、いつ叱られるか戦々恐々の日々だった。まちがってあやまる時は、英語では何といったらいいのか。英語で徹底しようと決めていた身には、重大なことであった。レーモンドは、英語がわかると思えばその人には英語だけで話し、わからないと思えば、日本語でしか話さないということがわかったからでもある。私は徹底して英語で話すことにしていた。

その設計プロセスについて

一九五五年四月から一九六三年七月の間、渡米のためレーモンドの許を離れるまで私は麻布笄町のレーモンド事務所へ、信濃町から七番系統の都電にのって八年四ヵ月を通った。信濃町から青山墓地脇をぬけ、麻布霞町で下車、住宅地へ数分の道のりであった。霞町交差点にはまだ首都高速道路はなく、都電は泥水の小さな川沿いをうねって走っていた。近くの六本木とても賑やかといえる町ではなく、イタリー系、中国系の飲食店、そして俳優座と誠志堂書店があってそれだけの街角であった。

事務所はゆるい坂を登った高台の一角。付近は住宅で、離れてラオス大使館がその頃できた。現在の「テレビ朝日」の通りに出た付近には、中国大使館、レーモンド設計の昔の「後藤新平邸」があった。レーモンドの自邸は事務所と平行の南側にあり、八mのプールと彼のつくった庭の林を越えて、坂倉準三設計の先代松本幸四郎邸がようやく立ちあがり始めた頃である。その現場にこっそり行って三階の高さの足場の上から見下ろすと、事務所の鉄板屋根が眼下に低く、大きく広がっているのがわかり、高台を越えた向こう側に、日本赤十字産院の際立つ姿が見渡せた。

レーモンドは所員のあらわれる前に、朝ひとわたり事務所をめぐることが多かった。特に気にかかる仕事の進行中は、図面を覆うカバーの紙がめくられていた。そのような時は注意しなくてはならない。朝の習慣である、秘書に手紙を口述する日常の時間が終わると、製図室の仕事を見に来るのである。傍に来たら、席をゆずる。濃い鉛筆とディバイダー、スケッチペーパーと竹差しは、すぐ出せるようにしなくてはならない。図面の上に新しい案や、気がついた点を書き込む。それを所員に理解させて立ちあがり、次の机に向かっていって同じことを進める。これはデザインが進行中の場合はいつも同じで、これをスケッチとしてやがて基本設計に進める。実施設計に至るまでには、長いデザインの検討の時間があり、構造や設備の担当が呼ばれることもあり、時に決めかねて部分のスケッチの透視図を要求したり、簡単な模型をつくらされること

同　居間の鋏状トラスを見る

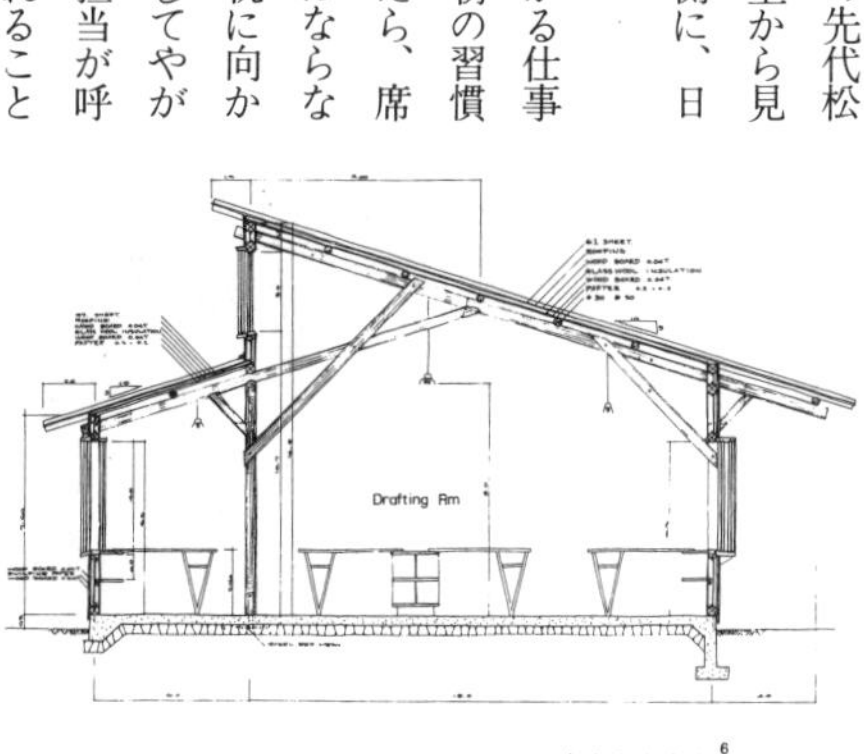

同　製図室断面　居間も同じ

もあった。とにかく彼がラフに書いた案は、たちどころに正確に図面化する必要があり、次に廻ってくるまでにはそれを完成しなくてはならなかった。

レーモンドの案を描き終えて、時間に余裕のある時に勝手に自己流の案でも描いていて、それが見つけられようものなら破いて捨てられるほどの機嫌の悪いこともあり、こわい毎日であった。

レーモンド直属であれば、スケッチそれも極く小さな紙に描かれたものから出発する方法が普通。あまり進まないうちに製図板の前に座られると辟易する。五時以降はできるだけ早く帰ることが当然であり、徹夜作業などということはまずなかったといっていい。それは彼の自邸であったからだと思われる。

しかし、時間過ぎにまだひとり残って作業を続けている時など、ウイスキーの水割りを片手の彼が近付き、「ワイフが待っているというのに、なぜ早く帰らないのか」などとやさしいことをいうのも常で、アメリカ風の考え方であった。

朝は九時で厳格。昼は階下の食堂で実費給食。これはのべてきたように戦争直後の食糧難対策で、所員に食べ物の不自由をさせまいとする配慮から所内に食堂を設け、以来給食が続けられていた。三時には一五分間のミルクティーの時間、そして緊急のことでもなければ全員定時まで。残業は各セクションの都合で決められたが、歓迎されることではなかったし、割り切られていた。

株式会社レーモンド建築設計事務所は一九五〇年設立であったが、そこには東京であっても「レーモンド&ラド」という、アメリカの組織が同居していたのであり、レーモンド個人の関係による仕事は、明確に分割されていた。したがって会社独自の仕事の場合には、レーモンドは故意に介入することはしなかったし、ゴルフクラブなど、役員がとくに指導を依頼した時以外は興味を示すことはなかった。

また設計に関しての協議や、会議をもっていたことは少なかったように思う。今考えると不思議なことだが、設計に関して各担当が集まって合同の会議をもつことは稀であったし、所内にそのような場所もなかった。今では「打合せ」と称して、どこの事務所でももつ設計会議というものを経験した覚えがない。また施

笄町の自邸　居間

同　居間から庭を見る

工業者との打合せも、ごく短時間であったし、まして外部の各業者と所員との打合せは、玄関ロビーのソファベンチのある一部で行われていたのであり、習慣としてもその人々が製図室に入ってくることはあまりなかったと記憶する。

レーモンド事務所にいた時は少しも不思議でなかったことが、他の事務所にいってみると習慣としても違っていたことに、時折気付くことがある。前記の設計会議のなかったこととか、ごく限られた業者との打合せのみが玄関先で行われていたことなどである。家具や什器、金属作品の原寸の打合せなどはレーモンド夫人のアトリエで行われていたし、施工図の打合せも階下の食堂を利用していた。

会社としての事務所ではあるのだが、それでもレーモンド夫妻の自邸の一部であり、事務所と自邸はつながっていたから、レーモンドの方針に従い、全員が静かに設計に従事していた感じが強い。自邸であったためか、彼の存在があまりにも大きかったためか、とにかく事務所ではレーモンドの存在が強烈だった。アントニン・レーモンドはまさに、ワンマン的存在であった。戦前と同じく「おやじ」と、所員間で呼んでいたのは事実だった。夫人の方は「ミセス・レーモンド」と呼ばれていたが。

時折は偉い建築家の訪問客があった。そのような時、彼は製図室の一部を案内するのが常だった。全部を廻ると総立ちになったかもしれず、小部屋はそのような時は都合が良い。丹下健三、浜口隆一、村松貞次郎、岡本太郎、ピーター・スミッソン、ポール・ルドルフ、ルイス・カーン、J・M・リチャーズ、そして年一度のパーティなどには常連の吉村順三、前川國男がいた。若い外国建築家の訪問は多く、後に名をなした人たち、たとえばアメリカからはジェームズ・ポルシェック、ピーター・グラック、ノルウェーのニルス・ルント等がいる。この人々に設計中の仕事を説明し、模型があればそれを手にして時には冗談を交えたりもした。

だがこの時期、一九五〇年代の後半から一九六〇年代の前半にかけては、一時期の仕事の喧噪は去りつつあった。沖縄の基地の仕事も一段落、MGM系の仕事、アメリカの銀行の仕事も終わった。教会だけが当時

同 製図室内部

の仕事であり、模型などはあまり置かれていなかったように思う。

最盛期の所員だった津端修一が、「スケッチはきれいに保存されているはず」といっている◆。それは小さな紙に描かれた絵、レーモンドのいう「ドゥードル doodle（落書き）」が、彼の手許の「スクラップブック」に貼られたりしていた。しかしわれわれの手許に、小さなスケッチを保存することもなく、今考えると捨ててしまって惜しいことをしたと思うが、事務所としてもとくに保存はしていなかった。

基本設計はたしかに小さなスケッチから出発した。トレーシング・ペーパーで一定のスケールに拡大する仕事がまず第一。時にはレーモンド夫人のフリーハンドの住宅平面があったりもした。

◆『住宅建築』一九六四年四月号。

笄町の自邸　寝室の床の間

第11章

群馬音楽センター

生きられた建築

高崎の城址に一九六一年に完成した「群馬音楽センター」は、レーモンドの作品の中でも格別な意味をもつ建築である。それは、前庭に当時の市長の手で書かれた碑、「昭和三十六年　ときの高崎市民之を建つ」にも明らかなように、市民の献金によって建設されたものであったからである。

そして三〇年後、市制九〇周年を期に、市は四年をかけて原型のままの改修を終えた。それは外観も内装も一切が建設当時のままで、エアコンの新設と雨洩りの補修を加えて、美しく復旧する工事であった。改修記念として、市民を加えた高崎市文化事業団は「レーモンド・フォーラム90」と、「レーモンド――建築と思想」をテーマとした展示会を開催した。

これこそレーモンド自身が、昔から考えていた建築の存在価値を、そのまま実際に示したような行事であった。ライトの作品「帝国ホテル」(1922-68) がとり壊される時、レーモンドは昔の美しい姿を失い建主が「破壊的な俗化をすすめてきた」ホテルを、「記念碑的に保存して何になろう。無神経な経営のもとでホテルはもうほとんどオリジナルの印象も、美しさも失っている」ことを指摘し、保存無用を唱えたこともあるくらいであった◆。

したがって、元の形のままで延命の作業が行われた「群馬音楽センター」こそ彼の理にかない、市民に大切にされた「生きられた建築」であったといえる。これらの経緯は「近代建築」のあり方の中でも、極めて重要な例となって残るであろう。そしてその現実は、おそらく今後の「近代建築」の歴史の中で、生きた証人として語られることにもなろうと思われる。

一九五七年といえば約四十余年前のこと。戦前の所員の手でレーモンド事務所が再開されて一〇年目にあたるその時であった。その一〇年間のレーモンドの活躍は目ざましかった。

「RD社」をはじめとして、「アメリカ大使館アパート」「キャンプ座間及びキャンプ・ドレーク（朝霞）米軍総司令部」そしてアメリカ資本による銀行、石油、映画の仕事が、次々になされていった。それはあたかも戦前から懸案でもあった「近代建築」を、さらに洗練させるために、戦時中の空白を埋めようとする努力のようでもあった。

そのあと、日本企業がたち直り、八幡製鉄、安川電機、淀川製鋼、森永製菓、日本楽器、日本板硝子などのプロジェクトが続いた。そしてさらに意欲的な教会が連続して設計され、一段落した頃「群馬音楽センター」が持ちこまれたのであり、それが一九五五年であった。

持ちこんだのは高崎に本拠を置く、建設会社井上工業の社長井上房一郎である。彼は戦前、ブルーノ・タウトを高崎の少林山達磨寺にある「洗心亭」に案内しさらに生活を助けた、その当人であった。タウトの協力を得て工芸にも力を入れ、銀座五丁目に「ミラテス」という店をもち、その店の常客でもあったレーモンド夫妻とも旧知であった。戦後もリーダーズ・ダイジェスト社で開かれた陶器展で再会して、若い陶芸家に力を貸すことで意見が一致する。

彼は当時建ったばかりの「笄町の自邸」(1951)、つまり丸太造りのレーモンド・スタイルの家が気に入

◆「芸術新潮」一九六七年一〇月号。

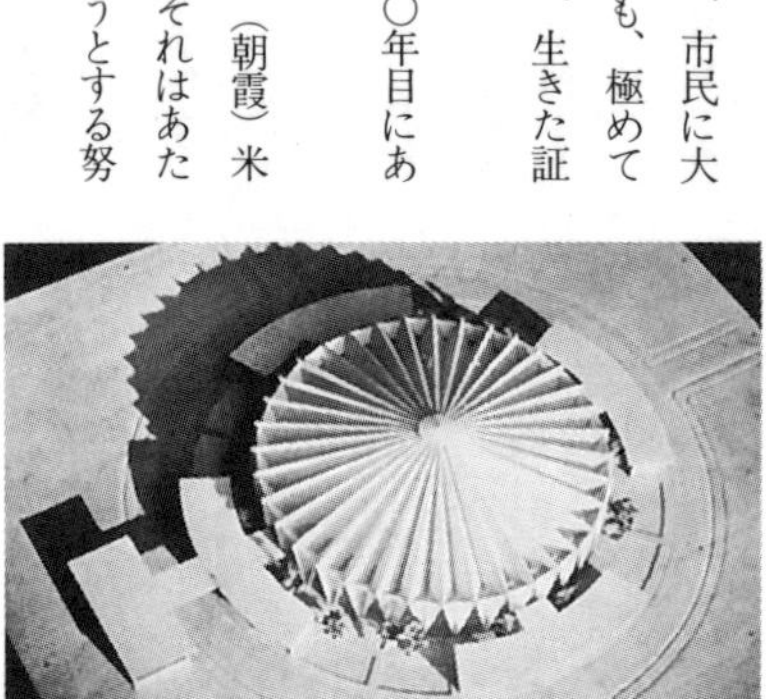

群馬音楽センター第一案　模型

同　平面

り、図面の提供をうけ大工に実測させて、高崎にそっくりそのままの「井上邸」（1952）を建てたほどであった。それは今も高崎市内に残っていて、井上没後も大切に親族が管理している。原設計の家がすでに笄町にはない現在、この井上邸は貴重な存在である。

とにかくそのあと、井上はレーモンドに「音楽ホール」の基本設計をつくらせた。音楽だけでなく、年に一度の高崎名物の歌舞伎も上演できるホールを要請していた。井上は若くしてパリ留学で絵画を習得し、工芸ばかりでなく音楽にも関心が深く、高崎市の文化の推進者として一生をつくした人として知られている。

戦後の虚脱感の中、一九四五年一一月に、井上の発案と思われるが「高崎市民オーケストラ」が発足していた。移動音楽教室など、苦労しながら音楽普及に身を砕く楽団員の姿が、今井正監督の手で映画「ここに泉あり」になる。こうして楽団の存在は全国的に認められる。その一九五五年の時点で「音楽センター建設運動」が起こり、改称した「群馬交響楽団」の根拠地をつくるため、当時の住谷啓三郎市長を中心とする運動となっていった。

井上のレーモンドに対する要求は厳しかった。歌舞伎上演ばかりでなく、予算の少ないこと、そしてその上に何よりも良い音楽ホールを要求したからである。

レーモンドの音楽ホールの経験は戦前にさかのぼる。ミッション系の女学院や大学を建てる際には、必ず音楽にも適した礼拝堂が要求され、今も東京、宝塚、香里園、岡山に現存している。さらに戦後の日本楽器のビル内には、当時、音響的に名の通った「ヤマハホール」があった。だから音楽ホールには充分な自信があったと思われる。だが「ヤマハホール」は五二〇人の小劇場、井上の要求は二〇〇〇人以上であった。

その初期、増沢洵の手で第一案（1955）がつくられた。円形で中央にステージがあるアリーナ型ホール

高崎市内の井上房一郎邸　居間

群馬音楽センター第二案　模型

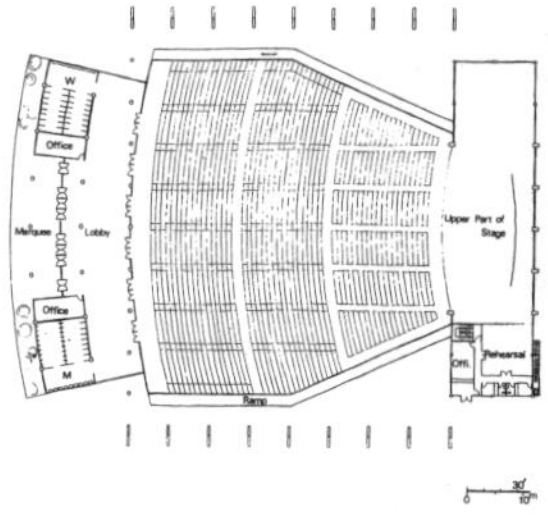

同　平面

は、折版三六角形で見事なプランであったが「レーモンドさん、真ん中に舞台があるんじゃ、歌舞伎ができないや」という井上の一言で、一カ月後の一一月第二案にとりかかる。

第二案も増沢が手を下し、極くふつうのプランながら九つのアーチがゆるやかに覆う素直な劇場で、ステージの上にフライタワーが聳えた。これはレーモンドの「背が高過ぎる」の一言で、一蹴されてしまう。最終案にとりかかったのは、それから丸二年もあとのことであった。

厳しい設計条件

二〇〇〇人以上を収容する劇場、音楽堂の参考書などを見ていると、ある雑誌に東京銀座の「歌舞伎座」の平面があった。それを机の上に置いて考えている時、レーモンドがやってきて製図板の前に座る。雑誌の平面を見て、私に何席かと尋ねる。二〇〇〇席と答えるといきなり４Ｂの太い鉛筆で、その雑誌の平面の上に扇形の図をラフに描いた。そして「これを音楽センターにしよう」という。その拡大作業は、そのまま「群馬音楽センター」の原型になっていった。

基本設計が進む中で、レーモンドのプリンシプルが明確に打ち出されるようになった。それは大きく三つにまとまる。これは彼の信条である「単純さ、直截さ、正直さ、自然さ、経済性」の例の五原則を超えて、この設計の前提として示されるようになっていった。

その第一は無駄を省くことであった。このホールは市民の力と資金で建てられるのだからまず無駄なことは一切省き、できるだけ永保ちしていつまでも市民の使えるものを建てることであった。約二年間続いた設計期間中、徹底して叩きこまれたこのことが、統一された折版構造のコンクリート打放し仕上げになった。内部でも同じだが音響的処理が必要なため、有孔合板のくり返し使用になった。

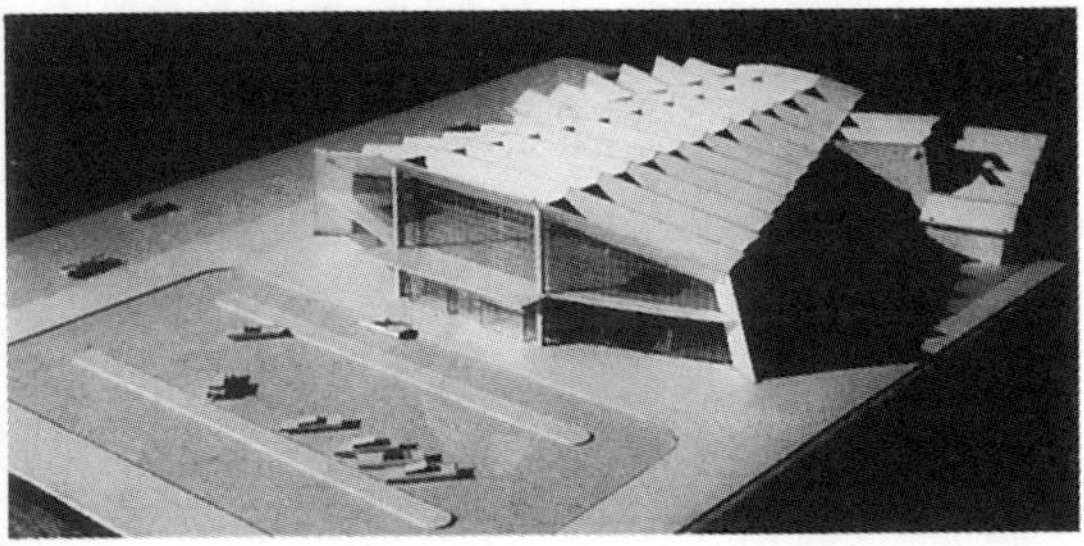
群馬音楽センター最終案　模型（1958）

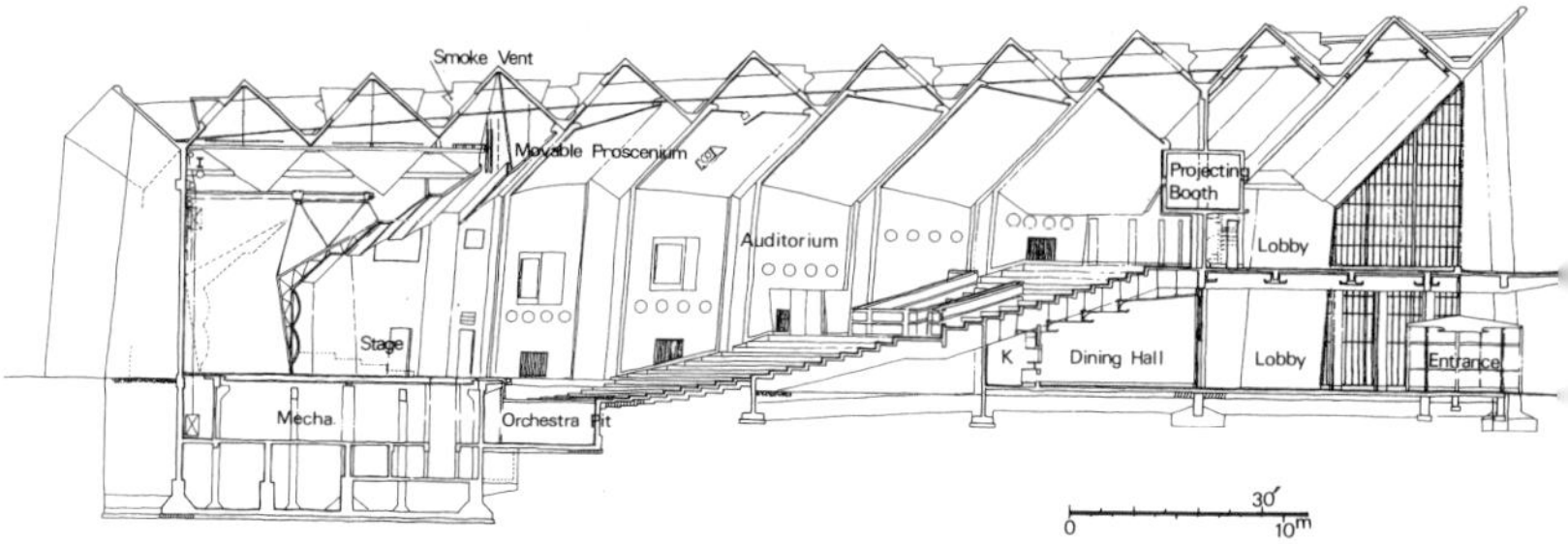

第二は座席と舞台の一体化であった。舞台に立って、演ずる人も聴衆もすべてが同一レベルにあることが原則であった。これは民主主義のルールであり、同時に音の伝播が均一になることも願っていた。したがって、音楽ホール自体が楽器のように鳴りひびくことを、本位としたのである。こうして一体感のある内部空間が、設計にこめられていった。

第三は環境に合わせることであった。そのホールの置かれる敷地は旧城址であり、かつては陸軍兵舎があり、後に学校となり市役所ができたところである。周辺には低いながらも石垣がめぐり、濠がとりまく美しい環境だった。レーモンドは石垣と松の風景を損なうのを恐れ、谷口吉郎の戦後の作品である高崎市役所の望楼よりも、全体を低く抑えようとした。だからこそステージ上にフライタワーの立ちあがるのを許さず、そのために二つ折りのどんちょう、左右引きこみの書き割りなどの、苦しい手法がとられなくてはならなかった。

これらの三つの方針は、戦後の作品を通じて次第に固まっていった前記の五つの信条と矛盾することもなく、素直な形で実現されたのである。同時に「脱近代」の方向ともなっていったのではないかと思われる。「近代主義」の建築は国際性をもち、普遍性と合理性、工業生産性が重んじられてきた。つまり「モダニズムの建築」を「国際近代建築」などとも呼ぶ建築史家がいるくらいであるから、「近代建築」はまず国際的にどこにでも建てられる建築である。場所・風土を問わず、人工気候で地球のどこにでも同じ思想で建てられることが条件であった。しかしながら、そこに場所性、

群馬音楽センター　外観

同　断面

風土性、さらにはその土地の「環境との共存」を考えることになると、「国際近代建築」のテーゼからは外れる。普遍性と合理性を重んずる意味からもずれてしまう。どのような場所にも合理的に建てられなければ「近代建築」ではない。したがって「群馬音楽センター」は、それに対するアンチテーゼともいえる意義がこめられていた。

扇形は間口六〇m、舞台尻で二〇m、奥行六〇mという形がまず決まり、いかにしてこれを無柱空間にできるかが問題となった。「聖アンセルム教会」で経験済みの、折版構造にしようということになった。折版といっても扇形はむずかしい。平行の例は前川國男の「世田谷区民会館」(1959)があり、やや扇形というのであれば、マルセル・ブロイヤーによるミネソタ州の「聖ジョーン教会」(1955)の例があったが、いずれも小振りの建物だった。

ここからが構造家の岡本剛の独壇場であった。彼はレーモンドの心情をよくわきまえ、できるだけ経済的にしかも単純で、ひとつひとつの折版がそのまま率直に内外にあらわれる直截性を実行すべく、レーモンドに歩調をあわせたのである。構造と平面との一体感、その上に舞台と観客が平面上でも一体となるように、大きな扇形がそのまま音楽ホールと化していった。

音響こそ問題であった。コンクリート折版では音が全反射する。私はどのくらいの量の吸音面が必要か音の反射図を描き、面積を計算し続けた。不慣れな手廻し計算機を扱い三カ月もかかっていることに、レーモンドは時々腹をたてた。しかし音響顧問の三木韶教授の助言もあって、私の計算も少しは認められた。内部の透視図を描いたのは大村六郎。総指揮をとって実施設計への道を拓いたのは五代信作。理屈をいってもそれがいつも真実であって、理論的に進行させた渡辺正介。これらの人々が基本を進めやがて多くの助っ人の力を経て、図面は完成に近付く。

ここに至るまで、特に他には大型の仕事のなかったその頃のレーモンドは、細部についても考え平面上で常に立体的な指示を与えていた。階段だけでも佐藤一朗は三カ月余を費やし、その度ごとにレーモンドの指

群馬音楽センター　内部

示を仰いで、ゆっくりと綿密に進めていたのを覚えている。

やがて構造も細部に至るまで決まり、同時に各設備も決まる。終わると積算が待ちかまえ、仕様書を所内のベテラン担当者がつくる。入札、契約、そして着工。すでに高崎の現場にはベテランが出向いていたが、やがて盛期になると設計担当の五代信作自身も滞在するようになった。レーモンドも一カ月に一度くらいの割合で出向くのが常であった。

今考えてみると、その頃の工事は現在とはかなり違ったものであった。まだ機械力が充分ではない。杭打ちにしても掘削にしても、初歩的な機械しかなかった。コンクリート打ちにしてもミキサー車がポンプアップするわけではない。現場にプラントをつくり、それをカートで運ぶ方法しかなかった。屋根のコンクリート打ちには、すべて杉の足場丸太で組まれたやぐらの上に杉板の仮枠を張った。もとよりパイプ足場はなく、杉丸太の足場であった。足場板の上をカートに入れた生コンクリートを運び、打ち込み、竹竿をつかっ

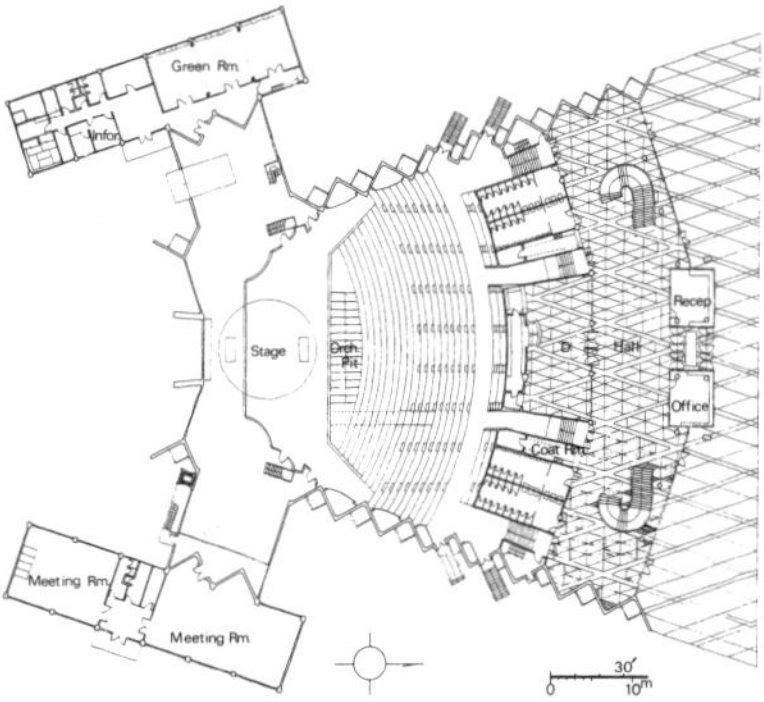

群馬音楽センター　外観
同　平面
マルセル・ブロイヤー／聖ジョーン教会（1955）
前川國男／世田谷区民会館（1959）

て混ぜる。屋根はすべて四五度の傾斜だから、上蓋で押さえながらのコンクリート打ちであった。井上工業の人海戦術と力によって、良質な鉄筋コンクリートが厚一二〇mmの屋根となって覆ったのである。

近代建築を超える

「近代建築」の先駆けであったレーモンドに、これほどまでに熱意を注がせ新たな発想をその建築に求めさせるようになった原因は、果たして何であったのだろうか。

それは市民が、この「音楽ホール」に、そしてこれを根拠地とする「群馬交響楽団」に、文化都市高崎を築こうとして極めて高い期待をかけていたことにある。レーモンドはこのことを知り、それを説く井上房一郎に同調し、意欲的に当然の仕事としてとり組んでいた。

現在人口二五万人◆の高崎も、その当時は一四万人であった。にもかかわらず「群響」はこの小都市の中でプロ楽団として、苦労を重ねながらも独立していた。今では三〇に近い楽団が全国各都市にあるが、当時ではプロ交響楽団はN響など四つあるに過ぎなかった。このひとつをこの高崎市民が支えようとしていた。理事長は井上房一郎、世話人は丸山勝広であり、その人は群馬県を「音楽モデル県」第一号に指定させ、このセンターの予算を組んだ人でもあった。こうして群馬音楽センター建設の機運は、市民運動へと高められていったのである。

当時の『広報たかさき』からは、その活気がじかに伝わってくる。

「全国初の音楽モデル県」（一九五七年五月）

「音楽センターを私たちの手で」（一九五七年一一月）

「一般基金が運動の原動力」（一九五九年七月）

群馬音楽センター　夜景

◆一九九七年現在。

同　二階ホワイエ

「強力な推進力、一般募金を主柱」（一九五九年七月）
「音楽センター世界の桧舞台へ」（一九六〇年一月）
「地上工事に移る、ぞくぞく集まる寄附金」（一九六〇年四月）
「市民の協力反映、寄附金順調」（一九六〇年六月）

このように市民の寄附金に頼り、さらには町内会費を倍額に値上げする。こうして建設予算三億三〇〇〇万円のうち三分の一の寄附金が集まる。当時の市の全予算は八億円だったというから、その意気ごみは凄まじいものだったといえる。

かくて一九六一年七月一八日に「群響」演奏によって「群馬音楽センター」はこけら落しを迎えた。一九五九年一一月の着工以来、一年半の建設工事を経て井上工業の手で完成した。

延べ五七一九m^2、一九六〇席、補助席二〇〇、一一組の折版構造が次第に縮まる扇形のホールは、全館コンクリート打放し仕上げ。正面の反射板は上に吊りあげ左右にひきわけ、奥に引きこむ組立て形式。舞台は間口二七m、高さ九m、直径一二mの廻り舞台と「せり」を三基そなえ、花道をそえて歌舞伎の準備がなされていた。それも歌舞伎座の現役の天野万助、長谷川三之助の技術協力を得て完成した、舞台まわりであった。

音響としては残響二秒が目標の、オーケストラ専門のホールであった。完成して一カ月後の八月、「群響」一五周年記念では小澤征爾が指揮。当の小澤は「群響」の創生期、桐朋を訪ねた前記の丸山に紹介をうけて、「群響」と共に音楽教室で移動した一人であった。

主任指導者にハンス・ヘルナーが着任し、「群響」は着実に成長する。一九六七年には高崎市音楽祭を開き、以来七年間を持続する。音の鳴りは良くやわらかい響きを聞かせ、市民の間には定着していった。

そして三〇年が経過する。高崎市制九〇周年が音楽センター三〇周年と重なり、一九九〇年七月、高崎市文化事業団は記念フォーラムと、記念展を開いた。同時期の企画の中には「音楽とまちづくり」を主題に、

同 内部

「関東自治体学フォーラム」も開かれ、音楽とコミュニティづくりが論じられ、芸術援助対策のフォーラムも開かれている。

これに先立ち、その四年前には市が発注して、レーモンド建築設計事務所の手で、建物の老朽度調査が行われていた。建設当時の関係者が設計、設備陣にいたことは幸いであった。方針が決まり、厚さ一二〇mmの折版屋根を部分剝離して補修し、防水処理を加える。内装は音質を変えず材料を変えずに補修と美化、舞台床はとりかえ。しかし演劇関係者に指摘されていた舞台裏の使いにくさまでは改良できなかった。だが舞台奥行を改善し、老朽化して時代遅れになった空調設備は改良した。使用頻度の少ない冬場四カ月を作業にあて四年間をかけて、総工費は八億八〇〇〇万円であった。

補修工事では外観も内観も、原案を変えることはなかった。それは三〇年の月日の中で、市民に親しまれたその形を変えることなく、使用を継続するという前提があったからだ。背後の敷地には新たに「シンフォニーホール」がつくられ、「群響」の練習所となる。したがって音楽センターの舞台は、さらに市民によってより多く使われるようになっている。

その一方で市民からは電気音響の使用と、演劇や軽音楽による、さらにより多角的な使用が、現在では求められているのも事実であった。つまり音楽専用を初期の目的とする、この音楽センターの限界がきているとも考えられた。こうなると多額の改修費をかけたあとの解決には、オペラ、その他の多目的ホールが、もうひとつ高崎には求められているということになる。

まだ生きつづける近代建築

いずれにしても、三〇年の間健在だったセンターは、一九九〇年にさらなる三〇年を期待するために、延

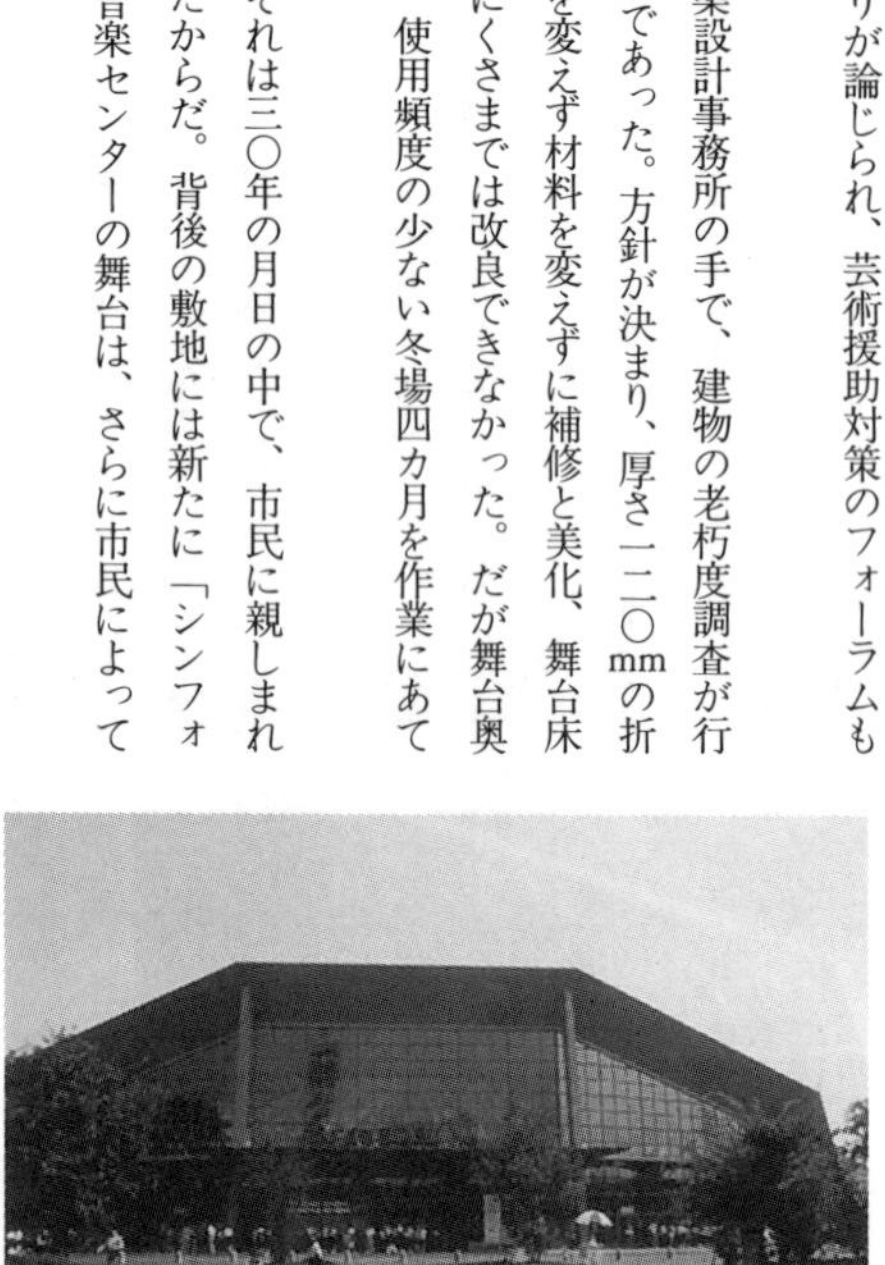

新装なった群馬音楽センター　正面

命策が講じられたのである。それはレーモンドの考える建築作品のあり方としても理想的な方向であった。そしてその上に、機能が終われば「近代建築」は終わりという、最近いいならわされた「使い捨て建築」という考え方へのアンチテーゼでもある。

「近代建築」の機能は、日進月歩の科学と技術とに追い越され、その度に変わる。そして、コンクリートや鉄材の寿命も、三〇年を普通と考えるようにもなってきた。これらは当然、地価の上昇や法改正に伴う手直しやつくりかえという影響を受ける。だめ直しか、新築かという経済的見地から考えればそれも合理的だと考えたいのだが、公共建築や個人の建築はそう簡単にはいえない。木造の家が軽く一〇〇年もつことがわかり、一方で鉄筋コンクリートは永久といった考え方はなくなった。だからどっちが良いかはそれらに代わる現代建築の均衡経済論に過ぎない。このセンターの更新と、市民の支持による延命こそ、「使い捨て建築」への痛烈なインパクトであり、センターはかくて残されたといえるのである。

市民のための、市民による、市民の音楽センターは、西暦二〇〇〇年が市制一〇〇周年、音楽センター建設四〇周年にあたり、ひそかに水面下で催しの企画が進んでいるようだ。これもおそらくは、文化都市高崎の市民の総意として迎えられるのであろう。

新装の二階ホワイエ

第12章

脱近代の方向へ

南山大学と環境建築

一九六〇年頃、レーモンド個人の手許には次第に仕事がなくなっていった。株式会社のレーモンド建築設計事務所はそろそろ力をもち始め、「第百生命」の各地支店の設計あり、戦前からの伝手《つて》もあって、ゴルフクラブのクラブハウスの設計委託も多くなった。「国際基督教大学」(1959-60)における図書館や、「立教高校」(1959-60)の教会の設計に集中していた頃である。現場としては「群馬音楽センター」(1958-61)が続いていたし、レーモンドは「イラン大使館」(1959-60)の設計と現場に没頭していた。

当時時々あらわれて、レーモンドとチェコ語の会話を楽しんでいたのは、スロバキア人でアメリカに帰化したモンシニョール(神父)・バブリックであった。

やがて彼は名古屋の千種区の高台に自宅を建てようとしてレーモンドに相談した。またこの神父が神言修道会(Society Verbi Divini)のシュライバー神父を紹介する。レーモンドはこのシュライバー神父を尊敬し、いく度か話をしていた。その結果、名古屋の現在の地に「SVD系の大学」をつくること、つまり「南山大学」（1962–64）の総合計画に発展していった。

シュライバー神父は中国の古代芸術の理解者であり、東洋の芸術全般に対しても造詣の深い人であった。したがって、その点でレーモンドとは話が合ったのである。この親密な関係は、東京渋谷の「ＳＶＤ（神言会）修道院」（1963–64）になり、名古屋の大学の隣地に「ＳＶＤセミナリー（神言神学院）と教会」（1964–66）を設計するように発展した。さらにはフィリピンのセブ島の「サン・カルロス大学総合計画」（1965）となり、アイルランドのメイヌースの「アイルランドＳＶＤ修道院（ホステル）」（1966）を計画することにもなっていった。

さて「南山大学」の総合計画にあたって、レーモンドは所員と東海道線に乗り現場に赴いた。それも一度や二度ではなかった。まだ山林で背の低い赤松だけが生えている、丘の上の敷地を薮をかきわけ登る。土は乾き粘土質で、おそらくは陶器の原料によくても、植物の生育には適していない土地であった。

デザインは当初から明瞭であった。大学は一体として風物の一部となり、決してつなぎあわされた個々の建物ではないのだが、至る所見晴らしは良く、山のうねりは関西特有の緑で覆われ、貫ぬかれた山陵の尾根道はそのまま主要交通路として最終的解決策でもあった。自然のままの形と植物とは、およそ人工では追いつけぬ価値あるものとして、出来る限り保存するつもりであったのは事実である。また、私の昔からの基本の考え方からすれば、方位は天与のものである。冬の太陽も夏のそよ風もその取捨はいずれも日本人の深遠な考え方の中にこそあった。◆

これはマスタープランを模型で発表した時の、レーモンドの書いた「設計に当って」の文章である。このような文章は、まさに一九三八年の『詳細図集』の出版の序文にもあてはまる。レーモンドは確信をもって

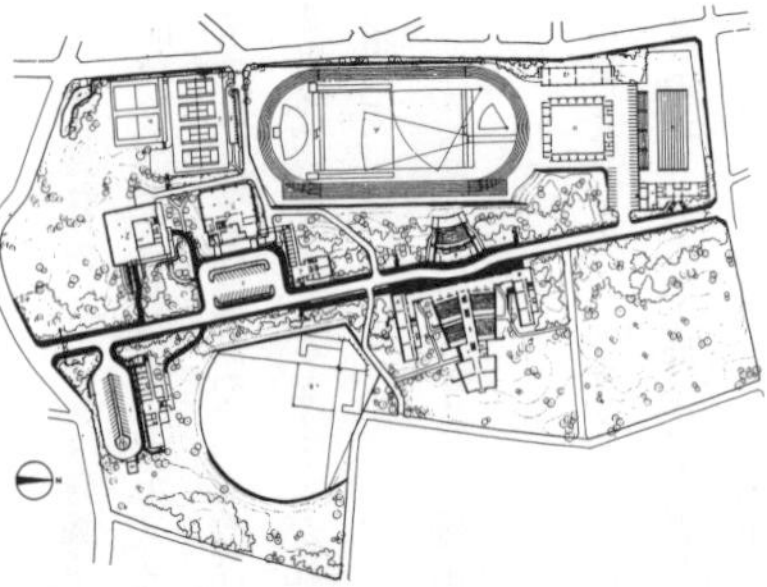

南山大学　配置図（総合計画時）

同　全景俯瞰

◆『建築』一九六二年九月号。

尾根道を残し、自然環境をそのまま取り入れるキャンパス計画を示したのである。戦前から一貫して変わらず貫いているのが日本の風土と自然環境の融合であり、したがって「国際近代建築」、または「モダニズムの建築」と相容れないものが、この点に集約されていたといえる。

さらに第II期工事が完成した折に、当時の名工大助教授内藤昌がのべている内容は、まことにうがったものであった。

大学の構成に立体的意味づけをした南北の背骨は、配置図だけでは充分に理解できないのであるが、現場のロケーションは視点が移動するたびに大きく変化して、さながら城郭内をさまよう様なダイナミックな空間構成の面白さが随処に見られる。ここで思いあたるのは、日本古来の建築群の構成理念に伝えられる手法である。特に山嶽仏教の寺院にみられ、先に私は南山の配置を動物に比した（丁度地に伏す動物の背骨にも似て、南に頭、北に尾の如き姿……といっている）**が、工匠の間では人体に模していた。偶然の一致ではあろうが、何かレイモンドの設計理念の性格を伺える気がしてならない。◆**

第I期工事は清水建設が施工し、一九六二年八月に着工、一九六四年三月に完成した。敷地一四万m^2、延床面積二三五八一m^2、研究棟、中央棟、南棟、北棟、講義棟、管理棟、図書館、食堂棟の八棟が時につながりまた離れて、尾根道の上下、左右に起伏のままにあらわれた。全館RC造打放し、部分的に赤茶色のコンクリート・ペイント塗り。柱スパンは五・四mから、一〇・八mまで四通りに統一され、アルミサッシュの寸法で天井高が決定されている。各建物は北を除きプレキ

同　外観
同　研究棟等を見る
◆「近代建築」一九六四年九月号。
同　体育館　正面

ャストコンクリート製のルーバーをとりつけ、日照計算をして直射日光を遮断し、同時にデザインの指向性をまとめていった。

建物の完成に伴い、総合計画に入っていた外構工事と並んで、屋外運動施設も次々に完成した。四〇〇mトラックと野球場は最も大きな施設であり、テニスコートや屋外プールも続いた。第Ⅳ期に至り「体育館」（1967-68）が完成し、当初の総合計画は欠けるところなく実現することとなった。はじめは広かった敷地も特に外構計画が進むに従って、果たして考えていたように緑地が残り自然が残るのか、まったくはらはらするような状況が続いていた。多いと思っていた松が次第に残り少なになっていく様子には、おそらく誰もが気にしていたに違いない。最初の駐車場の広さに驚いたり、門をつくる時に石垣が意外に多くの緑地を削ってしまうものだなどと、感想を洩らしているうちはまだ良かった。四〇〇mのトラックの整地は凄まじいものであった。トラックであれば平らにせざるを得ない。敷地の最も平らな部分をこれに当てていたのだが、削ってゆく土量は大変なものであった。

ともあれ計画した配置は正しかった。幅六・五mの中心の道路はそれでも狭く感じたのだが、自動車を増加させぬためにも、そして歩行者空間を主とするためにもこれで良かった。現今では多くのキャンパス計画が、歩行空間や学生の溜りを残し、周辺に辛うじてサービス道路を入れるようになってきたが、歩行空間を尊重するキャンパス計画のはしりともいえるのが、この「南山大学」であった。南には「名古屋大学」があり、やや離れるが東の方向に向かった長久手には、「愛知県立芸術大学」（1967-70）がつくられていった。後者はかつての所員、吉村順三の設計になる。設計後に吉村はのべている。

第一に、この丘を理想的なキャンパスとするためには学園の建物は

愛知県立芸術大学　全景
同　中心の講義棟

どうあるべきか、どうしたらこの自然の条件を損うことなく、いきいきとした楽しいキャンパスを創ることが出来るかということを考えた。そして、建物をラビリンスの様な人為的な一つの塊とせず、明るくダイナミックに丘の上に散開させるということを前提とした。大空や緑に共鳴するようなキャンパスの姿をいろいろと夢に描いていった。◆

この師にしてこの弟子あり。奇しくも二つのキャンパスが同一思考のもとに、同じ時期に同じ地区にあったのである。

教会建築による脱近代

レーモンドは教会建築の設計には、格別に執念を示した。とにかく戦前は「聖ポール教会」(1934-35)に至るまで木造の教会はなく、ほとんどがRC造のミッションスクール内部の礼拝堂であった。美しい堂内をもつそれは校舎の一部で独立した建物ではなかったのだが、木造の「聖ポール教会」は旧軽井沢の町の一角に建った。そしてその「鋏状トラス」の構造は、栗の木の「なぐり」仕上でつくられ、レーモンドの指示通りにスロバキア風の外観で建った。日本に珍しい異国情緒は、六〇年後の今も結婚式場としてこの教会を選ぶ非キリスト教徒もうけ入れて人気が高い。

一方でペレ・スタイルの鐘楼をもつ、ミッション系スクール「東京女子大学礼拝堂及び講堂」(1934-37)は、大学の象徴のようにその塔を当初のままに維持し続け、美しいステンドグラスをはめこんだプレキャストコンクリートはいまだ目に新しい。礼拝堂の背後の戸をあけると、講堂へと広がる。二つの機能の合体という試みは、最近はあまり使われないようだが健全である。合理的にペレの礼拝堂と融合した講堂の方は、あまりの単純さに物足りなくすら感じる。

同 キャンパス中央の池を見る
◆「空間の生成」、『SD』別冊二〇号「丘の上のキャンパス」(一九七一年五月)六頁。

戦後の教会についてはすでにのべてきた。「聖アンセルム教会」から「聖パトリック教会」「立教高校聖ポール教会」に至るには構造的な挑戦があったが、おそらくは「近代建築」から脱却するための、準備運動ではなかったかと思うのである。

東京タワー近く、狸穴の角に今も健全に残る「聖アルバン教会」(1955–56)は木造であり、軽井沢の「聖ポール教会」の構造の特徴を、そのまま引き継ぐものといってもいい。その端正な「鋏状トラス」はあの軽井沢のごつい梁と打って変わって、桧丸太二つ割りの瀟洒な「鋏状トラス」に洗練化されている。この教会は当初から、当時の事務所のしきたりによって尺寸でつくられ、スパン三〇尺(九・一m)であったが、予算上で面積縮小がはかられ、二八・七尺(八・七m)に縮小し、同率で桁方向もへらされ、柱間は複雑な数字になっている。時々このような経済収縮のための臨時措置がとられたのだが、この場合は時間もなかったのか寸法を整数にあわせることもなく、そのままの寸法が公式に出されている。

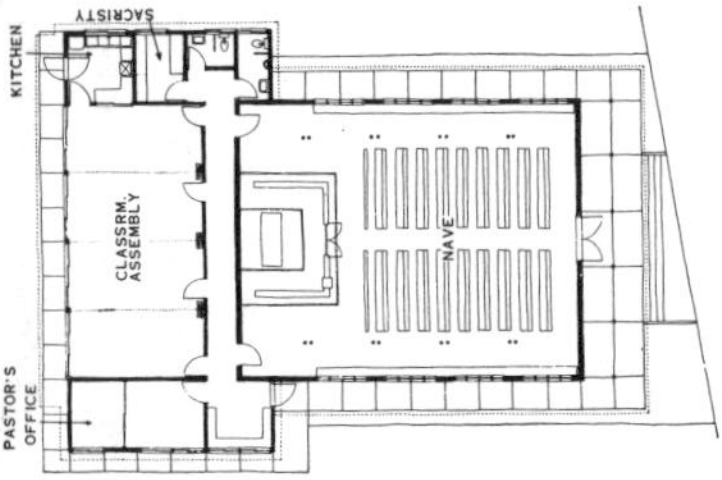

聖アルバン教会　内部
同　平面
同　聖壇
同　正面

ともあれ「聖アルバン教会」は建った。聖壇まわりは寸法が厳しかった。レーモンドは細部になるほど熱を燃やすからだ。知る限りレーモンドは細部を図面で研究し、自分の現場は捨てることがなかった。詳細は当然のこと、施工図でも原寸図でも同じ態度で見た。所員が書こうが業者に書かせようが、細部は執拗に追求された。現場に行けぬ場合は「施工図（ショップ・ドローイング）」が要求された。施工現場のコントロールの方法である。まったく図面の残っていない軽井沢の「聖ポール教会」の場合は、丸太の架構から仕口まで現場で、大工の板図や墨壺から糸でくりだす矩計で決めたといわれるほどだから、おそらくは、そのような現場の進め方もそこで日本流に覚えたものと考えられる。

しかし教会建築の場合でも、そうではないことがあった。それが「延岡ルーテル教会」（1957）であり、札幌の「聖ミカエル教会」（1961）である。どちらも設計料が出なかったかと思われる。ルーテル系でも聖公会系でも、教会は信者の寄附で建てられる。そこから頼まれると、いやとはいわなかったのだろう。そこで出費が制限される。「現場には行かなくてもよろしい」とレーモンドはいう。だから現場が始まると、札幌の場合も延岡の場合も、施工業者がわざわざ打合せにやってくる。こちらからは正確な原寸図までは送ってないので、彼等が書いて打合せに来ることになる。

ではまったくレーモンドが責任を負わないかというとそうでもない。札幌に最近行って、当時の竹中工務店の現場監督であった建築家上遠野徹に会えた◆。彼の述懐するところによると東京通いは大変だったという。そして竣工式には、私と一緒に図面を書いた大村六郎が、初めて現場にやってきたという。覚えてはいないが、レーモンドが最後に担当者を派遣したのだろう。そしてさらにレーモンド夫妻が、完成後三年目にしてやってきたということだった。レーモンドは内心では心配し、心にかけていたので

◆ 一九九七年。

延岡ルーテル教会　内部

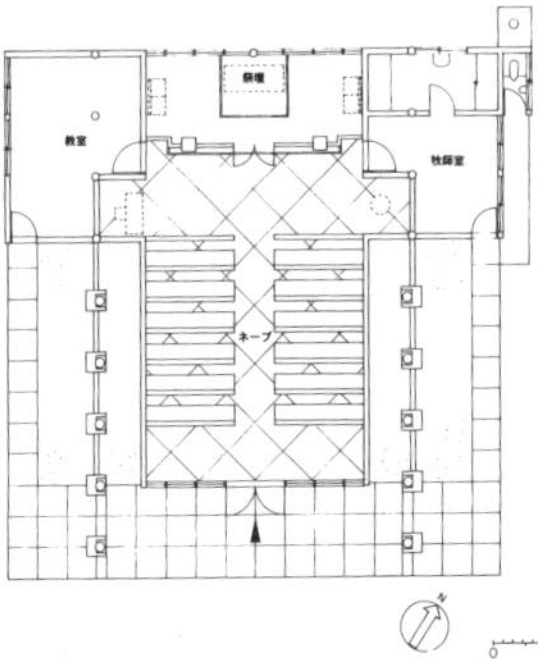

同　平面

同　正面

ある。

「延岡」は六〇度の三角教会で「鋏状トラス」である。基本設計をやり、スケッチも描いてレーモンドに見せ、了解をとって実施設計に入った。といっても、大して詳しい図面を書いたつもりもないのに、現場では図面より太い柱が根元で五・三間（一〇m）のスパンで、四間（七・二m）立ちあがる。四mのところで水平の丸太梁を結んだだけの単純な構造であった。正面のキリスト像はレーモンド夫人が粘土でつくり、正面と背後のガラス面の模様は軽井沢と同じく、夫人にデザインを求めて和紙の三重貼りになった。

後者の「札幌」の場合は軽井沢に発し、狸穴の「聖アルバン」に至る、本物指向の「鋏状トラス」の系統に属する。北海道の積雪を考え、各梁は太くなった。そしてそれを支えるために側壁には煉瓦を積み、さらに二間（三・六m）ごとの梁の力方向に袖壁をとりつけている。したがってこの教会の柱は入口以外には見えない。

これらの木造教会の構造は単純であった。これをもとにして「新発田カソリック教会」（1965）の、複雑な

札幌　聖ミカエル教会　正面外観

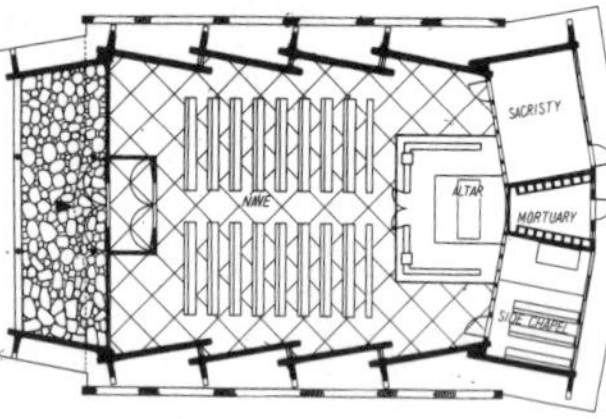

同　平面

同　内部

構造へと発展する。聖壇の上に組まれた六本の梁を見るとわかるのだが、六辺形の中心が聖壇となる。その真上で丸太の束《つか》が立ちあがって塔をつくり、トップライトの明りとりをつくり、しかも尖った屋根の上に十字架をのせている。六角の半分が会衆席をつくり、半円状に聖壇に向かう。かなり巧みな構成だが、これを丸太で構成し「鋏状トラス」風にするのは相当に困難だったろう。ここでも周辺は入口を除いて煉瓦を積み、荷重を支えている。

「札幌」で苦労したのは屋根の勾配であった。梁のつくる角度と、入口の高さは常に直接の影響を与える。「新発田」は奥行をとるほど低くなる入口の高さと、聖壇の上部の高さのバランスに苦労のあとが見える。

かくて聳える六角の塔と、十字架と周辺の赤い煉瓦の壁とは、カソリック教会が日本人に与えているロマンチックなイメージをつくりあげ、「美しい」という声と一緒になって評価を高くした。

前後するが、この六角の構成は「ＳＶＤセミナリー（神言神学院）の教会」（1964-66）と密接な関係がある。この方が構成としては先であった。発想は鉄筋コンクリートであり「聖霊病院教会計画」（1961）にさかのぼる。これも聖壇の上に塔があるのだが、そこに平面を構成する半円状の五つの円筒シェルが集まる案となっている。当初案の過程にはスケッチが残されているが、それを見るとこの円筒シェルは平らに置かれていたのではなくて渦巻状であり、小から大に至る変則的な形になっていて、八辺か一〇辺の貝殻が次第に小さくなって中心に向かって迫りあがっていくという案だった。この方が弾力的であり、平面形としても形態

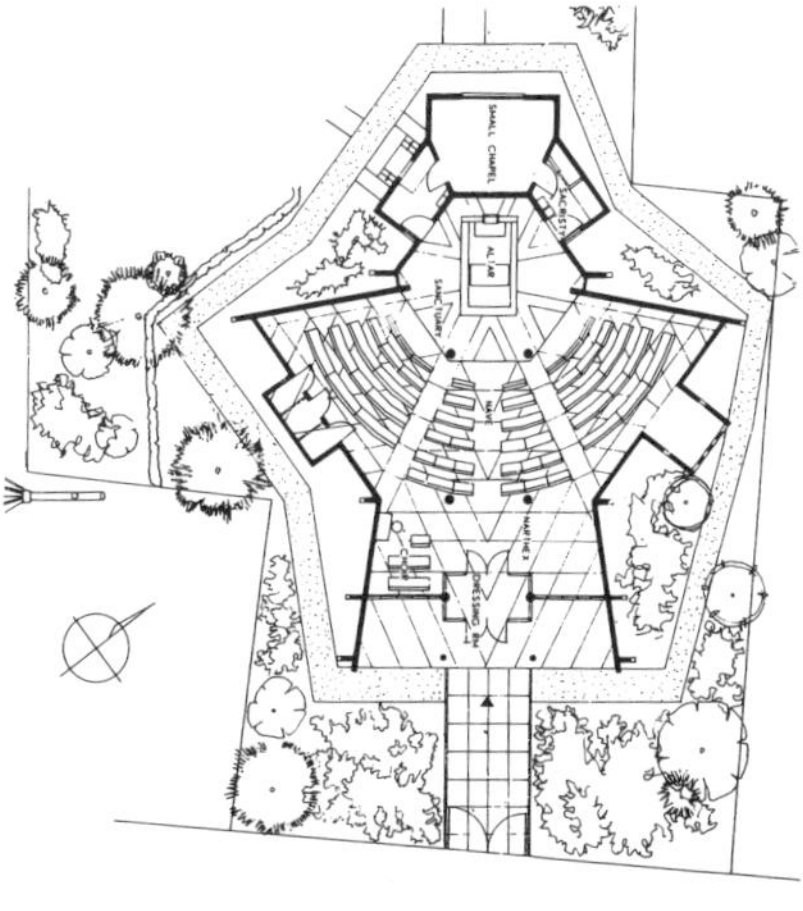

新発田カソリック教会　平面
同　内部聖壇

ＳＶＤセミナリー及び教会　外観

としても造形的であったろう。あまりにも唐突であったろうか、それとも所員がついて行けなかったのか、そのスケッチはそのまま生かされず、現在の「教会」の塔と五つの円筒シェルという、平均化された形におさまっている。しかし、中心である聖壇の上には、半円筒を抱き合わせた形の明りとりの塔が立ち、その塔と五枚のシェルを支える六つの梁が、この中心構造を示している。それと同じ求心的な考え方が木造となって、「新発田カソリック教会」にもあらわれたのである。

SVDセミナリーの教会　内部聖壇

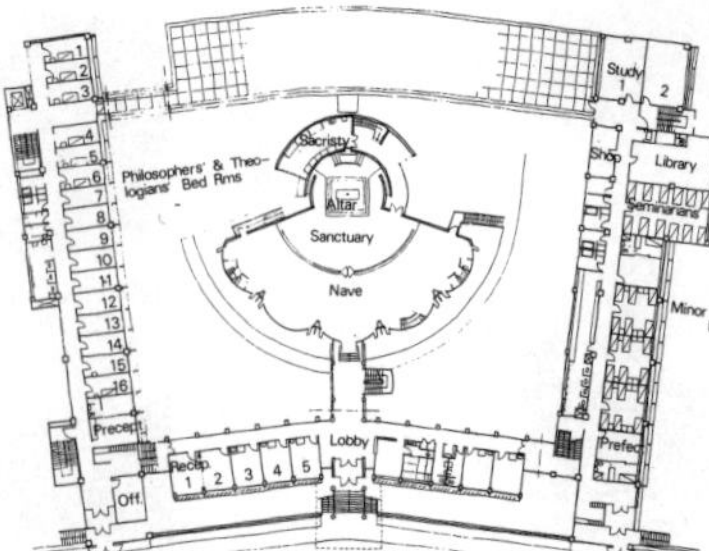

同　全体平面

近代主義からの脱却目指して

「バウハウス」や、オランダの「デ・スティル」、あるいはコルビュジエの「ピューリズム」などに範が求められ、「近代建築」あるいは「近代主義の建築」または「国際近代建築」は、戦後一九六〇年頃までに世界の都市で花を咲かせた。レーモンドの主張するところは「モダン・アーキテクチャー」であり、「モダニスティック・アーキテクチャー」でない。それも含めてここでは「近代建築」と呼んできた。

レーモンドはいう。

この改革の動き——これによって生まれたあの白い四角な建物を、残念なことに大多数の人々は、現代建築の恒久的象徴とみなしている——の過程で、ますます明らかになってきたのは、機能主義だけでは偉大な建築を生み出すためには充分でないことである。◆

彼は機能的とか合理的という言葉を嫌った。単にチェコ人だからドイツ嫌いということではなく、ドイツ的精神の非人間的部分を憎んでいた。その正反対にあった東洋の人間的部分を愛し同調し、それが「現代

◆レーモンド「私と日本建築」四八頁。

（モダン）」だといい、それをここでは「近代」と読み換えたのである。だから歴史的な意味でいうと「近代主義」という日本の普通の言い方は、彼の意に沿わないに違いない。そして戦前からモダニズムの原理が日本にあったといい、それが戦後アメリカにいるうちに昇華し、レーモンドのデザインの背後にある理念として、われわれ所員が実践のために体得しようとした五原則と呼ぶ正直さ、単純さ、直截さ、自然さ、経済性になった。

ともあれ、戦前の作品中に「白い直角の箱」はなかった。そればかりでなく、到達したのは極めて開放的な木造の日本住宅であった。また戦後でいえば、経済性と合目的性を標榜する構造の「ＲＤ社」は、開放性のある透明感でもあった。それに加えて鉄筋コンクリートによるいくつかの箱型「ビル」には、日光の制御にたて横のルーバーをとりつけて、装飾を超えた今でいうパッシブ・ソーラーの先駆をつくった。これは日本だけでなく、インドやグアム島に積極的にあらわれたが環境との調和がその目標であった。

そして一九五五年を越えると、教会建築による構造への挑戦が始まる。鉄筋コンクリートによる「祈りの空間」が、さらに年を経て折版による音楽と聴衆のための巨大な空間に変容していった。「群馬音楽センター」がそれである。ここでは環境との調和、聴衆と舞台との空間の共有、最小限の予算で最大限の構造づくりが設計目標であり、それらは「モダニズムの建築」を超えるある内容を物語っている。

この構造と形態の一致は、「内から外へ」というレーモンドの座右の言葉にあてはまる。それをもって「直截性」「正直性」と呼んでいたのである。著しくその傾向があらわれるのは、構造家ワイドリンガーに示唆されるところがあったに違いない。座席をコンクリート・シェルで覆った「一〇万人スタジアム計画」（1956）における巨大なテンションリングや、「ロングビーチ海岸開発総合計画」（1954）でのレストラン計画のＨＰシェルの多様な応用でわかる。さらには「八幡製鉄体育館」（1955–56）の鞍形の脚部と大スパンも、構造に負うものであったからだ。

だが、「群馬音楽センター」の「脱近代」指向は、構造家岡本剛による和製である。そしてこれらを境にして、新たに戦後の構造主体のプロジェクトがあらわれるようになった。鞍形シェル構造を応用的に使った「立教高校聖ポール教会」「ＳＶＤセミナリー（神言神学院）の教会」などのいくつかのヴォールトの有機的融合への努力も、その方向のものであったといえる。

その頂点に立つのは、巨大な球形シェルを半球ずつ抱き合わせようとした「聖アンドリュース・カテドラル計画」である。正しくは「日本聖公会東京カテドラル」(1966)だが、現在の「聖アルバン教会」の敷地に計画され、しかしこれはとうとう実現しなかった。円形の平面で扇形に広がり、芯を外した聖壇を囲むように勾配の床に座席が計画された。加えて「聖アルバン教会」も複合的に、現在地と変わることなく配置され、新しい四辺のシェルで覆うことにしていた。

この球形ドームの発生は遠く、一九四〇年にさかのぼる。すでにのべたがポール・クローデルがアメリカ駐在フランス大使になり、着任地で旧交を温めていた折、彼の「シカゴの地下の教会計画」の詩を、レーモンドが図化することになったいきさつがあった。巨大な半球ドームの伽藍（キューポラ）は、ヨーロッパの

聖アンドリュース・カテドラル計画
模型

同

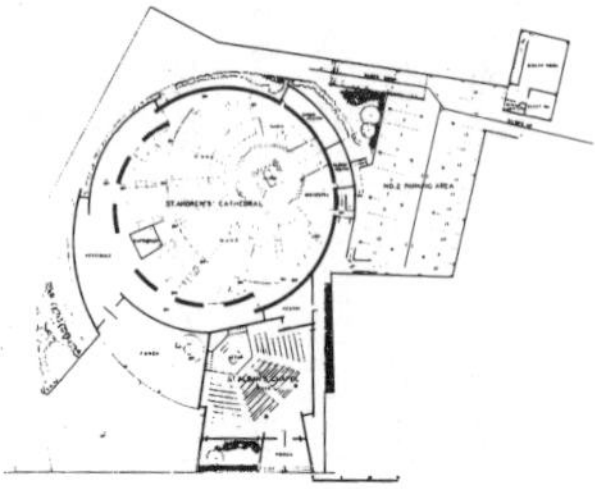

同 平面

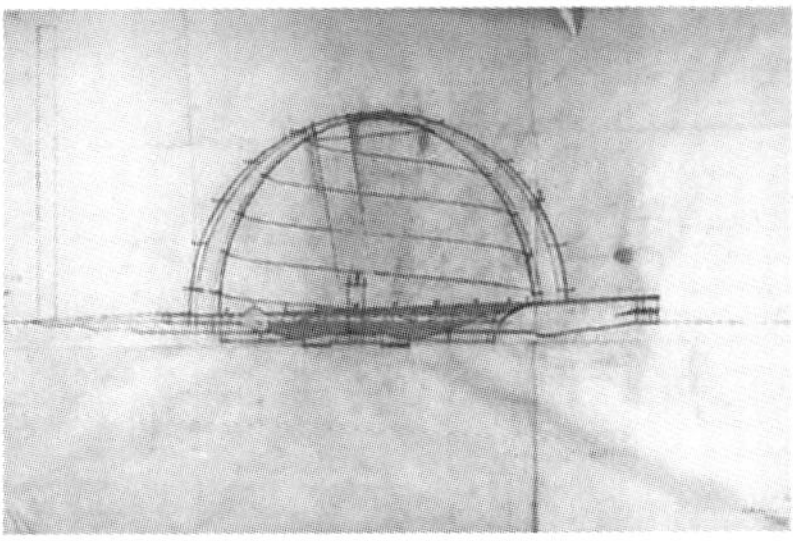

シカゴカテドラル計画　断面

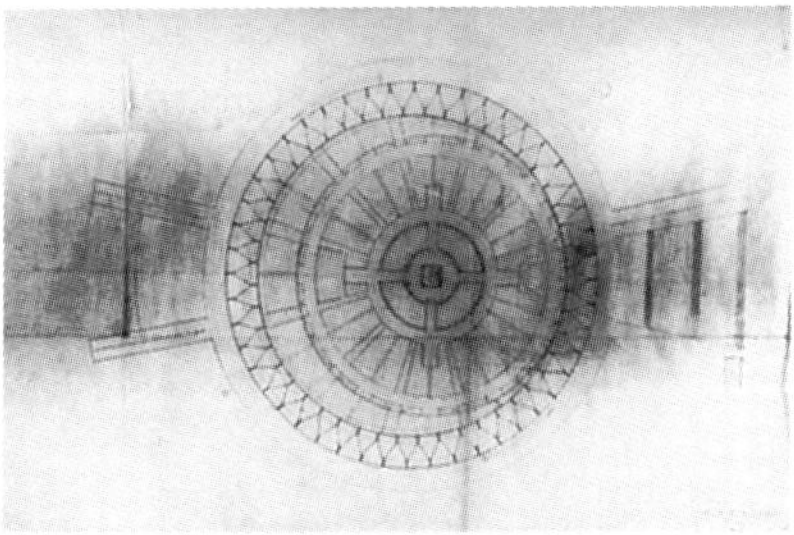

同　平面

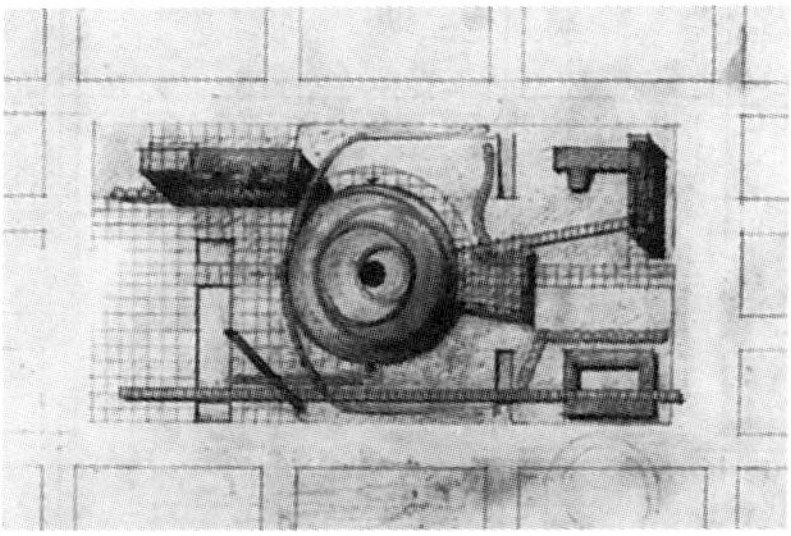

同　配置図

教会のごとく段を登るのではなく、吸い込まれるように下がって聖壇に近づく。コロセウムのような二重の扇形劇場、中心の聖壇を円形に信者が取り囲む。実現することのないこの計画の夢が東京へと引き継がれ、すでに形式を破っていた原案と共に、今では『自伝』で語られて彼の新しい建築の方向を示している。

一九六〇年代の大型計画には、フィリピンのセブ島の「サン・カルロス大学総合計画」（1965）があるが完成は見なかった。またアイルランドのメイヌースの「アイルランドSVD（神言会）修道院計画」（1966）があり、これは一九六九年にダブリンの建築家ディヴェーンが完成したという。

もうひとつ晩年のレーモンドが力を入れたのは「ハワイ大学・汎太平洋域国際会議センター計画（Pan Pacific Forum）」（1969）であった。

ハワイではことさらに、熱帯の自然が、明るさと潤沢な空気により、太陽の光と陰の鮮やかさによ

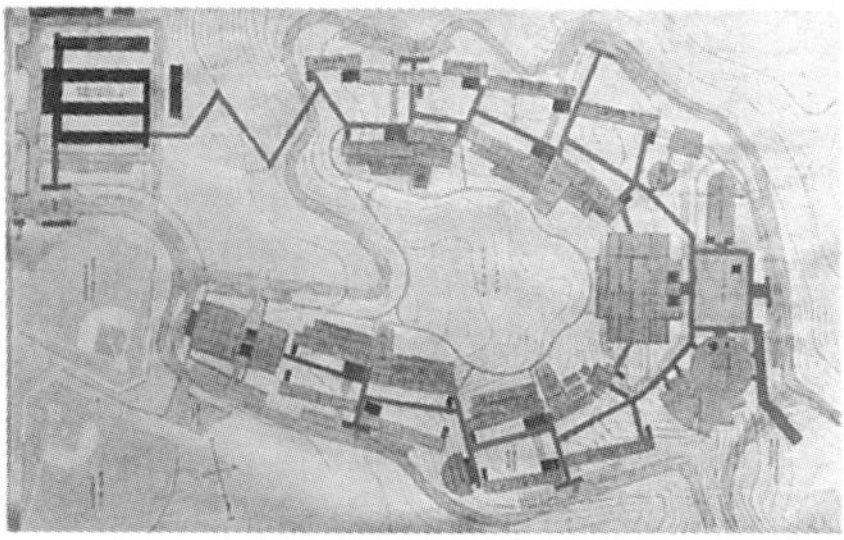

サン・カルロス大学総合計画

アイルランドSVD修道院計画　模型

ハワイ大学・汎太平洋域国際会議センター計画　模型

り、自然物の生長により、風や雨や虹により、また海や山のつきあげるような壮大さによって彩られている。このすべての力に自由の手綱を与えるため、人間の造る構造はできるだけ軽快で、気候の変化にも容易に適応して建てられるべきであろう。◆

◆　レーモンド『自伝』二六五頁。

かくて建物の上の陽除けが傘になった。モデュール六四フィート（一九・五m）のHPシェルを支える柱はたて樋であり、同時に設備シャフトであった。風を通し陽を除け、できるだけ一体化した建築はさける。ハワイのダイヤモンドヘッドを望み、ホノルルを一望するハワイ大学の東西センターの隣に計画され、丘の上にはいあがるようにいくつかの建物がつながる、会議場と宿泊施設の計画であった。これらは『新建築』（一九六九年五月号）を飾り、設立をPRしたパンフレットをつくり、アメリカにも配布した。

そのパンフでは、ハワイ大学の既存の建物のあり方を批判し、それはとりも直さず「近代建築」批判にもつながるが、彼の「環境」への対応という建築思想の正しさを強く訴えるものであった。それは五〇年間の東洋の理解から生まれたものと自らいう、レーモンドの自信がみなぎった計画であった。彼はそのことが「現代の建築」に最も求められなくてはならぬことを知っていた。これが彼の「近代主義」からの脱却であり、その主張を続けていたことを、自覚もしていたのであった。

すでに「群馬音楽センター」の章でものべたことであるが、「国際近代建築」に抜けているものは、風土と環境であった。レーモンドが戦前からいい続けながら高崎で定着させたものは、その前にはインドのポンディシェリーで、またフィリピンのネグロス島でみつけた「環境との共存」であった。それらは日本の北海道から九州に至る広い範囲でも実践され、さらにアイルランド、ハワイへと羽ばたいていった。彼は自信をもって気象が形態をつくること、デザインの要素であることをのべている。巨大なＨＰシェルの傘案は実施されることはなかったが、アイデアとして思想として正しかったことを、裏づけることになった。

住宅設計における転換

一九六〇年代における「脱近代」の建築や計画をのべてきた。一方で住宅の設計にあたっても、レーモンドはいくつかの新たな展開を心がけていた。それは戦後にあって「笄町の自邸」（1950–51）で明確にされた、いわゆる「レーモンド・スタイル」からの新たな展開であった。

戦後のレーモンドの住宅は、明確で単純なアメリカ風生活を目指すＲＣ造の住宅「スタンダード石油社宅」（1949–50）から始まる。それが丸太の構造と「芯外し」の手法による、南面の開放感を追求する木造の小住宅へと続いた。時には和風を交えて立地条件にうまく合わせ、和洋の生活機能を内庭などでさばく手法が特有のものであった。これらはＲＣ造・木造・連棟住宅をあわせ、約六〇軒に及んでいる。「ベーシック・

ハウス」(1954)群や、沖縄の軍事基地に建てられたはずの住宅を除いてである。そして一九六二年に至る。

最初の大いなる変化は「笄町の自邸」から起こされたが、またしても自邸「軽井沢の新スタジオ」(1962–63)で次の変化が起こった。やはり「自邸」は、ひとつの変化のための試験台になるのだろうか。戦前にあっても「霊南坂の自邸」(1923–24)は刮目される出来事であったし、一九三〇年代に入ってからは軽井沢の「夏の家」(1933)が、そのあとに続く住宅の変化への基盤となった。その「芯外し」による南面の開放、そして板張りと内庭による機能分けは、戦後へと引き継がれていた。

「軽井沢の新スタジオ」は、一二辺形の居間、食堂、スタジオの中心に巨大な鉄筋コンクリートの円形暖炉がある。暖炉は一二本の梁を背負い、煙突となって傘の中心に立つ。南面した各柱間に引違いガラス戸と障子、雨戸はすべて外して格納する。直径は九・〇九m(五間)、したがって一辺は一間より長く二・三六m。庇

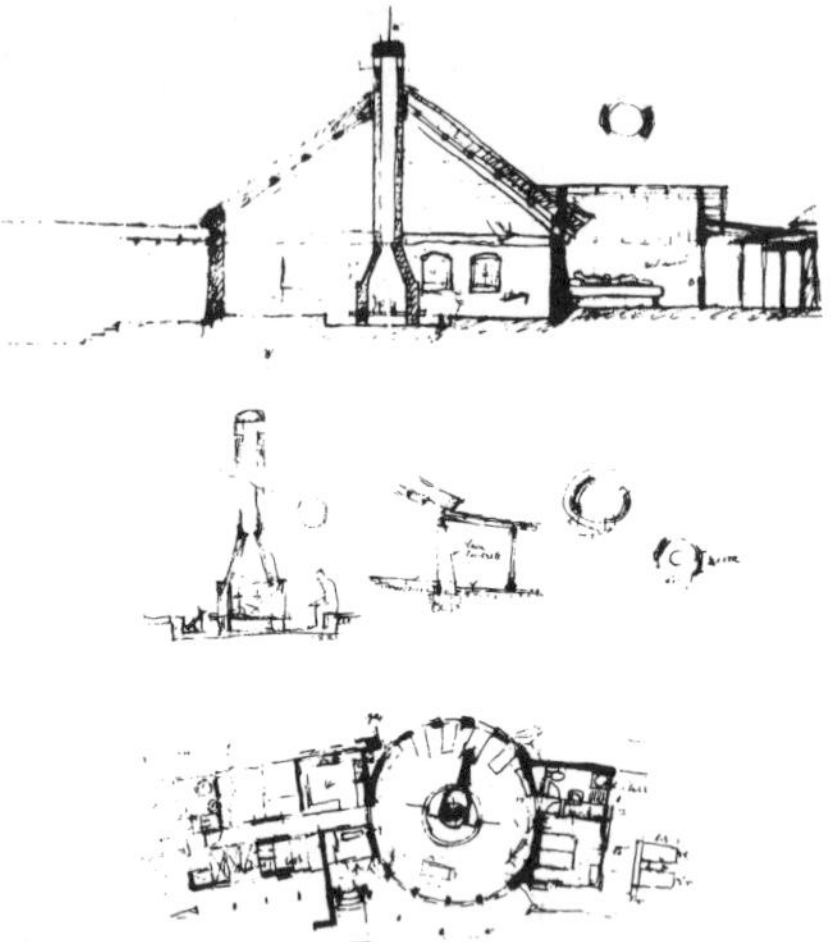

軽井沢の新スタジオ　当初案　レーモンドによるスケッチ
同　平面
同　南側外観

が一・六mと大きく出てぬれ縁を覆う。構造は方杖に頼る丸太だけの木造。東に二室の寝室が延び、西には玄関・厨房が延びる。スタジオで働く所員の部屋は、「夏の家」と同じく別棟の小屋。とはいえ二×五間の一〇坪（三三m²）の単純極まる切り妻で、DK、浴室、便所付き。別棟の屋根に唐松の小枝をのせて、陽除けをかねて民家風にしたところは「夏の家」以来の手法である。だが、スタジオ本屋は本格的に藁葺き屋根となった。

ここで明確にされたのは中心空間を明瞭にしたことと、生活を融合して単純化したことである。それは起居を共にする集団と作業を合体させ、プライバシーを空間で分けた。さらにいうならば、避暑期間または週末を四周の環境と一体化することであり、日本の四季をそのまま室内にもちこむための、以前からの習慣をさらに徹底したことであった。もちろん構造そのものが、その空間をつくることを前提にしてである。

レーモンドはその頃、宝塚の逆瀬川駅近くに「プライス邸」（1962-63）を設計している。平面図で見るとわかるように、木造一二辺形の尾ひれ付きの形の「軽井沢の新スタジオ」を、もっと自由な「おたまじゃくし形」にしたものであり、こちらはRC造二階建、地下室付きであった。この計画は、粘土模型の写真と共に『建築』（一九六三年四月号）に案として発表されたのみで、『自伝』と『現代日本建築家全集』には載っているが、雑誌に発表されなかった。おそらくウィルキンソン炭酸で有名な建主プライス社長のプライバシーを尊重して、発表を控えたのだろうが、この作品のもつ「脱近代」の意味は大きいものであった。

まず最初にレーモンドのもってきた小さな紙切れのスケッチは、その紙の小ささにもかかわらず、彼が本腰を入れて新しい形に挑む意気込みが読み取れるものであった。かすかな記憶しかなく、そのスケッチもどこに消えたのか、彼がもっていって、小さなスケッチばかりを集めた「スクラップ帳」に貼りつけてしまったのか、今はわからない。それは奇怪な形をしていた。蛇がガマ蛙を飲んだようなぬるぬるした合体の平面構成で、どこにも直線がなかった。

それを五〇分の一の平面図に直すのが仕事であったが、フリーハンドではなく曲線定規でつくるのは至難

同　居間全景

プライス邸　庭園側外観

プライス邸　居間

な技であった。構造担当に聞くと、この形の梁はつくれないから「ワッフルスラブ」にする、柱は立てられないから壁構造ということになり、最小限の壁をつけて二階をのせた。ところが二階は小部屋の寝室で、建主、建主の母親、妹の三室が各自バスルーム付き。ウィングには客室と和室三室とが入り、細かく分けられる。どこにも直角はなく、柱もなく、しかも大きなバルコニーが要求されるという有様。図面がある程度進んでも、なかなか固まらない日が続いた。

レーモンドは毎日やって来て、さらに細部をフリーハンドで書き込み、どれが本当の線なのかわからなくなるほどであった。そこで五〇分の一で粘土模型ということになった。決め手がないのはこわい。いつまでいじっても、仕上がりの先が見えてこないからだ。とにかく彫刻と同じで良い形が先決と見た。屋上に煙突をつけ立体的にしてさらにウィング、つまり尻尾を壁つきで出した時にようやくオーケーが出る。それを再び図面化するわけで、誰かに手伝ってもらいたくても、今までと違って寸法に基準があるわけでもなく、大変弱った。

この時のレーモンドには何かを生み出そうとする姿勢があった。それは新しい形であり、自由な空間であり、環境に合う立体であり、同時に建主の要求する二つとない個性の表現であったと思う。そして設計は終わった。そして私の努力は不十分だったが、施工に移されていった。

レーモンドの新しい「脱近代」の発想は、このようにドラフトマンの無能力によって、その目標が見えなくなり、彼の創意もそれに従って諦めに

同　粘土模型

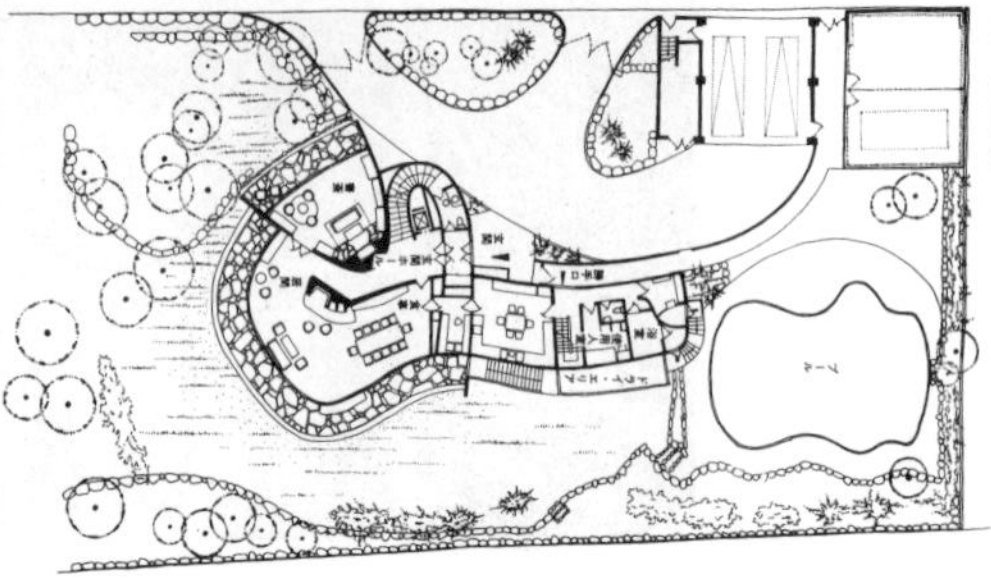

同　一階平面

変わり、意欲が減退するものと見たのは最近のこと。その当時は、「近代建築」的な明確で、単純で、直線的で、透明性のある箱をなぜつくらないのだろうと恨んだりした。

東京の白石建設は、それまでも多くのレーモンドの仕事を請け負って確実に実現してきていたのであるが、この時も関西であるにもかかわらず手を挙げて参加していた。したがって要領を得た施工に助けられ、難解と思われたこの住宅も完成に至ったのである。

もうひとつ木造住宅の転換作品がある。またしても軽井沢の別荘だが、レーモンドの弁護士のための「樅の木の家」と名付けられた「足立別邸」（1965–66）である。

軽井沢の旧道を奥の愛宕山の方に入ったあたり、沢の水音が聞こえ、すばらしい太さの樅の木が数本茂る、その大木の間を縫って建てられた。しかもそれらの大木の樅の木が、どの部屋からも見えるようにという発想から、設計は進められた。その結果、西の客室、中の居間、食堂、そして主寝室や二つの小部屋から

足立別邸　南側外観

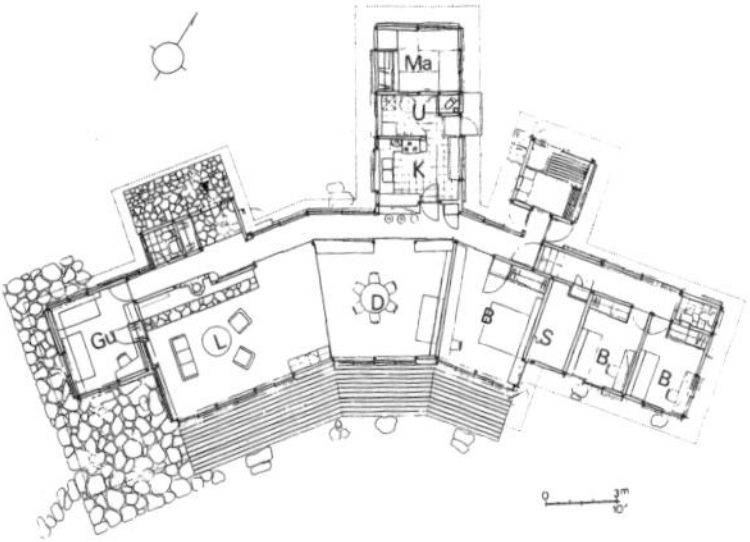

同　平面

同　居間

もそれらが南に見え、陽が当たるように考えられた。その結果、玄関、厨房、便所、浴室は北側に突出することになった。これは「笄町の自邸」の場合とまったく逆で、厨房も浴室も南側という原則が外された。しかし、南面する木立の中の涼しい各部屋は、一五度ずつ三カ所で曲がり、あたかも樅の木を半分囲むように配置が考えられた。その上、南側はゆるやかに沢に向けて下がるから、この三つに曲がる家は、極く自然に沢に向けて動き始めるような感じとなった。しかも、玄関などの小部屋の北側への突出は、コアとして各機能が飛び出す処理になり、各々の外部へのプライバシーは竹垣で仕切られた。

この家の平面は、新たな機能処理の発見につながる。ひとまとめの単純な平面に対して、自然景観をとり入れるという姿勢を、そのまま自由にのびのびと示した結果になったのである。それは新たな平面計画の出発でもあった。

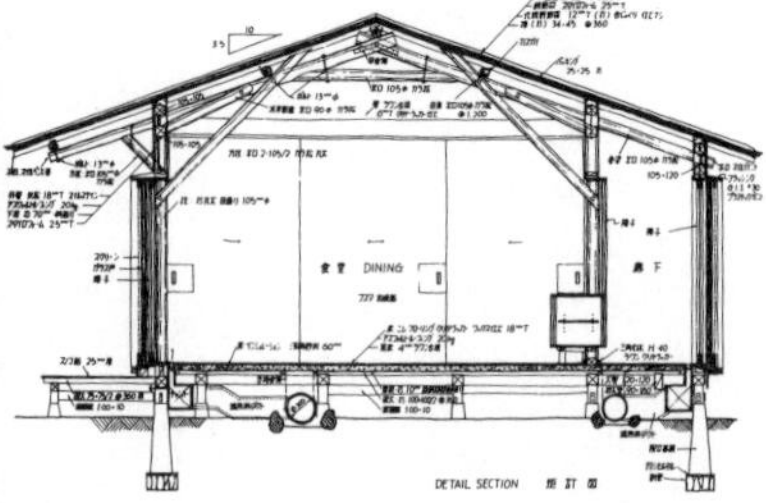

足立別邸　居間部分断面

第13章

レーモンドの現代的位置付け

『自伝』を通して

『自伝アントニン・レーモンド』◆の出版は、たしかに遅過ぎた。一九七〇年一二月一〇日発行になっているが、この膨大なA4版三〇五頁の本は同年一〇月六日に始まった、東京銀座の松坂屋における「アントニン・レーモンド展」の初日の会場に、ようやく第一冊目が届けられた。レーモンドはその日、再発しかけた椎間板ヘルニアのため、車椅子にのって展覧会のオープンにノエミ夫人とあらわれた。私も会場にいて、その『自伝』がもってこられるのを待っていたのである。開場式がどうであったか私には記憶がない。おそらく、本が届くのを今か今かと、待っていたためではないか。時にレーモンドは八二歳であった。

一九六五年、私はレーモンドの要請でアメリカから日本に戻ってきた。一九一九年にレーモンドがライトと来日した日と同じく大晦日。それは『自伝』の完成のために、彼が特に早く帰れといってきたからでもあった。こうして一九六六年初頭から始まった作業は、翻訳と写真のレイアウトの連続、そして図面の清書をともなってついに四年を要した。もとより没頭していたのではない。再びアメリカに戻ったり、自分の仕事

◆ アントニン・レーモンド『自伝アントニン・レーモンド』（鹿島出版会、一九七〇）。

を得て事務所の経営もあった。そのため彼は遅れに苛立ち催促も激しく、時には窮地に立ったこともある。作業はそれでも出版社の力で進んだ。

レーモンドの『自伝』は、随分昔から書き起こされていた。その一部は「わが回想」◆にあらわれている し、「追想」◆◆にもあらわれた。それらはいずれも部分で終わっていた。夫人の協力もあって、本格的に『自伝』に没頭したのは、それ以後のことである。そして一九六六年頃には、ほぼ三分の二が終わっていた。しかし、『自伝』とするには肝心の「現代」の作品の出現と、「近代」から「現代」への転換部分がごっそり抜けていた。特に転換の元になる「群馬音楽センター」の記述や、いろいろな意味で最も記述が求められるはずの小住宅についてはふれられていなかった。したがって出版へと進行するためには、彼の執筆を促し不足している部分の補充をリストにして指示し、何としてでも書いてもらう以外に方法がなかった。

文章も完全に揃っていたわけではない。体裁をつくるためにも補充は必要であった。しかもここまで私が書いてきたような彼の「近代建築」の創造を、さらに破って次の「脱近代」の出発点をつくり、実行に至る過程が見えてこなければ、『自伝』の本来の姿が見えてこない。彼はいっている。

私はチャールス・チャップリンの自伝と、ハールのアーネスト・ヘミングウェイの伝記を同時に読んでいる。そして、私は書くという道の分野に分け入って、自伝の一部を書き留めようと心掛けている。チャーリーもアーネストも、私に語る勇気を吹き込んでくれた。私は他の人びとのように勇敢に、かつ堅実に私の真実の姿のために戦ってきた。だがおそらくは失格だろう。私が十分な大声で叫ばなかったから多くの人びとに知られないまま過ごしてしまったのだ。◆◆◆

巻末近くこう書き残した意味を、私は深くとらえていなかった。今考えてみると、彼の葛藤とも思える人生の切れ目の中に、戦ってきたその姿がはっきりと感じられる。その当時は虚飾であり、虚言であったと思われる言葉が、今、二五年後には真実であったと考えられるのは辛い。このことはおそらくは輪廻のようなものであろうし、常に人生の中でもくり返されることだと思えるのだが、改めて考えてみる時あまりにも気

◆ レーモンド「わが回想」、『建築』一九六一年一〇月号(渋谷盛和訳)。
◆◆ レーモンド「追想」、『私と日本建築』二〇〇頁。

◆◆◆ レーモンド『自伝』三〇四頁。

付くのに遅過ぎたと思えてならない。

それは、形式的にとらえた「近代建築」との闘争が戦前にあって、旧世代であった一九世紀の亡霊を砕き、勇んで二〇世紀への冒険へと乗り出した船出のようなものであった。想像以上の困難の中で、彼は日本の伝統が「近代建築」への突破口であったことに気付く。それは日本という風土のとり入れであり、そこにある地域性のとり入れであった。そして日本ではそれが当然のことであり、西欧ではその自然界に抵抗して棲み家を築いてきたという認識であった。

『自伝』は、彼にとって「どうしても残しておきたかった」ことで埋まっている。自分の人生の変化を、「ボヘミアン」としてよく知っていたということがあり、自らそのことを残したかったと思われる。加えて戦前の作品は世に知られていなかったことを知っていたからでもある。「ＲＤ社」の学会賞受賞式（一九五二年五月一七日）の折、隣席の前学会長岸田日出刀に「あなたは戦前にはどんな作品をつくられたか」と聞かれて、答えに窮した苦い経験があった。また戦時中に米軍に協力したのは米国人として当然であったが、日本の自分の作品を爆撃することにもなり、焼夷弾爆撃実験に自分の日本家屋の智恵を出したことにも、深く心を痛め、戦後、東京の焼け野原を見て涙なしにはいられなかったこともすでにのべた通りである。彼が最も『自伝』に残したかったあたりがそこに見られる。そして戦後の華やかな舞台の中でも、新たな建築の方向を築こうとし、それを作品ごとに書き連ねていた。

それらは自伝というよりも、作品集の形をとるようになっていったのは仕方のない結果であった。戦前は『作品集』も『詳細図集』もあり、充分なまとめはされていた。戦後は雑誌二冊◆だけが作品を紹介したほか、まとまった作品集は計画されず、本人も『自伝』をもって作品の集大成と心掛けた節もあった。

こうして『自伝』が作品集を兼ねようとして考えられ、私はせめて平面図を載せようとしそれは了解され、世にも珍しい『自伝』ができ上がったという次第である。この文章をまとめるにあたり、作品のもつ意味をのべてきたのだが『自伝』にのべられている本当の内容を、改めて読みとることもままあった。訳して

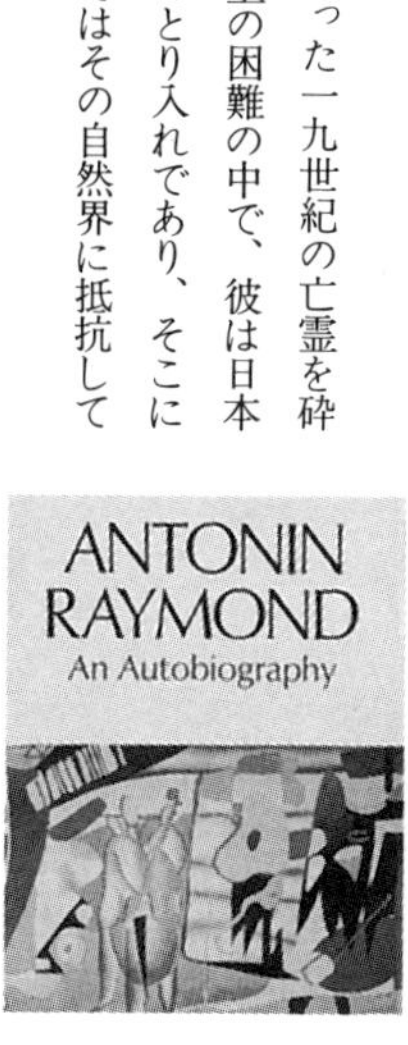

『自伝』英語版表紙　絵は群馬音楽センターの緞帳原画

◆『建築』一九六一年一〇月号、一九六二年四月号。

いる時には気が付かない「脱近代」への意欲を、改めて掘り起こしたのはそのためであった。『自伝』だけではなく、作品集とも意図した理由が、建築家として当然だったと考えているのである。

ここであえてのべるが「脱近代」とは、「近代建築」を超えて次の時代を展望しようとする新しい建築を意味している。「脱」を「ポスト」と訳すことがあるが、「ポストモダン建築」のことではないことを強調したい。

自然とのつながり

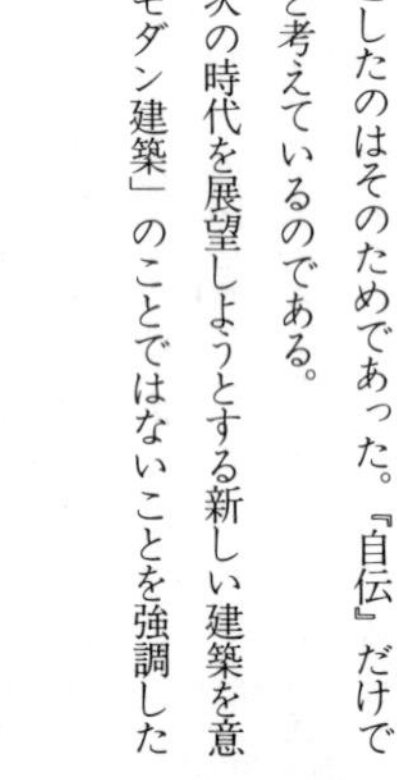
『自伝』最終ページを飾る居間のレーモンド

一九七〇年一〇月六日から一一日まで開かれた「アントニン・レーモンド展」は成功であった。その当時、すでに事務所を離れていた私は、その準備がどれほどであったかは語れない。しかし熱心な所員たちの手で三カ月余がかけられ、レーモンドの直接の指示によって、展示物やパネルがつくられ、カタログが用意されたのは知っていた。全体構成も彼の指示により、若い所員がいく度も構成し直し、最終的には事務所の長老たち、そして吉村順三にまでチェックを求めていたらしく、その当時でもレーモンドの力になっていたことがわかる。
松坂屋の六階の三〇〇m³ほどの広さの中で、展示は極めて立体的で、照明に注意を払い、練られた動線があった。壁面には一・五m×一・〇m角の建築写真が掲げられ、その壁面に沿った台上に多くの陶芸作品、彫刻作品があった。最新の模型は高崎の「哲学堂」、大伽藍の「聖アンドリュース」、それに「ハワイ大学・汎太平洋域国際会議センター」であった。この展覧会会場の銀座松坂屋も、レーモンドによる内外装デザインがなされていたから、「松坂屋」の模型もあった。家具のセットもいくつか運び込まれ、中心にレーモンドのデザインしたたて型の「ヤマハピアノ」も置かれた。
加えて急遽、昔から出入りしていた東銀座の大井工場の手を煩わせてつくった鉄板組立ての、構成主義の彫刻が入口正面を飾ったのだが、このような急所を手早く考えるところがレーモンドらしい。何よりも展覧会はレーモンドの生活を映すスライドを含め、人間レーモンドの生活録であり、案内状はそれを訴えている。

この展覧会には建築・絵画・彫刻及び陶器類等々、種々な作品を展示しました。これは、私と妻ノエミの欧米に於ける三〇年の生活と、更には日本の文化と共に創作活動に従事した五〇年間の結果であります。◆

◆「アントニン・レーモンド展」案内状より。

ノエミ夫人の協力については当然のべなくてはならなかったのであるが、今まであまりふれてはこなかった。一九一四年の結婚当初は、nip の筆名で有名だった彼女のポスターやイラストが、若い二人の生活を支えていた。最初の仕事であったジャック・コポーのための劇場改造も、彼女の母親から来たのであり、ライトを知ったのも彼女の友人の紹介だった。戦後にかけても戦前と同じく、家具・内装のすべてが彼女によってなされたことは忘れてはならない。まして名作の木造小住宅「カニングハム邸」も含め、彼女の友人たちの住宅である場合、ノエミ夫人自身が平面図をつくり、レーモンドに見せ手直しをさせ、細部はアシスタントが、そして矩計や設備は事務所の所員の手を借りて完成させていた。その昔からのことは『作品集』（一九三五）にも『自伝』にもあり、評論家ケネス・フランプトンでさえそれを認めて述べている。

一九三三年から一九三五年にかけて完成した赤星邸や福井邸などはいずれも当時の企業金満家階級のために建てた住宅だが、レイモンドと妻ノエミ・ペルネッシン（ペルネサン）**の初期を飾る最高傑作となっている。二人は一緒に建物から家具調度、織物に至るまで一切を設計した。◆◆**

◆◆ ケネス・フランプトン「近代建築の批判的歴史」『a＋u』一九八八年一月号（中村敏男訳）。

内装や家具の協力だけでなく、思想的にも影響し合った。ノエミ夫人は永く「動物愛護協会」に尽くし、自らも野良犬を拾って育てていた。飛んでいる蚊を手で叩いても「NO!」といわれるほどであった。それほど動物だけでなく、虫に至るまで生物すべてに慈しみをもち、積極的に自然のとりこみを自邸でもはかっていた。「霊南坂の自邸」（1923–24）では屋上すべてを植物で覆うつもりであったし、「笄町の自邸」（1950–51）

では全面的に庭と一体化させ、自然石を配し、その間に雑木や雑草を植えこみ、わずかばかりの細い道筋は山道そのものであった。したがって建築と自然との一体化は、思想以上のものであって実践が先行していた。雨のない時は屋外の藤棚の下のパティオで三度の食事をしていたほどで、これらはノエミ夫人の唱導でもあったに違いない。

いわゆる「近代建築」に抜けていた自然と景観との一体化や、居間と庭とがつながるような日本的生活を、洋風の住宅にとり入れていたのがレーモンド流の住まい方である。そのやり方こそ、ひまさえあれば外に出て庭の手入れをしていた、ノエミ夫人の持ち前の生き方であった。ペイントの色合わせに石をひろってこの色と指示し、やや水にぬらした泥をすくって塗装の見本にすることなど朝飯前とあれば、その自然への傾倒は並々ならぬ心情といえたのである。これらから考えても、培われた永いこの夫婦の生活自体が「近代建築」を超えたところにあり、「脱近代」をはかっていたものであり、「レーモンド・スタイル」が表現の問題だけでなく、真に日本の伝統的なもの、土着の生活感に基づくことを理解した上で、成立したものであることがわかってくる。くり返しになるが引用しよう。

建築デザインの、最近の発展について興味を抱く建築家や、評論家が、伝統的日本建築と現代（近代の意）**建築の類似点について述べている。私が、見聞きした範囲では、その筆者自身も、外部と表面的外観についてのみ、類似点を見出しているだけなのを知った。**

たとえば隠されない構造材の純粋性、内部と外部の合致と融合、その調整、正しい方位、窓割りの大きな拡がり、軒の出、内部空間の自由度と、融通ある使い方、材料の使用の自然さ、水平に動く引き戸と扉、移動する間仕切等々。しかし今まで、誰もこの外部にある経験的理由にふれてもいなかったのである。この形と、材料の裏にひそむ基本的な原動力を、本当に理解するためには、その発生にさかのぼって深く掘り下げなければならない。そして、人々が掘り下げたとき、日本人の哲学の根である原則、また、これらの形の発展の中にある原則を発見するのである。◆

レーモンド夫妻　笄町の自邸居間で（一九七〇撮影）

◆　レーモンド「日本建築の精神」、「私と日本建築」一六五―一六六頁。

レーモンド夫妻は、自らの手になる展覧会を戦前二回もち、最初は内装の小川商店の小川洋吉による「レイモンド夫人意匠作品展」（一九三六）であり、同年の銀座資生堂ギャラリーの「レイモンド建築作品写真展覧会」であった。アメリカではロックフェラーセンターのギャラリーにおけるガラス会社主催の「日本とインドのアントニン・レーモンド近作展」（一九三九）があり、MOMA（ニューヨーク近代美術館）の受賞記念展はノエミ夫人のテキスタイルとカーペットであった。戦後は日本橋高島屋の「工芸作品展」（一九五二）に次いで松坂屋の展覧会（一九七〇）となる。

なお一九七三年の離日後、銀座の吉井画廊で一九七四年七月一五日から二〇日まで「Homage à Antonin Raymond」が開かれ、鉛筆画、ペン画を含む絵画五六点が展示された。運営委員は谷川徹三、山田智三郎、前川國男、井上房一郎、岡本太郎、吉村順三、吉井長三、レーモンド建築設計事務所となっている。レーモンドはイタリーでアトリエを構え画家になろうと志したこともあり、戦後は上野で開かれる春陽会に毎年出品していた。絵は若い頃は油彩、後に水彩が多く、晩年はことに抽象化していた。

レイモンドさんの設計になる建物には、東京女子大学、名古屋の南山大学のような大きなものから、軽井沢の教会堂やレイモンド山荘のような小さなものに至るまで、親しんで来た。しかし絵はあまり見ていなかった。だから去年の夏高崎の井上邸で、たくさん見せられた時には驚いた。それになかなかいい絵があるではないか。構造にも線にも、その建築作品に通ずる独自な美しいリズム感があって、近頃の絵では滅多にそんな思いを抱かない、欲しいなという思いを抱かせられたものさえあった。◆

◆谷川徹三、同展パンフレットより。

この展覧会もどうやら井上房一郎の計画のようだが、松坂屋での展覧会もそのまま同じ年の一〇月末に、高崎市ファウンデーション・ギャラリーで開いているのには驚かされる。

その友好もレーモンドの離日で終わったわけだが、井上は一九九三年に九三歳で亡くなるまで「笄町の自邸」とそっくりの家に住み、私塾をつくって若い芸術家をいく人も育て、高崎の芸術の行方に深く関心を抱いていた。井上邸の隣に高崎市美術館のあるのも、その一端を示している。

レーモンド夫妻の離日は、正確には一九七三年六月一三日である。直接には知らなかったが、軽井沢の新スタジオ、葉山の別邸を処分していた。軽井沢は幸いにも維持され大切に扱われているが、葉山の方はすでにない。株式会社レーモンド設計事務所は、笄町の木造の自邸共に処分し、代々木五丁目の青少年センターの向かいに、五階建の自社ビルを建てた。今もその五階には、メモリアルホールとして「笄町の自邸」の居間部分が、そっくりそのまま保存され、当時の名残を留めている。もちろん、レーモンドが二〇年間座った椅子も机も原型のまま、また金属製の独立暖炉もかつての通りに置かれている。

場所は変わり、人も多くは変わった。しかしそこに在りし日の「自邸」があり、人間レーモンドがいる。建築は不滅でなく、人為的に保存されるが、故意に破壊もされる。芸術は不滅であり、レーモンドの絵や陶器は今もその多才振りを示す。奔放な作風は巧いとはいえぬところもあるが、人柄と不撓不屈の精神を感じさせる。陶器から感ずるのは、建築の厳格さとは違う別の人を見る思いである。それは戦後の井上房一郎との交流で生まれたものであり、彼に紹介された陶芸家荒川豊蔵の指導を受けて製作したものであった。

レーモンドの人生はまことに多彩、そして幾多の点で多才を示してきた。しかし、生活はまことに素朴であったと、今ようやく思う。

離日後のレーモンドは、ニューホープの家に戻った。孫たちと共に住み、自分も小さな小屋をつくりそこに住んだと聞いた。最後まで建築と絵画を捨てることなく、ひまさえあれば小さな絵の中で構図を考えていたようだ。

そのニューホープの良き日は、短かった。離日後三年目の一九七六年一〇月二五日、レーモンドはその八八年の生涯を終えた。まことに奇縁だったが、その日、私はニューホープに近い同じペンシルバニア州フィラデルフィアにいた。まだ元気だろうからと高を括り、単独行動のできぬ団体旅行で責任者でもあったので、電話もしなかった。その二五日の朝、はるかニューホープを背後に見て、セスナ機でワシントンDCに飛んだ。何か虫の知らせるところがあったのか、後ろ髪をひかれる思いがした。申し訳のないことをしてしまったと、今も慚愧に堪えない。ノエミ夫人はさらに四年後、一九八〇年八月一九日、八九歳で同地で亡くなった。

アントニン・レーモンドの直接手掛けた建築は、プロジェクトを含め約四〇〇余を数える。これには、ニューヨークのレーモンド&ラド事務所、東京の株式会社レーモンド建築設計事務所が単独で進めた分は加えていないから、レーモンドの名を冠した仕事はさらに大きな数になる。絵画や陶芸の点数は正確には不明だが、数百に及ぶだろう。ニューホープにあった一部の資料は、ペンシルバニア大学のアーカイブ（文書館）に寄贈され、目下整理中であると話に聞いた。

本書にのべてきたことの多くは『自伝』にものべられている。戦後、その『自伝』の編集と翻訳を手伝いながら、私は幾多を聞き、その生活にふれ得た。作品のすべてを見たのではないし、戦時中になくなったものも多い。資料としても限界があり『自伝』編集中にコピーをとっておいたものが、ここでは役に立った。しかし、膨大な図面の語るところをつぶさに調べながらの研究はしなかったし、私にはできなかった。研究者ではないが直接本人にふれ、話された真実の中から何かが書けると思い、世に伝えるべきものと考え、蓄積したものと重ね合わせてようやくここに至った。

もとより不足するところや、独断は至るところにあろう。なかなか客観的にはなれず、我田引水になったところも散見される。住宅については細部にふれ得なかった。ことに設計の過程や現場の実務についても多くが残された。もうひとつレーモンドの「近代建築」観についても充分には語り得なかったのであり、残された課題になった。

この『アントニン・レーモンドの建築』は、新建築家技術者集団大阪支部の月刊誌『新建おおさか』に掲載していたものに手を加えて、ひとつにまとめたものである。掲載誌関係者に改めてお礼を申し上げる。またこれを上梓するにあたっては、鹿島出版会皆さんの世話になったし、林工担当には全体の構成づくりにいたるまで面倒をお掛けした。ここに深く敬意を表したい。同社では『自伝』と、SD選書の『私と日本建築』と合わせレーモンド関係の本の出版は三冊目になる。『現代日本建築家全集・第一巻』と『建築』特集号二冊を加えると、戦後のレーモンドの書はこれで六冊になった。しかし彼の果たした業績とその思想を解明するのにはまだ不足を感ずる。さらなる追究を続けなくてはなるまいと考える。

一九九八年五月

三沢　浩

写真クレジット

川澄明男――――158left, 159
村井修―――――171right, 172right, 174
村沢文雄――――173left
北田英治――――177top
さとうつねお――190top

アントニン・レーモンド年譜

年代	年齢	略 歴	主要設計作品
1888 (M21)	0	5月10日，オーストリア領ボヘミア地方（今のチェコ）クラドノに生まれる．父はアロイ・レーマン Alois Rajman，母はルジーナ Ruzena (旧姓トウジッグ Tausig)．	
1889 (M22)	1		
1890 (M23)	2		
1891 (M24)	3	6月23日，ノエミ・ペルネサン Noémi Pernessin 生まれる．	
1892 (M25)	4		
1893 (M26)	5	初等学校（5年制）に入学．教師はスーカップ．	
1894 (M27)	6	ジュール・ヴェルヌを読み，空想の世界に浸る．	
1895 (M28)	7		
1896 (M29)	8		
1897 (M30)	9	スーカップ先生の娘を恋する．	
1898 (M31)	10	中学校へ入学（4年制）．母を失いカトリックの葬儀で送る．	
1899 (M32)	11	レンチョフの母方の祖父母の農場へしばしば通う．	
1900 (M33)	12		
1901 (M34)	13		
1902 (M35)	14	クラドノのレアルカ（高等学校）に入学（3年制）．	

ii

1903 (M36)	15	一家は居をプラーグに移す．レアルカの向かいに住む．
1904 (M37)	16	オーストリア皇帝フランツ・ジョセフのプラーグ訪問．
1905 (M38)	17	一家はプラーグ近郊のヴィノラディに移動．
1906 (M39)	18	カルロス広場前にあった工科大学に入学．
1907 (M40)	19	
1908 (M41)	20	
1909 (M42)	21	プラーグ工科大学卒業． プラーグのクラブ・マネが『スティル』を発行． パリに旅行中，アメリカ建築家カス・ギルバートに会う．
1910 (M43)	22	トリエステに出て製図工として働く． 夏，貨物船「アトランティス」の助手となり，ニューヨークへ渡る． カス・ギルバート事務所で働き始める．東24丁目に下宿．
1911 (M44)	23	当時の超高層ウールワースビルの現場で監督助手． 秋，絵描きのグループに入り，絵を始める．
1912 (T1)	24	
1913 (T2)	25	ニューヨーク市庁舎コンペでギルバートのために働く．
1914 (T3)	26	アルバイトで透視図を描き，稼いだ金でヨーロッパへ． ナポリ到着，ローマで絵を描く．アンティコリ・コラドにアトリエをもつ． 6月，サラエボ事件，アメリカ市民権（Rajman を Raymond に改名）を得て帰る． ナポリ発のサンジョバンニ船上でノエミに会う． カス・ギルバート事務所に戻る． 12月5日ノエミと結婚，103丁目に住む．
1915 (T4)	27	ノエミの友人セント・クレア・ブレコンズがミリアム・ノエルと友人で，F. L. ライトを紹介される．
1916 (T5)	28	早春スプリンググリーンのタリアセンへ行き，ライトの許で働く． 2月末，タリアセンにて帝国ホテル支配人林愛作夫妻と会う． 暮，タリアセンを去り，ヴァン・ビューレン・マゴニクル事務所内に場所を借りる．144丁目に住む．

1917 (T6)	29	ノエミの母ブルックス夫人にジャック・コポーを紹介される. 徴兵令で軍隊に入る. 夏, 情報機関試験に通り士官に任命され, ヨーロッパへ. 10月, カポレットのイタリア前線に参加.	ガリック劇場の改装（ド・ヴュー・コロンビエ座）(-18)
1918 (T7)	30	ベルンのアメリカ公使館で補佐. ジュネーブに事務所を持ち, 情報収集に携わる. ストラヴィンスキーに会う. 11月, 第1次世界大戦終戦, プラーグまで車を届ける. ノエミがフランスに来て, スイスで一緒に住む.	
1919 (T8)	31	8月, ジュネーブ事務所閉鎖. パリの戦勝パレードを見る. レバイアサン号でアメリカに帰る. 10月, 再びマゴニクル事務所に同居, ワシントンスクエア3番に住む. F. L. ライトが誘いに来る. タリアセンからシアトルへ, そして諏訪丸にて12月31日横浜に到着, 東京へ.	
1920 (T9)	32	来日直前に焼失した帝国ホテル別館を再建, 現場事務所をつくり, 新帝国ホテル建設のために働く. 4月, ライトが病気で母親が来日. 義母ブルックス夫人来日. 暮, ヴォーリズ事務所のL. W. スラックに会う.	四谷教会（-21） 塩釜バプティスト教会（-21） 田中次郎邸（-22） 中上川邸（-23）
1921 (T10)	33	2月, ライトの許を去る. 目黒に住む. 伊豆などへ旅行. 「米国建築合資会社 American Architectural & Engineering Co., Ltd.」をスラックと始める（丸の内仲21号館）. 内山隈三, 女良己之助, 小茂田半次郎, 杉山雅則ら参加.	星商業学校（-24） 後藤新平邸（-23） 東京女子大学総合計画及び実施（-24） 東京ローンテニスクラブ（-22）
1922 (T11)	34	東京テニスクラブ, 東京クラブ会員になる. 4月16日, 旧帝国ホテル焼失. 7月, 新帝国ホテル未完成のまま, ライト日本を離れる. 浅野総一郎に会う. 品川に住む.	福井菊三郎邸（-23） アンドリュース&ジョージ商会（-23） 青山学院チャペル
1923 (T12)	35	9月1日関東大震災, 品川から青山のサンティレールの家に避難. ノエミはニューヨークへ. 中国旅行中, 上海でチェコ人ヤン・スワガーと会い構造技師として誘う. 「レーモンド建築事務所 Antonin Raymond Architect」を名乗る. 霊南坂に木造住宅を建てて住む.	第一次聖路加国際病院計画 R. F. モス邸 霊南坂の自邸（-24） ポール・クローデル邸
1924 (T13)	36	アレック・サイクス, ジュニアパートナーになり「Raymond & Sykes Architect」をも名乗る. 霊南坂にRC造「自邸」完成し, 住む.	シーバー・ヘグナー社事務所ビル 東京聖心学院（-25） A. P. テーテンス邸（-25）
1925 (T14)	37	AIA会員となる. アメリカへ旅行. 聖路加国際病院にて最初の子供生まれるが, すぐ死亡.	エーリスマン邸（-26） シーバー・ヘグナー社生糸倉庫 東京女子大学ライシャワー博士邸（-27）

iv

1926 (S1)	38	ベドリッヒ・フォイアシュタイン入所，チーフアーキテクトとなる． ノエミ，ニューヨークでクロードを出産． 葉山へ木造住居を移す． チェコスロバキア共和国名誉領事となる（-37）． 「丸の内八重洲ビル」7階に移る．	紐育ライジングサン石油会社ビル（-29） 小林聖心女子学院（-27） 東洋鋼材会社ビル（-30） 浜尾子爵夫人別邸（-27）
1927 (S2)	39		ライジングサン石油社宅群（-29） 横浜ユナイテッドクラブ 紐育スタンダード石油会社ビル（-28） 紐育ナショナルシティ銀行（-28）
1928 (S3)	40	吉村順三，アルバイトで働き始める． アメリカに行く． アメリカ大使館着手． 聖路加国際病院杭打ち，着工．	岡山清心高等女学校（-30） フランス大使館増改築（-30） 聖路加国際病院最終案（-33） ダンロップゴム会社工場（-30） アメリカ大使館（-31）
1929 (S4)	41	内山隈三死去．	ライジングサン石油社宅フラット ソビエト大使館（-30） チェコスロバキア大使館計画
1930 (S5)	42	8月，前川國男入所（-35）． 聖路加国際病院から手を引く．	安孫子ゴルフクラブ 日本コーン・プロダクツ社社宅群（-31） ライジングサン給油所（-31） 東京ゴルフクラブ（-32）
1931 (S6)	43	朝鮮に行き，日本コーン・プロダクツ社社宅を建設． 吉村順三正式に入所． 4月，『アントニン・レイモンド作品集』（洪洋社）出版． 6月，『レイモンドの家』（洪洋社）出版． 東京女子大学図書館完成．	相模カントリークラブ 聖母女学院 トレッドソン別邸
1932 (S7)	44	ヨーロッパ旅行．トリノで製靴王バチャに紹介され，寄宿舎設計の仕事を受けるが実現せず． アメリカに行く．	赤星喜介邸 相馬子爵邸計画 東洋オーチスエレベーター会社工場 カナダ大使館（-33）
1933 (S8)	45	軽井沢の「夏の家」完成．	夏の家 川崎守之助邸（-34） 赤星鉄馬邸（-34）
1934 (S9)	46	銀座に教文館ビル完成し，8階に事務所を移す． ブラジルコーヒー店の壁画を藤田嗣治に依頼． デトロイトに行き，自動車王フォードに会う．アルバート・カーンに会う． 5月，『Architectural Record』誌に「夏の家」掲載． ジョージ中島入所． 6月，滞日中のブルーノ・タウト来所．後に葉山の別荘にも招く．	聖母女学院講堂及び体育館 聖ポール教会（-35） フォード自動車組立工場計画 福井菊三郎別邸（-36） 東京女子大学礼拝堂及び講堂（-37）

935 (S10)	47	「フォード鶴見工場」の設計始まる. 2月，銀座に「ミラテス」開店，井上房一郎と交流. 5月，ル・コルビュジエからの手紙，「夏の家」の件. 6月，『アントニン・レイモンド作品集 1920-35』（城南書院）出版.	ケラー邸 D. H. ブレーク邸 ウォーカー別邸
936 (S11)	48	11月，銀座鐘紡サービスステーションで「レイモンド夫人意匠作品展」. 12月，銀座資生堂で「レーモンド建築事務所作品写真展覧会」. 「フォード鶴見工場」ケーソン工事中に中止.	トレッドソン邸 レストラン不二家 スリ・オーロビンド・ゴーズ僧院宿舎（-38）
937 (S12)	49	3月，『近代家具装飾資料第十輯・レイモンド作品集』（洪洋社）出版. 12月，船で上海からサイゴン，アンコールワットへ．シンガポールから南印度に渡り，汽車でポンディシェリーへ.	
938 (S13)	50	5月，『Antonin Raymond Architectural Details 1938（レーモンド建築詳細図集）』1000部限定出版. 初夏，ニルギリスで療養. 8月末，マルセイユ，スイスを経由してプラーグへ．父や弟に会う. 10月，シャプレン号でニューヨークに戻る．タリアセンを訪問，ライトに会う. ニューヨーク建築連盟で講演．アルバー・アールトに会う.	
1939 (S14)	51	3月，ロックフェラーセンターで個展「Antonin Raymond His Latest Works in Japan and India」. ニューホープに農場建設（150エーカー）. クランブルックへ行きエリール・サーリネンに会う. ニューヨーク日本文化協会の茶室受託.	ニューホープの家 ピット・ペトリ商店 トニー・ウィリアムズ邸 故斉藤大使記念図書館計画
1940 (S15)	52	4月，吉村順三を呼ぶ. 「Tuttle, Seelye, Place & Raymond Architects Engineers」組織.	ストーン邸 U.S.H.A. 国防住居群 カレラ邸（-41）
1941 (S16)	53	東京事務所閉鎖. デーヴィッド・レヴィット参加. 秋，吉村竜田丸で帰国. 12月，太平洋戦争始まる.	ケンブリッジ・ガラス会社ショールーム キャンプ・アプトン三連隊施設計画
1942 (S17)	54	フェルナン・レジェ，アメデ・オザンファンと交流. プリンストン大学で講演.	キャンプ・キルマー基地計画 セロテックス社プレファブ住宅群 フォート・ディクス空軍基地（-43）
1943 (S18)	55	ユタ爆撃実験場の日本家屋長屋をプレファブで設計する. ジョージ中島をアイダホの日本人抑留所からニューホープに引き取る.	カーソン邸（-44）
1944 (S19)	56	5月，東京にて『レーモンド建築細図譜』500部，複写コピーで出版. マンハッタントンネル換気塔コンペに応募.	U.S. 合板会社ショールーム

1945 (S20)	57	8月，第2次世界大戦終戦. ニューヨーク財政協会建築セミナーで講演. 「Raymond & L. L. Rado Architects」を組織.	ジョージ・スクール増築計画 ロングアイランド鉄道グレートリバー駅 エドワード・キース商店
1946 (S21)	58	ニューヨーク建築連盟にて講演.	コマーシャル・パシフィック・ケーブル会社中継所 テターボロ空港格納庫
1947 (S22)	59	ケネス・パターソンとマートルビーチ開発. 東京内幸町・鷲塚事務所で旧所員が東京事務所再編をはかる．ダグラス・マッカーサーに手紙. 『レーモンド建築詳細図集・復刻版』アメリカで出版.	デューイパーク開発 テンプルハイツ集合住宅計画 マートルビーチ開発計画 聖ジョセフ教会（-48）
1948 (S23)	60	10月，戦後の再来日. マッカーサー夫人及び吉田首相に会う. レーモンド建築設計事務所再建. フィリピン・ネグロス島へ行く. アレン・オーガニゼーションと協力してコミュニティセンター等を設計.	コミュニティセンター（サミット） コミュニティセンター（ヒッコリー） エレクトロラックス会社附属工場 レビ・カーター・パーク全体計画
1949 (S24)	61	10月，マッカーサーに会う. 11月，エリック・フロアと共に只見川の視察. シラキュース大学で講演.	リーダーズ・ダイジェスト東京支社（-51） ソコニーハウス群（横浜，東京，-50） エレクトロラックス会社レクリエーションセンター（-50） エレクトロラックス会社工場（-50）
1950 (S25)	62	リーダーズ・ダイジェスト東京支社敷地に事務所を設置. 4月，株式会社レーモンド建築設計事務所設立.	笄町の自邸及び事務所（-51） 日本楽器ビル・山葉ホール（-51）
1951 (S26)	63	4月，リーダーズ・ダイジェスト東京支社完成. ペリーハウス敷地に現場事務所，そこに住む. 伊勢参りで御木本翁に会う. 麻布笄町に事務所・自邸を建設. MGM各支社及びフィルム倉庫の仕事始まる.	御木本真珠日本橋店（-52） 日本板ガラス本社ビル計画 ハイ・アライ競技場ビル計画 アメリカ大使館アパート・ペリーハウス（-52）
1952 (S27)	64	FAIA（アメリカ建築家協会名誉会員）となる. リーダーズ・ダイジェスト東京支社に昭和26年度日本建築学会賞. 日本橋高島屋にて「レーモンド建築設計事務所工芸作品展」.	アメリカ大使館アパート・ハリスハウス（-53） キャンプ座間及びキャンプ・ドレーク米軍総司令部（-53） E. サロモン邸（-53） 井上房一郎邸
1953 (S28)	65	AIAゴールドメダル候補となる.	安川電機本社ビル（-54） 東京衛生病院（-54） E. カニングハム邸（-54）
1954 (S29)	66	アメリカ及びメキシコ旅行. エドワード・ストーンの来訪を受ける．来日中のワルター・グロピウスと三人会談，そのあと丹下邸を訪問.	P. J. ドーランス邸 米軍用小住宅群 聖アンセルム教会（-55） 森村邸（-55）

1955 (S30)	67	ヤマハピアノのデザイン. 沖縄基地の建設で事務所を増強. 群馬音楽センター第一案をつくる. 続いて第二案をつくる.	森永ホール計画 聖アルバン教会 (-56) 聖パトリック教会 (-56) 八幡製鉄体育館 (-56) US空軍及び陸軍沖縄基地各施設
1956 (S31)	68	AIAニューヨーク支部より「The Medal of Honor」を受ける.	ドーランス邸II
1957 (S32)	69	AIAより「Award of Merit」を八幡製鉄体育館に,「First Honor Award」を聖アンセルム教会に贈られる. 群馬音楽センター最終案をつくり始める.	延岡ルーテル教会
1958 (S33)	70	8月, 英文毎日に「帝国ホテル新館とライトについて」投書, ライトから喜びの手紙. 葉山のスタジオ建設.	伊藤邸 (-59) 群馬音楽センター (-61)
1959 (S34)	71	ニューヨーク・プレスビテリアン病院にて椎間板ヘルニアの手術.	ICU総合計画 ICU図書館 (-60) イラン大使館 (-60) 立教高校総合計画 (-60)
1960 (S35)	72	3月, 丹下健三と対談「建築夜話」. 5月, デザイン会議で来日のルイス・カーン, ポール・ルドルフ, ピーター・スミッソン等の来訪を受ける. アメリカからヨーロッパへ旅行. ギリシャに立寄る.	赤坂国際 (3M) ビル (-61)
1961 (S36)	73	7月, 群馬音楽センター完成. 8月, 南山大学の敷地を視察. 10月, AIA大会 (ホノルル) で講演. 『建築』10月号特集「レーモンド作品集」.	聖ミカエル教会 立教高等学校 立教高校聖ポール教会 (-63)
1962 (S37)	74	『建築』4月号特集「レーモンド木造建築集」. 南山大学設計始まる. 3月, J. M. リチャーズ来所, 建築作品を案内. 8月,『Architectural Association Journal』「レーモンド特集号」	東京ゴルフクラブ (-63) 軽井沢の新スタジオ (-63) 南山大学総合計画及び実施 (-64) プライス邸 (-63)
1963 (S38)	75	7月, 軽井沢に新スタジオ完成. ヨーロッパ旅行, パリにて藤田嗣治, アメデ・オザンファンに会う.	神言会修道院 (渋谷, -64) 松坂屋銀座店改装 (-64)
1964 (S39)	76	勲三等旭日中綬賞受賞. 夏, アメリカへ.	神言神学院及び教会 (名古屋, -66)
1965 (S40)	77	ヨーロッパに旅行. アンティコリ・コラドに寄る. 南山大学, 昭和39年度日本建築学会賞 (新幹線各駅, オリンピック施設と同時受賞). 前立腺手術のためアメリカで入院.	サン・カルロス大学総合計画 新発田カソリック教会 足立別邸 (-66)
1966 (S41)	78	日本建築家協会終身会員となる. アイルランド旅行, ダブリンに行く.	アイルランド神言会修道院計画 カナディアン・アカデミー (-67) 聖アンドリュース・カテドラル計画

1967 (S42)	79	6月,『私と日本建築』(鹿島出版会) 出版.	インド宗教センター計画 南山大学体育館 (-68)
1968 (S43)	80	「ハワイ大学・汎太平洋域国際会議センター(パン・パシフィック・フォーラム)」計画のためハワイへ.	上智大学六・七号館 イスラエル大使館 (-69)
1969 (S44)	81		マースク・ビル (-69) ハワイ大学・汎太平洋域国際会議センター計画
1970 (S45)	82	10月, 銀座松坂屋にて「アントニン・レーモンド展」. 『自伝アントニン・レーモンド』(鹿島出版会) 出版. 11月, 高崎にて同展.	南山大学女子短期大学 高崎哲学堂計画
1971 (S46)	83	8月,『現代日本建築家全集1　アントニン・レーモンド』(三一書房) 出版.	韓国大使館計画
1972 (S47)	84		
1973 (S48)	85	6月13日離日, ニューホープに戻る. 英文版『ANTONIN RAYMOND: An Autobiography』(チャールズ・タトル) 出版.	南山大学校舎増築
1974 (S49)	86	7月, 銀座・吉井画廊にて絵画個展「Hommage à Antonin Raymond」.	
1975 (S50)	87		
1976 (S51)	88	10月25日, ニューホープで死去. 11月10日, 聖アンセルム教会 (東京) にて追悼ミサ.	
1980 (S55)		8月19日, ノエミ・レーモンド89歳で死去.	
1990 (H2)		7月,「レーモンド・フォーラム'90」が群馬音楽センターで開かれる. 同時に「アントニン・レーモンド：建築と思想展」開催.	
1995 (H7)		5月, JIA'95建築文化講演会「弟子の見た巨匠／A. レーモンドの世界」.	
1998 (H10)		8月, 軽井沢にて「アントニン・レーモンド生誕110年記念展」とセミナーが開かれる. 9～11月, 高崎にて「パトロンと芸術家――井上房一郎の世界」展を市美術館, 県立近代美術館にて同時開催. レーモンドの作品を展示.	

アントニン・レーモンド主要建築作品譜

注：作品はレーモンド自身が生前にリストからとりあげたもの（SD選書『私と日本建築』所収のリスト）を和訳して示した．ただし1967年以降は，レーモンドの手がけたものを掲載した．戦後の株式会社作品で，とりあげていないものもある．なお，(★)印は編者による追記．(失)は原文でdestroyed及びdemolishedを表す．p.は頁，pl.はプレート（綴じてないシート）を示す．(※)印は1998年以降に確認できたもの．

【掲載誌略称，特記以外は日本誌】
建築：建築　**作品集**：アントニン・レイモンド作品集 1920-1935　**AV**：L'architecture Vivante(仏)　**国建**：国際建築　**新建**：新建築　**建画**：建築画報　**AR**：Architectural Record(米)　**EA**：L'encyclopedie de L'architecture vol.Ⅷ(仏)　**LA**：Liturgical Arts(米)　**建知**：建築知識　**建世**：建築世界　**PA**：Progressive Architecture(米)　**d'auj**：L'architecture d'aujourd'hui(仏)　**AF**：Architectural Forum(米)　**AA**：Art & Architecture(米)　**PP**：Pencil Point(米)　**Int**：Interior　**建文**：建築文化　**ML**：モダンリビング　**建雑**：建築雑誌　**建情**：建設情報　**住建**：住宅建築　**設監**：設計監理　**芸新**：芸術新潮　**JI**：ジャパンインテリア　**JA**：Japan Architect　**近建**：近代建築　**今建**：今日の建築　**都住**：都市住宅　**SD**：Space Design

Ⅰ．1917-1937（主に日本）

1917-18	ド・ヴュー・コロンビエ座の劇場（改造）	ニューヨーク	固定舞台装置設計	『建築』'61.10
1920-21	四谷教会（焼失）	東京・四谷	煉瓦造	
1920-21	塩釜バプティスト教会	宮城・塩釜	木造一階建	
1920-21	千歳幼稚園	山形・山形	木造二階建	『作品集』p.1
1920-22	田中次郎邸（焼失）	東京・青山	木造二階建	
1920-23	中上川邸（焼失）	東京・青山	木造二階建	
1921-22	東京ローンテニスクラブ（焼失）	東京・丸ノ内	木造一階建	『建築』'62.4
1921-22	日本電気会社社宅	東京	木造二階建	
1921	日本火災保険会社ビル（計画）	東京	RC造	
1921-24	星商業学校	東京・五反田	RC・一部S造三階建 1棟	
1921-23	後藤新平邸（増築）	東京・麻布	RC造二階建	『作品集』p.8 『AV』'26冬pl.49-50
1921	東京女子大学（WCC）総合計画	東京・杉並		『作品集』p.5
1921-23	東京女子大学寄宿舎及び厨房（※失'07）	東京・杉並	RC造二階建三棟	
1921-24	東京女子大学教室棟（★-23を訂正）	東京・杉並	RC造二階建一棟	
1921-24	東京女子大学体育館棟（※失'07）	東京・杉並	RC造一階建	『作品集』p.7
1921-24	東京女子大学教官邸	東京・杉並	RC造二階建	
1921-24	東京女子大学安井邸（★現安井記念館）	東京・杉並	RC造二階建	『AV』'26春pl.15
1921-27	東京女子大学科学教室	東京・杉並	RC造二階建	
1921-31	東京女子大学図書館棟（★現本館）	東京・杉並	RC造二階建	『作品集』p.7
1921	ブルンナー・モンド社ビル（計画）	兵庫・神戸		
1922	ポール・メッサー邸（焼失）	横浜		
1922	J. R. ギァリー邸（焼失）	横浜	木造二階建	
1922	ジャパン・アドヴァタイザービル（焼失）	東京（★横浜を訂正）		
1922	星製薬会社カフェテリア（失）	東京・銀座		
1922-23	福井菊三郎邸（焼失）	東京・青山	煉瓦造二階建	『作品集』p.1
1922-23	アンドリュース&ジョージ商会ショールーム及び事務所ビル（失）	大阪	RC造三階建	『作品集』p.1
1922	別府ホテル（計画）	大分・別府	木造二階建	
1922	青山学院チャペル（内装）	東京・青山	RC造	
1923	第一次聖路加国際病院（計画）	東京・築地	RC造	
1923	R. F. モス邸（焼失）	東京	木造二階建	

x	1923	スコットホール（早大寄宿舎）	東京・早稲田	煉瓦造	
	1923	ナショナル金銭登録機会社ショールーム（焼失）	東京・銀座	木造一階建	
	1923	ポール・クローデル邸（★失）	東京・神田	木造二階建	『AV』'26春pl.14
	1923-24	霊南坂の自邸（★失）	東京・赤坂	RC造三階建	『建築』'61.10, pp.74-5 『AV』'25冬pl.34-5 『作品集』pp.9-11 『新建』'76.11, pp.44-5
	1923	国際日曜学校協会本部ビル（計画）	東京・神田		
	1924	アメリカンスクール（計画）	東京・目黒	木造二階建数棟	
	1924	ジャパン・アドヴァタイザー臨時建築（焼失'30）	東京・銀座	RC造	
	1924	フランス総領事館臨時建築	横浜		
	1924	外国人コミュニティーセンター臨時建築	東京		
	1924	アメリカンスクール臨時建築	東京		
	1924	近藤邸（失）	東京	木造二階建	
	1924	目白女子学院	東京・目白		
	1924	オースチン邸（失）	横浜	木造二階建	
	1924	リード博士邸（失）	東京・赤坂	木造二階建	『AV』'26春, pl.14 『作品集』p.12 『建築』'62.4, p.28
	1924	シーバー・ヘグナー社事務所ビル（失）	横浜	RC造三階建	
	1924	レーセント邸	東京	木造二階建	
	1924	ニプコウ邸（失）	横浜	木造	
	1924	ガーマン邸（焼失）	東京	木造	
	1924	聖路加国際病院チャペル（臨時建築，★失'91）	東京・築地	木造一階建	
	1924-25	東京聖心学院修道院及び教室	東京・白金	RC造三階建	『作品集』p.13
	1924-25	A. P. テーテンス邸	東京・大森	木造二階建	『AV』'25冬pl.36 『作品集』p.12 『建築』'62.4, p.30
	1925	鎌倉海浜小ホテル(計画, ★1927を作品集により訂正)	神奈川・鎌倉	RC造数棟	『作品集』p.14
	1925	御殿場YWCA	静岡・御殿場	木造	
	1925	メソニック教会	横浜		
	1925	シーバー・ヘグナー社生糸倉庫（★失'90）	横浜・関内	RC造三階建	『作品集』p.15
	1925	ラッセル邸（失）	横浜		
	1925-26	エーリスマン邸（★再建'89，1926-27を記録により訂正）	横浜・山手	木造二階建	
	1925-26	聖路加国際病院臨時建築	東京・築地	木造二階建	
	1925-26	萩原邸（失）	横浜	木造二階建	
	1925-27	東京女子大学A. K. ライシャワー博士邸	東京・杉並	RC造二階建	
	1926-29	紐育ライジングサン石油会社ビル（★失'90）	横浜・関内	RC造三階建	『国建』'29.8 『新建』'31.6 『作品集』pp.16-7
	1926	井上邸（失）	東京	木造二階建	
	1926-27	小林聖心女子学院（★作品集では聖心学院神戸）	兵庫・宝塚	RC造三階建	『作品集』p.15
	1926-27	浜尾子爵夫人別邸(失, ★1927-28を図面他により訂正)	東京	木造二階建	『新建』'27.7 『建画』'27.7 『AV』'27冬pl.32-3 『作品集』pp.22-3 『建築』'62.4, p.29

1926-28	サルザー・ルドルフ社事務所ビル（★デスコビル，失'88）	横浜・関内	RC造三階建	
1926-30	東洋鋼材会社事務所ビル（★前・日本鋼材，失）	神奈川・川崎	鉄骨二階建	『新建』'32.3 『国建』'33.9 『作品集』pp.32-4
1926	帝国航空協会ビル（計画）	東京・丸の内	RC造四階建	
1927	横浜ユナイテッドクラブ（★失'73）	横浜・関内	RC造三階建	
1927-28	紐育スタンダード石油会社ビル（★失）	横浜・関内	RC造三階建	『作品集』p.25
1927-28	紐育ナショナル・シティ銀行（失）	大阪		
1927-29	ライジングサン石油会社社宅群（※失'00）	横浜・根岸	RC造二階建17棟	『新建』'31.4 『作品集』p.24
1927-29	ベルギー大使館（焼失）	東京	木造二階建	
1927-29	紐育スタンダード石油会社支配人社宅（★1928-29を図面により訂正）	横浜・山手	RC造二階建	
1928	チャータード銀行社宅（失）	横浜		
1928	イタリー大使館日光別邸（※復旧'01）	栃木・中禅寺	木造二階建	『建築』'62.4, p.29
1928	ニッポン・フォーン展示館	京都		
1928-29	H. T. ステープルトン邸（失）	横浜		
1928-30	岡山清心高等女学校（★現ノートルダム清心女子大学）	岡山・岡山	RC造二階数棟	『作品集』p.18
1928-30	フランス大使館増改築（焼失）	東京・麻布	木造二階建	『国建』'33.5 『新建』'33.5 『AR』'34.3 『作品集』pp.61-3
1928-33	聖路加国際病院（最終案）	東京・築地	RC造七階建	『新建』'33.1 『作品集』pp.19-21
1928-36	聖路加国際病院・チャペル（★計画）	東京・築地	RC造	
1928-30	ダンロップゴム会社工場（★1929-30を図面により訂正）	兵庫・神戸	SRC造五階建	『作品集』p.14
1928-31	アメリカ大使館（★失）★及び官邸／H.ヴァン・ビューレン・マゴニクルに協力（『自伝』により1928-を追加）	東京・赤坂	RC造三階・二階建	『新建』'32.1
1929	ライジングサン石油会社社宅フラット（★現フェリス女学院10号館）	横浜・山手	RC造二階建4戸10室	
1929	★紐育スタンダード石油会社社宅群	横浜・本牧	RC造二階建	
1929-30	ガッズビー邸	東京・大森		
1929-30	ソビエト大使館（★失，-33を発表誌により訂正）	東京・麻布	RC造二階建	『国建』'30.10 『新建』'31.1 『作品集』pp.26-7
1929	チェコスロバキア大使館（計画）	東京		
1930	我孫子ゴルフクラブ（焼失）	千葉・我孫子	木造二階建	
1930	聖路加国際医療センター看護婦学校（★失）	東京・築地	木造二階建	
1930	ライジングサン給油所（失）	東京・巣鴨	RC造	『国建』'33.10 『AR』'34.3 『EA』'34, pl.61 『作品集』p.29
1930	ライジングサン給油所（失）	横浜	鉄骨造	『国建』'33.10 『AR』'34.3 『EA』'34, pl.61 『作品集』p.28
1930-31	日本コーン・プロダクツ社社宅群及びクラブハウス	朝鮮・平壌	煉瓦造三階建	

1930-32	東京ゴルフクラブ（★失）	埼玉・朝霞	RC造二階建	『新建』'32.11 『国建』'33.1 『EA』'34, pl.33-6 『作品集』pp.37-47 『建築』'61.10, p.76
1931	黒木伯爵別邸（焼失，★1930を図面により訂正）	千葉・我孫子	木造一階建	
1931	相模カントリークラブ	神奈川	木造二階建	
1931	聖母女学院	大阪・香里園	RC造二階建3棟	
1931	赤星四郎週末別荘（移設）	神奈川・藤沢	木造一階建	『EA』'34, pl.80 『作品集』pp.48-50 『建築』'62.4, p.30
1931	トレッドソン別邸	栃木・中禅寺	木造一階建	『EA』'34, pl.42-3 『作品集』pp.30-1 『建築』'62.4, p.31
1931-33	藤沢ゴルフクラブ（★現県立体育センター）	神奈川・藤沢	RC造二階建	『新建』'32.6
1931-33	教文館ビル	東京・銀座	RC造八階建	
1931-33	富士アイス（教文館内，★失）	東京・銀座		
1932	赤星喜介邸	東京・品川	RC造三階建	『国建』'32.11 『EA』'34, pl.62-4 『作品集』pp.54-60
1932	相馬子爵邸（計画）	東京	RC造三階建	『作品集』pp.51-3
1932	東洋オーチス・エレベーター会社工場（★失）	東京・蒲田	鉄骨造二階建	『新建』'33.1 『国建』'33.9 『AR』'34.3 『作品集』pp.32-6
1932	今泉邸	東京	木造二階建	
1932	野村邸	東京	木造	
1932	岡田邸（失）	東京・池袋	木造	
1932-33	カナダ大使館（★記録により-33を追加）	東京・赤坂	RC造	
1932-33	鳩山秀夫邸・鳩山道夫邸（★記録により-33を追加）	東京・牛込	木造二階建2棟	『国建』'33.7 『新建』'33.9 『EA』'34, pl.72 『作品集』pp.64-8
1933	夏の家（★移設，現ペイネ美術館）	長野・軽井沢	木造一階一部二階建	『AR』'34.5 『新建』'33.10, '76.11, pp.72-3 『作品集』pp.69-74 『建築』'61.10, pp.78-9
1933	浅野別邸	長野・軽井沢	木造一階建	
1933-34	川崎守之助邸（失）	東京・麻布	RC造二階建	『AR』'34.5 『国建』'34.12 『新建』'35.1, '76.11, pp.70-1 『作品集』pp.75-85
1933-34	小寺別邸	長野・軽井沢	木造一階建	『作品集』pp.94-5 『建築』'62.4, p.32
1933-34	赤星鉄馬邸	東京・吉祥寺	RC造三階建	『作品集』pp.86-9 『新建』'35.7 『AR』'36.1 『建築』'61.10, p.77

1934	岡別邸	長野・軽井沢	木造二階建	『新建』'34.9 『作品集』pp.96-7 『建築』'62.4, p.32, '63.12
1934	駒田別邸	長野・軽井沢	木造一階建	
1934	★アンドリュース別邸（改装）	長野・軽井沢		
1934	S. ジェーンズ邸（計画）	中国・上海	RC造三階建	『作品集』pp.98-9
1934	ブラジルコーヒーショップ（★内装，失）	東京・銀座		『国建』'34.12 『作品集』p.102
1934	聖母女学院講堂及び体育館（※失 '03）	大阪・香里園	RC造二階建	『国建』'38.7
1934	アンドリュース＆ジョージ商会ショールーム	東京・芝	RC造	
1934-35	聖ポール教会（★記録により-35を追加）	長野・軽井沢	木造一階一部二階建	『国建』'35.10 『AR』'36.1 『作品集』'36.2, p.104 『LA』'46.5,'53.5 『建築』'61.10, pp.64-5 『新建』'64.6
1934	フォード自動車組立工場（計画）	神奈川・鶴見	鉄骨造	
1934-36	福井菊三郎別邸（★失）	静岡・熱海	RC造三階建	『作品集』pp.90-3 『国建』'36.5
1934-37	東京女子大学礼拝堂及び講堂	東京・杉並	RC造二階建	『AR』'35.2 『国建』'34.12（模型），'38.5 『作品集』pp.100-1 『新建』'38.5
1935	ケラー邸	東京・大森	木造二階建	『建築』'62.4, p.33 『建知』'38.3 『国建』'38.3 『新建』'38.3
1935	D. H. ブレーク邸（焼失）	東京・渋谷	木造二階建	『建知』'35.12 『国建』'36.1 『作品集』'36.2, p.103 『建築』'62.4, pp.34-5
1935	ウォーカー別邸（★軽井沢の家）	長野・軽井沢	木造一階建	『国建』'35.10 『建築』'62.4, p.35
1936	長岡邸	東京・青山	木造二階建	『建知』'37.10
1936	岡邸	東京・世田谷	木造二階建	『建知』'37.10 『新建』'37.10
1936	トレッドソン邸	東京・麻布	木造二階建	『国建』'38.7 『建世』'38.9 『建築』'62.4, p.33, '64.11
1936	白石邸	東京	木造二階建	
1936	レストラン不二家	横浜・伊勢佐木	RC造三階建	『新建』'38.3
1936	三鷹工業所クラブ	東京・三鷹		
1936	成瀬邸	東京	木造	
1936	ナショナル金銭登録機会社工場	東京・五反田		
1936-38	スリ・オーロビンド・ゴーズ僧院宿舎	インド・ポンディシェリー	RC造三階建	『PA』'49.3 『国建』'38.5（模型），'51.2 『新建』'50.3 『d'auj』'51.12 『建築』'61.10, pp.58-62

II. 1938-1956（主としてアメリカ）

1938-39	レーモンド農場（★ニューホープの家）	ペンシルバニア州ニューホープ	石造一部木造三階建	『AF』'41.11, '44.12, 『建築』'61.10, p.51-7
1939	日本文化協会内茶室（計画，★『自伝』によりMuseumを訂正）	ニューヨーク州ニューヨーク，ロックフェラーセンター内		
1939	ピット・ペトリ商店（内装）	ニューヨーク州バッファロー		『PP』'41.1
1939	トニー・ウィリアムズ邸	ニュージャージー州フレンチタウン	木造二階建	『AF』'41.11
1939	故斉藤大使記念図書館（計画）	ワシントンDC，国会図書館内（★『自伝』によりN.Y.を訂正）		
1940	シカゴ・カテドラル（計画，★1926を『自伝』により訂正）	イリノイ州シカゴ	木造二階建	
1940	ストーン邸（ヒルサイド・ハウス）	ニュージャージー州ランバートビル	木造二階建 木造一階一部二階建	『PP』'44.5 『建築』'62.4, p.62
1940	U.S.H.A国防住居群	ペンシルバニア州ベスレヘム	木造二階建	『AF』'41.10
1940-41	カレラ邸（ロングアイランドの家）	ニューヨーク州モントークポイント		『建築』'61.10, p.82, '62.4, p.63
1940-41	デラノ・ヒッチ邸	コネティカット州ウエストポート		『PP』'41.10 『建築』'62.4, p.62
1941	ケンブリッジ・ガラス会社ショールーム（内装）	ニューヨーク州ニューヨーク		『AF』'41.11
1941	キャンプ・アプトン三連隊施設計画	ニューヨーク州ロングアイランド		
1941	★パナマ運河仮報告書	パナマ		
1942	キャンプ・キルマー基地計画	ニュージャージー州スティルトン		
1942	★ベル・ミード陸軍補給基地	ニュージャージー州ベルミード		
1942	キャンプ・シャンクス基地計画	ニュージャージー州オレンジバーグ		
1942	キャンプ・キルマー基地病院施設	ニュージャージー州スティルトン		
1942	キャンプ・シャンクス基地病院施設	ニュージャージー州オレンジバーグ		
1942	セロテックス社プレファブ住宅群	メリーランド州ボルティモア		
1942-43	フォート・ディクス空軍基地住宅群及び病院施設	ニュージャージー州フォート・ディクス		
1943-44	カーソン邸（キャナル・ハウス）	ペンシルバニア州ニューホープ	木造二階建	
1943	爆撃実験用日本家屋	ユタ州ユタ実験場	木造二階建24軒	『AF』'46.1
1943	レキシントン空港（計画）	ケンタッキー州レキシントン		
1943	★ポート・ジョンソン施設技術報告書	ニュージャージー州ベイヨンヌ		
1944	US合板会社ショールーム	マサチューセッツ州ボストン		
1944	ニューヨーク市衛生局車庫	ニューヨーク州ブルックリン	RC造二階建	『PP』'45.7
1945	アイドルワイルド空港分析及び設計提案（計画）	ニューヨーク州ラガーディア		
1945	ジョージ・スクール増築（計画）	ペンシルバニア州ニュートン		
1945	ストラン製鋼会社プレファブ農業施設	ミシガン州デトロイト		
1945	★東洋のカソリック教会（計画）			『AR』'45.9
1945	ジム・ブラウン・フェンス＆ワイヤ会社地方店舗	ニュージャージー州ニュージャージー		
1945	ロングアイランド鉄道グレートリバー駅［R&R］	ニューヨーク州グレートリバー	木造一部石造	『PA』'48.11 『AR』'47.10
1945	エドワード・キース商店（内装）	モンタナ州カンザスシティ		
1945-46	レスター集合住宅	ペンシルバニア州ブリストル		
1946	ロードウェイ急行会社貨物ターミナル［R&R］	ニュージャージー州ホボケン		
1946	ベックトン・ディッキンソン会社倉庫・工場	ニュージャージー州ラザフォード		

1946	コマーシャル・パシフィック・ケーブル会社中継所（計画）［R&R］	マリアナ群島グアム	RC造二階建数棟	『建築』'61.10, pp.150-1 『AF』'47.7
1946	テターボロ空港格納庫［R&R］	ニュージャージー州テターボロ		
1946	ジェネラルブロンズ商会ショールーム（内装）	ニューヨーク州ニューヨーク		
1946	グロスキン邸	ニュージャージー州フレンチタウン		
1946	バーンズ邸（計画）			
1947	デューイパーク開発及びクラブハウス	ネブラスカ州オマハ		
1947	ラトローブ記念公園フットボールスタジアム及びコミュニティセンター（計画）［R&R］	ペンシルバニア州ラトローブ		
1947	テンプルハイツ集合住宅（計画）［R&R］			
1947	マートルビーチ開発（計画）［R&R］	サウスカロライナ州マートルビーチ		
1947	ハーバーサイド倉庫会社改造［R&R］	ニュージャージー州ホボケン		
1947	ローゼン邸［R&R］	ニューヨーク州グレートネック		
1947	クラカウアー邸［R&R］	ニューヨーク州グレートネック		
1947	ジョージ・スクール総合計画［R&R］	ペンシルバニア州ニュートン		
1947	ケイ商会改造	ニューヨーク州ニューヨーク		
1947-48	聖ジョセフ教会	フィリピン・ネグロス島		『LA』'47.11, '51.8 『PA』'48.1 『AF』'49.12 『建築』'61.10, pp.82-3
1948	★戦争記念コミュニティビル［R&R］	マサチューセッツ州ヒュサトニック		
1948	リビー・オーエンス・フォード会社農業施設ガラス利用研究［R&R］			
1948	コミュニティセンター［R&R］	ニュージャージー州サミット		
1948	コミュニティセンター及びレクリエーション施設［R&R］	ノースカロライナ州ヒッコリー		『AR』'48.11
1948	ステート・ファーム保険会社レクリエーションセンター［R&R］	イリノイ州ブルーミントン		『AR』'48.12
1948	エレクトロラックス会社附属工場［R&R］	ニューヨーク州グリーニッチ		
1948	ミッドタウン・アートギャラリー［R&R］	ニューヨーク州ニューヨーク		
1948	★バスハウス及びコミュニティビル（計画）［R&R］	ノースカロライナ州フェイエットビル		
1948	インド政府事務所ビル（インディアハウス）［R&R］	ニューヨーク州ニューヨーク		
1948	レビ・カーター・パーク全体計画［R&R］	ネブラスカ州オマハ		
1948	グレートネック土地コミュニティ・バスハウス及びプール（計画）［R&R］	ニューヨーク州グレートネック		
1948-49	ワシントン製材会社レクリエーションセンター［R&R］	ノースカロライナ州マヨーダン	木造	『AR』'50.9
1949	★ウエストチェスター郡レクリエーション・カルチャーセンター（計画）［R&R］	ニューヨーク州ホワイトプレーン		
1949	レクリエーションセンター（計画）［R&R］	インディアナ州ディケーター		
1949	コミュニティセンター・バスハウス及びプール（計画）［R&R］	ノースカロライナ州ローノーク・ラピッド		
1949-50	エレクトロラックス会社レクリエーションセンター［R&R］	コネチカット州グリーニッチ	RC造	『AF』'53.4
1949-50	エレクトロラックス会社工場［R&R］	コネチカット州オールド・グリーニッチ	鉄骨造	『AR』'51.10
1949-50	エレクトロラックス会社工場改造［R&R］	ニューヨーク州ブロンクス	鉄骨造	
1950	GE社ノル研究所レクリエーションセンター［R&R］	ニューヨーク州シュネクタデー		

1950	YMCAビル［R&R］	ニューヨーク州ポートチェスター	
1950	集合住宅（計画）［R&R］	ニューヨーク州ヘイスティング	
1950	パタパコ峡谷公園（計画）［R&R］	メリーランド州パタパコ	
1950	★A大学スタジアム計画［R&R］		『AF』'50.12 『国建』'51.5
1951	US陸軍技術基地営繕工場［R&R］	ニューヨーク州シュネクタデー	『AR』'51.9
1951	アンダーソン空軍基地全体計画（★病院・図書館）［R&R］	マリアナ群島グアム	
1951	★グアム島空軍基地500人劇場［R&R］	マリアナ群島グアム	『AF』'51.9 『国建』'52.2 『建築』'61.10, p.91
1952	★ゴールデン・グリフィン書店［R&R］	ニューヨーク州ニューヨーク	『AF』'53.1
1952	US陸軍施設［R&R］	アゾレス群島	
1952	US陸軍施設［R&R］	ニューヨーク州ウォーターブリエト	
1952	US陸軍施設［R&R］	ニューヨーク州シュネクタデー	『AR』'51.9
1952	クラークフィールド施設（増築）［R&R］	フィリピン・ルソン島	
1952	US空軍基地施設（測量・増築）	東京・立川，横田その他	
1952	US海軍基地ジェームズ・フォレスタル道路	神奈川・横須賀	
1952	FEAF病院施設	日本各地	
1952	US陸軍基地司令部★［R&R］	アゾレス群島ラヘス	
1952	US海軍及び空軍施設★［R&R］	アゾレス群島ラヘス	
1953	US海軍基地レクリエーション施設★［R&R］	ヴァージニア州ノーフォーク	
1953	国連朝鮮再建機関・事務棟及び食堂	韓国・釜山	
1953	鉱物分析研究所	韓国・大田	
1953	病院及び医学専門学校（増築）	韓国・大邱	
1954	TV・ラジオシティー（計画）★［R&R］	コロンビア州ボゴダ	
1954	アメリカ大使館★［R&R］	インドネシア・ジャカルタ	
1954	ロングビーチ海岸開発総合計画★［R&R］	カリフォルニア州ロングビーチ	『AA』'53.6
1956	★10万人のスタジアム（計画）［R&R］		『AF』'56.11 『国建』'51.5

III．1949-1973（主に日本）

1949-50	スタンダード石油社宅群（ソコニーハウス，★失'06）	横浜・本牧	RC造二階建・一階建4戸／白石建設	『新建』'51.3 『国建』'51.3 『建築』'61.10, p.88
1949-50	スタンダード石油社宅（ソコニーハウス，※失'99）	横浜・山手	RC造二階建／白石建設	『国建』'51.3 『建築』'61.10, p.88
1949-50	スタンダード石油社宅群（ソコニーハウス，★失）	東京・伊皿子	RC造二階建4戸／白石建設	『建築』'61.10, p.89
1949-50	日瑞貿易本社ビル	大阪・堂島	RC造三階建／大林組	
1949-51	リーダーズ・ダイジェスト東京支社（失'64）★［R&R］	東京・神田	RC造二階建地下一階／竹中工務店	『新建』'50.7, '51.8, 9 『建雑』'51.11, '52.2, 5, 6, 8, '64.6 『国建』'50.7, '51.9 『建文』'51.9, '63.6 『AF』'52.3 『AA』'52.6 『Int』'52.9 『d'auj』'53.11, '56.5 『建築』'61.10, pp.84-7
1950	A. O. ケラー邸	東京・麻布	木造一階建	

1950	ケラー邸（フラットルーフの家，★失）	東京・芝	木造一階建	『新建』'50.9 『建築』'62.4, p.57
1950	池田邸	東京・渋谷		
1950-51	レーモンド自邸及び事務所（★笄町の自邸，★失 '76）	東京・麻布	木造一階建一部地下／白石建設	『建文』'52.11 『建築』'61.10, p.90 『ML』'62.4
1950-51	日本楽器ビル・山葉ホール（★別項目を統一 ※失 '07）	東京・銀座	SRC造六階建地下一階／飛島建設・白石建設	『建文』'53.6 『新建』'53.6 『建築』'61.10, p.92
1950-51	E. L. ヒーレー邸（リューリー邸）	東京・代々木	RC造地下及び木造二階建／白石建設	『新建』'53.7 『建築』'62.4, p.65
1951-52	リーダーズ・ダイジェスト東京支社支配人住宅（★フィッシャー邸）	東京・目黒	木造一階建／白石建設	『新建』'53.1 『建築』'62.4, pp.48-51
1951-52	不二家レストランビル	大阪・心斎橋	RC造三階建／大林組	
1951-52	御木本真珠日本橋店（失）	東京・日本橋	RC造三階建地下一階／清水建設	『新建』'53.12
1951-52	ハーマン邸（ササキ，シューメイカー邸）	東京・渋谷	木造一階建4戸／白石建設	『新建』'53.7 『建築』'62.4 , p.65
1951	日本板ガラス本社ビル（計画）	大阪	RC造八階建	
1951-52	淀川製鋼所本社ビル（※失）	大阪・堂島	RC造三階建地下一階／清水建設	『建文』'52.11
1951-52	ナショナルシティ銀行（★NCB）名古屋支店（★失 '64）	名古屋・中区	RC造二階建地下一階／清水建設	『建文』'52.5 『建雑』'52.8 『建築』'61.10, p.93
1951-52	アメリカ大使館アパート（ペリーハウス，★失）★[R&R]	東京・赤坂	RC造六階建地下一階／大林組	『新建』'53.6 『建情』'53.7, pp.20-5 『国建』'54.1 『建築』'61.10, pp.94-5
1951	ハイ・アライ競技場ビル（計画）	東京	RC造	
1951-53	MGM東京本社ビル（★失）	東京・銀座	RC造六階建地下一階／竹中工務店	『新建』'53.6 『建文』'53.6
1951-53	MGM福岡フィルム倉庫	福岡・福岡	RC造一階建	
1951-52	グァリング邸（NCB社宅）	東京・麻布		
1951-52	MGM大阪支社ビル	大阪・堂島	RC造三階建／清水建設・大成建設	
1952-53	アメリカ大使館アパート（ハリスハウス，★失）★[R&R]	東京・赤坂	RC造六階建地下一階／大林組	『建文』'53.12 『新建』'54.5
1952-53	NCB東京支店改装（失）	東京・丸の内		
1952-53	MGM東京フィルム倉庫	東京・芝浦	RC造一階建／白石建設	『建文』'53.6
1952-53	MGM大阪フィルム倉庫	大阪	RC造一階建	
1952-53	MGM名古屋支社ビル	名古屋	RC造三階建地下一階／大林組	『建文』'53.5
1952-53	MGM名古屋フィルム倉庫	名古屋	RC造一階建	
1952-53	MGM福岡支社ビル	福岡・博多	RC造三階建／清水建設	
1952-53	キャンプ座間米軍総司令部	神奈川・座間	RC造二階建／竹中工務店他	
1952-53	鍋島別邸	長野・軽井沢		
1952	井上（★房一郎）邸	群馬・★高崎	木造一階建／井上工業	『建知』'97.7, pp.191-8 『住建』'97.9, pp.8-19
1952	ブロワー邸	神奈川・葉山	木造一階建／白石建設	『新建』'53.7 『建築』'62.4, pp.37-9
1952	キャンプ・ドレーク米軍総司令部	埼玉・朝霞	RC造二階建／大林組他	
1952-53	ボイル邸	徳島	木造	

1952-53	速田邸	東京・麻布	木造二階建／白石建設	『建文』'53.12 『新建』'53.12 『建築』'62.4, p.64
1952-53	E. サロモン邸	東京・目黒	木造一階建／白石建設	『新建』'53.9 『建文』'53.9 『建築』'62.4, pp.40-3 『新建』'76.11, pp.130-1
1952	★沖縄米軍政府住宅群	沖縄		
1953	NCB社宅	東京・麹町		
1953-54	安川電機本社ビル（※南棟失'05）	福岡・黒崎	RC造三階建／大林組	『建文』'54.10 『国建』'54.10
1953-54	P. S. コンクリート・プレファブ住宅	東京・吉祥寺	RC造一階建	『国建』'54.3
1953	北尾書店（計画）	兵庫・神戸	RC造二階建	
1953-54	東京衛生病院	東京・荻窪	RC造三階建／白石建設	
1953-54	聖母女学院（増築）	大阪・香里園		
1953-54	A邸	東京・麻布	木造二階建／白石建設	
1953-54	B邸	東京・麻布	木造一階建／白石建設	『建文』'54.11 『建築』'62.4, p.36 『ML』vol.37/'62
1953-54	クロード・レーモンド邸	東京・麻布	木造一階建	『新建』'53.7 『建築』'62.4, pp.44-6
1953-54	E. カニングハム邸	東京・麻布	木造二階建／斉藤工務店	『建文』'54.11 『国建』'54.11 『建築』'62.4, p.47 『ML』'62.4 『住建』'97.11, pp.8-18
1953-54	アンドリュース＆ジョージ商会	東京・港区	RC造／白石建設	
1953-54	コカコーラ・エキスポート会社工場	神奈川		
1954	F. A. ブラウン邸	大阪・豊中	木造二階建／大成建設	
1954	P. J. ドーランス邸	東京・麻布	木造二階建／福田組	『国建』'54.10 『建文』'54.11 『建築』'62.4, pp.52-3
1954	原田邸	東京・麻布	木造二階建／斉藤工務店	『建文』'55.9 『ML』vol.13/'56 『ML』'62.4
1954	米軍用小住宅群（★ベーシック・ハウス）	東京・成増	木造一階建数十棟／斉藤工務店	『建築』'62.4, p.66
1954-55	聖アンセルム教会	東京・目黒	RC造二階建及び付属棟／白石建設	『国建』'54.9(案), '56.6 『建文』'56.8 『AR』'56.11 『設監』'57.10 『建築』'61.10, pp.96-7
1954-55	森村邸	東京・目黒	木造二階建地下一階／白石建設	『建文』'55.9 『国建』'55.9
1954-55	MGM札幌支店ビル	北海道・札幌	RC造二階建／竹中工務店	
1954-55	ベルギー大使館宿舎（移設）	東京	木造二階建／白石建設	
1954-55	聖母女学院宿舎	大阪・寝屋川	RC造三階建／戸田建設	
1954-55	ブレーク邸	東京・目黒	木造二階建	
1955	森永ホール（計画）	東京・田町	RC造	
1955	★ヤマハピアノ試作	——		『国建』'55.9
1955	★沖縄教育センター	沖縄		
1955	★US空軍沖縄基地施設（水泳プール，RCTN体育館）	沖縄・那覇		

1955	US陸軍沖縄基地施設(千人劇場・教会・図書館・仕事場・パン工場・司令官住宅・住宅群・サービスクラブ)	沖縄・那覇	RC造一部ブロック造	
1955-56	聖アルバン教会（※復旧 '06)	東京・芝	木造一部二階建／白石建設	『建文』'56.8 『AR』'56.11 『建築』'62.4, pp.58-9
1955-56	淀川キリスト教病院	大阪・淀川区	RC造三階建／大成建設	
1955-56	八幡製鉄健康保険組合記念体育館（※失 '05)	福岡・八幡	RC造鉄骨屋根／大林組	『新建』'56.1 『建文』'56.3
1955-56	種村邸	東京・世田谷	木造二階建／白石建設	
1955-56	山下邸	東京・麻布	木造二階建／斉藤工務店	
1955-56	聖パトリック教会	東京・豊島	RC造折板屋根／白石建設	『建文』'56.8 『AR』'56.11
1955-56	西園寺邸	東京・四谷	RC造二階建／白石建設	
1956	ドーランス邸II（ヨース邸)	東京・麻布	木造二階建／斉藤工務店	『ML』'62.4
1956-57	シュワブ邸	東京・麻布	木造二階建／斉藤工務店	
1956-57	ケラー邸	東京・麻布	木造一階建／斉藤工務店	
1957	レオナード邸	山梨・甲府	木造二階建	
1957	延岡ルーテル教会（★失)	宮崎・延岡	木造一階建／井口組	『建築』'61.10, pp.66-7
1957-58	箕面幼稚園	大阪・箕面	木造一階建／松本建設	
1957-58	葉山の別邸（★失)	神奈川・葉山	木造二階建／斉藤工務店	『芸新』'58.9 『新建』'58.12 『建築』'62.4, pp.61-2 『JI』'62.5
1957-58	★八幡製鉄レクリエーションセンター	福岡・八幡	RC造二階建／戸田建設	『JA』'58.11
1957-58	アンドリュース商会オズモース工場	横浜	RC造	
1958	聖アンセルム教会修道院	東京・目黒	RC造三階建	
1957-58	★富士カントリークラブ	静岡・御殿場	木造二階建／鈴木組	『建文』'58.8 『建築』'62.4, pp.55-7
1958	NCB東京支店（★内装・一部外装)	東京・丸の内		
1958	★ラド邸［R&R］	ニューヨーク州ウエストチェスター	木造二階建	『国建』'58.12 『JI』'62.5
1958	★安川電機体育館	福岡・黒崎	RC造二階建／竹中工務店	
1958-59	伊藤邸（※失 '03)	東京・白金	RC造一階建／竹中工務店	『建文』'59.6 『JI』'60.8 『ML』'61.12
1958-61	群馬音楽センター	群馬・高崎	RC造二階建地下一階／井上工業	『PA』'59.2 『建築』'61.10 『建文』'61.10 『近建』'61.10 『国建』'61.10 『新建』'61.10 『AR』'62.11
1959	US陸軍施設(図書館・サービスクラブ・営繕部)	韓国・オーサン		
1959	山下邸	東京・世田谷	木造二階建	『ML』vol.36/'61
1959	★US空軍オーサン基地	韓国・オーサン		
1959	ICU（★国際基督教大学）総合計画	東京・三鷹		
1959	茅ケ崎修道院（計画)	神奈川・茅ケ崎	RC造二階建数棟	
1959-60	ICU図書館	東京・三鷹	RC造三階建／大成建設	『PA』'59.2 『建文』'61.3 『建築』'61.10, pp.98-9

1959-60	イラン大使館（★及び事務棟）	東京・麻布	RC造三階建二棟／白石建設	『新建』'61.1
1959-60	ケステンバウム邸	東京・目黒	木造二階建／斉藤工務店	『建文』'60.6 『ML』vol.36/'61 『建築』'62.4, p.54
1959-60	ICU教会内外改装	東京・三鷹	RC造一階建／大成建設	
1959-60	ICUリンデ邸（★教官邸）	東京・三鷹	木造二階建	
1959-60	ICUクラインヤン邸（★教官邸）	東京・三鷹	木造二階建	『ML』'62.4
1959-60	立教高等学校★総合計画	埼玉・志木		『今建』'60.1
1959-60	門司ゴルフクラブ	福岡・北九州	RC造上部木造二階建／竹中工務店	『建築』'61.3
1960-61	東京衛生病院（増築）	東京・荻窪	RC造三階建	
1960-61	赤坂国際（3M）ビル	東京・赤坂	SRC造九階建地下二階／三井建設	
1960-61	ラザーソン邸	東京・渋谷	木造二階建	
1960-61	渡辺邸	東京・代々木	木造二階建三棟／斉藤工務店	
1960	★川崎代二郎邸（★失）	東京・目黒	木造二階建／斉藤工務店	『ML』'62.4
1960	★立教高校№3住宅	埼玉・志木	木造一階建／栄建設	『新建』'62.1 『JA』'62.4
1960	★KLMビル（オランダ航空案内所，内装）［R&R］	ニューヨーク州ニューヨーク		『国建』'60.4
1961	聖十字教会	東京・世田谷	木造集成材一階建／斉藤工務店	『建築』'61.10, pp.72-3
1961	★立教高等学校	埼玉・志木	教室棟：RC造三階建 宿舎：RC造2棟 学生クラブ：木造1棟 ／清水建設	『近建』'70.7
1961	★立教高等学校No.2住宅（グライスデール邸）	埼玉・新座	木造一階建／栄建設	『新建』'61.5, '63.5 『ML』'62.4
1961	聖ミカエル教会	北海道・札幌	木造一階建／竹中工務店	『建築』'61.10, pp.68-71
1961	マースクライン社社宅（計画）	東京	木造二階建	
1961	聖霊病院及び修道院（計画）	名古屋	RC造	
1961	野村アパート	東京・赤坂	RC造三階建	
1961	★聖霊病院教会（計画）	名古屋	RC造	『建築』'61.10, p.100
1961-63	ロイヤル・インターオーシャンライン社支配人住宅	横浜・山手	木造二階建	
1961-62	R. R.パブリック司祭邸	名古屋・千種	RC造三階建	
1961-62	西園寺邸（★増築）	東京・四谷	RC造二階建	
1961-62	白石邸	東京・世田谷	RC造二階建	
1962	フィリップ・ブラザーズ極東本社ビル（内装）	東京・港区		
1961-63	立教高校聖ポール教会	埼玉・志木	SRC造地下一階・RC造鐘楼／清水建設	『建築』'64.1 『建文』'64.1
1962	南山大学総合計画	名古屋・昭和区		
1962	東京衛生病院看護婦宿舎	東京・荻窪	RC造三階建	
1962	淀川キリスト教病院看護婦宿舎	大阪	RC造三階建	
1962-63	東京ゴルフクラブ	埼玉・狭山	RC造二階建一部木造／白石建設	『新建』'63.9
1962	SVD（★神言会）多治見寮	愛知・多治見	木造二階建	
1962	★軽井沢の附属家	長野・軽井沢	木造一階建	『ML』vol.38/'62
1962-63	ホプレヒト邸	東京・駒沢	木造二階建／斉藤工務店	
1962-63	軽井沢の新スタジオ	長野・軽井沢	木造一階建／白石建設	『建築』'63.12 『都住』'69.3

1962-63	デッブス邸・茶室及びプール	東京・代々木	木造一階建／白石建設	
1962-63	プライス邸（★宝塚の家，※失 '01）	兵庫・宝塚	RC造二階建地下一階／白石建設	『建築』'63.4（計画）
1962-64	南山大学研究室棟	名古屋・昭和区	SRC造六階建地下二階	（以下，南山大学全体）
	南山大学教室中央棟		RC造三階建地下二階	『建築』'62.8（計画）
	南山大学教室南棟		RC造三階建地下一階	『建築』'64.9
	南山大学教室北棟		RC造一階建	『建文』'64.9
	南山大学教室600人棟		RC造二階建	『近建』'64.9
	南山大学図書館		RC造三階建地下二階	『JA』'65.1
	南山大学食堂		RC造二階建地下一階	『建雑』'65.8
	南山大学管理棟		RC造三階建／清水建設	『近建』'70.7
1963	清岡邸	東京・白金	木造一階建／佐藤秀工務店	
1963	H. 伊藤邸	東京・大森	木造二階建地下RC造／竹中工務店	『建文』'64.4 『近建』'65.1
1963-64	SVD（★神言会）修道院	東京・渋谷	RC造三階建地下一階／白石建設	『新建』'65.12
1963-64	松坂屋銀座店（内外改装，日建設計と協同，★失 '96）	東京・銀座	SRC造七階建地下三階／竹中工務店	『SD』'65.2
1963	日本聖公会東京事務所（★聖アンドリュース司祭館）	東京・芝	RC造三階建／白石建設	『近建』'65.1
1963-64	KLM東京支社支配人住宅	東京・世田谷	木造二階建RC造地下一階／斉藤工務店	
1963-65	日本ランズバーグ静電塗装KK工場	東京・蒲田	RC造二階建／西松建設	
1964	★リストランテ・イタリアーノ「キャンティ」（失）	東京・銀座，松坂屋内		『JI』'65.5
1964	アメリカン・ルーテル教会住宅	名古屋		
1964	シルバー邸及び格納庫（計画）	東京都・大島	木造一階建	
1964	シーロール商会工場（計画）	東京		
1964-66	SVDセミナリー（★神言神学院）及び教会	名古屋・昭和区	RC造二・三階建地下一・二階／清水建設	『新建』'65.12, '66.10 『建築』'66.10
1965	★立教高校教員住宅No.4	埼玉・新座	木造一階建／細川工務店	『新建』'65.9 『JA』'65.11
1965	マヌファクチャー・ハノーバー・トラスト社支配人住宅	東京・麻布	RC造二階建／白石建設	
1965	デッブズ・アパート（計画）	ベイルート	RC造八階建	
1965	SDA（★セブンスデイ・アドヴェンティスト）病院（計画）	ベトナム・サイゴン		
1965	★日本看護研修会館	東京・青山	RC造六階建／白石建設	
1965	★立教高校寄宿舎	埼玉・志木	RC造三階建2棟	
1965	札幌ルーテル教会ユースセンター（計画）	北海道・札幌		
1965	サン・カルロス大学総合計画	フィリピン・セブ島		『近建』'70.7
1965	新発田カソリック教会（★及び司祭館）	新潟・新発田	木造一階建／新発田建設	『新建』'66.12 『建築』'67.1
1965-66	足立別邸（★樅の木の家）	長野・軽井沢	木造一階建／軽井沢建設	『新建』'66.9 『建築』'66.9
1966-67	保土ケ谷SDA教会	横浜・保土ケ谷	RC造二階建地下一階／白石建設	
1966-67	ルーテル教会センター（計画）	沖縄・浦添		
1966	アイルランドSVD（★神言会）修道院（計画）	アイルランド・メイヌース	RC造四階建数棟	
1966-67	カナディアン・アカデミー	兵庫・神戸	RC造三階建／竹中工務店	

1966-68	名古屋国際学園	名古屋・守山	S造一階建／大成建設	『近建』'70.7
1966	聖アンドリュース・カテドラル（計画，★日本聖公会東京カテドラル）	東京・芝	RC造	
1966-67	聖マリア学院幼稚園及び修道院	千葉・千葉	RC造一階建地下一階／旭建設	『新建』'67.9
1967-68	南山大学体育館	名古屋・昭和区	RC造鉄骨屋根二階建／清水建設	
1967	インド宗教センター（計画）	インド・ポンディシェリー	RC造三階建シェル構造	
1967-68	上智大学秦野スポーツ施設	神奈川・秦野	RC造二階建／東急建設	
1968	上智大学六・七号館（竹中工務店と協同）	東京・四谷	六号館：RC造三階建地下一階／竹中工務店 七号館：SRC造一四階建地下一階／竹中工務店	『新建』'70.4 『近建』'70.7
1968	日本シーカ平塚工場	神奈川・平塚	RC＋S造一階建二棟／鹿島建設	
1968-69	イスラエル大使館	東京・麴町	RC造三階建／白石建設	
1968-69	千代田ハウス	東京・永田町	SRC造八階建地下一階／井上工業	
1968	デンマークハウス	東京・青山	SRC造六階建地下一階／三井建設	
1968-69	マースク・ビル	横浜・関内	SRC造九階建地下二階／三井建設	
1969	ハワイ大学・汎太平洋域国際会議センター（計画）	ハワイ・ホノルル	SRC造HPシェル	『新建』'68.11 『新建』'69.5
1969	マースクライン支配人住宅	横浜・山手	RC造二階建地下一階／三井建設	『近建』'70.7
1970	南山大学女子短期大学	名古屋・昭和区	RC造四階建地下一階四棟 体育館：S造	
1970	高崎哲学堂（計画）	群馬・高崎	RC造二階建	
1971	韓国大使館（計画）	東京・港区	SRC造七階建地下二階	
1973	南山大学校舎増築	名古屋・昭和区	RC造四棟／清水建設	

アントニン・レーモンド主要著書・論文等

I．著書

1931	『建築時代19　アントニン・レイモンド作品集（ライトを周る人々の作品・2）』	洪洋社	1931.4
	『レイモンドの家』（序文：ポオル・クロオデル）川喜田煉七郎編，峯尾松太郎撮影	洪洋社	1931.6
1935	『アントニン・レイモンド作品集1920-1935』	城南書院	初版1935.6
1937	『近代家具装飾資料第十輯・レイモンド作品集』	洪洋社	1937.3
1938	『Antonin Raymond Architectural Details 1938』（レーモンド建築詳細図集）	国際建築協会	1938.5.1
1947	『Antonin Raymond Architectural Details』（復刻版）	Architectural Book Publishing Co.Inc.	1947
1961	『建築』特集アントニン・レーモンド作品集	青銅社	1961.10
1962	『建築』特集アントニン・レーモンド木造建築集	青銅社	1962.4
	『Architectural Association Journal』The Works of Antonin Raymond, compiled by E. M. Czaja, arranged and edited by John Killick.	Architectural Association	1962.8
1967	『私と日本建築』三沢浩訳（SD選書17）	鹿島出版会	1967.6
1970	『自伝アントニン・レーモンド』三沢浩訳	鹿島出版会	1970.10
1971	『現代日本建築家全集1　アントニン・レーモンド』栗田勇監修	三一書房	1971.8
1973	『ANTONIN RAYMOND: An Autobiography』（英文版）	Charles E .Tuttle Co.Inc.	1973

II．論文・設計主旨等（和文のもののみ）

1934	東京女子大学講堂と礼拝堂・設計主旨	『国際建築』p.12	1934.12
1935	日本建築に就いて／前川國男訳	『アントニン・レイモンド作品集1920-1935』pp.7-9	1935.6
	日本建築について	『私と日本建築』pp.12-25	1967.6
	日本建築について（再録）	『現代日本建築家全集1　アントニン・レーモンド』p.183	1971.8
1938	18年間の日本生活	『私と日本建築』pp.26-45	1967.6
1940	日本建築の原則	『私と日本建築』pp.46-63	1967.6
1942	真のモダニズムに向って	『私と日本建築』pp.64-95	1967.6
1945	集団住宅・戦後の責任と機会	『私と日本建築』pp.96-133	1967.6
1946	スチール時代の建築	『私と日本建築』pp.134-43	1967.6
1949	デザインにおける永遠なもの／浜口隆一訳	『国際建築』pp.2-6	1951.3
	デザインにおける永遠の価値	『私と日本建築』pp.144-63	1967.6
1951	リーダーズ・ダイジェスト東京支社について	『国際建築』pp.47-9	1951.9
	リーダーズ・ダイジェスト東京支社の構造及び設備について	『新建築』p.12	1951.9
	リーダーズ・ダイジェスト東京支社について	『建築文化』pp.31-3	1951.9
	リーダーズ・ダイジェスト東京支社社屋＋リーダーズ・ダイジェストの構造概要	『建築雑誌』pp.17-8	1951.11
1952	リーダーズ・ダイジェスト東京支社について	『建築雑誌』p.40	1952.6
1953	アメリカの建築家／浜口隆一訳	『建築雑誌』p.5	1953.2
	日本楽器山葉ホール・設計主旨	『新建築』	1953.6
	日本楽器製造KKビルディングと東京フィルム倉庫について	『建築文化』pp.34-5	1953.5
	日本に於ける住宅計画の原理	『新建築』p.43	1953.7
	日本建築の真髄／渋谷盛和訳（'53.12『AIA Journal』に発表）	『建築』p.146	1961.10
	日本建築の精神	『私と日本建築』pp.164-77	1967.6
	建築の根本原則	『私と日本建築』pp.178-87	1967.6
1955	ヤマハ・ピアノのデザイン	『国際建築』pp.19-20	1955.9

1956	日本に住んで私は思う	『日刊建設通信』臨時増刊pp.1-4	1956.4.8
1958	日本の伝統をけがす帝国ホテル新館（しんけんちく・にゅうす）	『新建築』p.97	1958.9
	海浜の家・葉山の家	『芸術新潮』pp.169-171	1958.9
	ラド邸・設計主旨	『国際建築』p.38	1958.12
	葉山の別荘・設計主旨	『新建築』	1958.12
1959	アンケートに答えて	『今日の建築』	1959.4
	ライトの死に想う	『新建築』p.116	1959.5
	ライトの死に想う（再録）	『現代日本建築家全集1　アントニン・レーモンド』p.180	1971.8.15
	ホテル小涌園・設計吉村順三	『新建築』p.3	1959.12
	1959年の建築　アンケート（回答）	『新建築』p.82	1959.12
	『昭和建築小史』に関する手紙	『新建築』p.85	1959.12
1960	環境教育計画と学園設計――立教学院高等学校	『今日の建築』pp.76-7	1960.1
1960	「建築夜話」日本建築の美しさ（対談／A. レーモンド＋丹下健三）	〈日本短波放送〉	1960.4.27-9
	「建築夜話」日本建築の美しさ・上下（対談／A. レーモンド＋丹下健三）	『日刊建設通信』	1960.5.7, 9
	ケステンバウム邸・設計主旨	『建築文化』	1960.6
	伊藤邸・設計主旨	『ジャパン・インテリア』p.9	1960.8
1961	イラン大使館・設計主旨	『新建築』p.29	1961.1
	打放しコンクリートを再考する・私はなぜ打放しをやるか	『建築文化』pp.6-9	1961.3
	ICU図書館・設計主旨	『建築文化』	1961.3
	随想・近頃思うこと（西洋美術館など）	『新建築』p.3	1961.5
	シアトル博覧会噴水競技設計（テープインタビュー）	『新建築』p.103	1961.5
	東京文化会館をみて――才能豊かな前川国男の大交響楽	『新建築』pp.45-6	1961.6
	人生最大の名誉（群馬音楽センター完成）	『日刊建設工業新聞』	1961.7.18
	わが回想／渋谷盛和訳	『建築』pp.13-22	1961.10
	わが回想（再録）	『現代日本建築家全集1　アントニン・レーモンド』p.135	1971.8
	日本建築の真髄／渋谷盛和訳	『建築』p.146,153	1961.10
	群馬音楽センター・設計主旨	『新建築』p.108	1961.10
	群馬音楽センター・設計主旨	『建築文化』p.51	1961.10
	はにわの馬の頭（私のコレクションから）	『室内』p.24	1961.12
	群馬音楽センターのフレスコ画	『日本経済新聞』	1961.12.17
	打放しコンクリートについて	『私と日本建築』pp.188-99	1967.6
1962	伊勢・美と自由の道	『朝日ジャーナル』pp.26-7	1962.2.25
	伊勢・美と自由の道（再録）	『現代日本建築家全集1　アントニン・レーモンド』p.177	1971.8
	主眼をあたたかさに（イラン大使館）	『日刊建設工業新聞』	1962.4.12
	建築家とはなにか	『新建築』p.134	1962.6
	南山大学・設計に当って	『建築』p.19	1962.9
	日本建築の美しさ（対談／A. レーモンド＋丹下健三）	『建築夜話』pp.1-25	1962.9
	追想	『私と日本建築』pp.200-11	1967.6
1963	実物で示した〈現代建築〉――リーダーズ・ダイジェスト東京支社／三沢浩訳	『建築文化』pp.59-62	1963.6
	リーダーズ・ダイジェスト東京支社とりこわしに関する手紙	『日刊建設通信』	1963.10.29
	リーダーズ・ダイジェスト東京支社ビルのとりこわしをめぐって（手紙再録）	『新建築』p.73	1963.12
1964	立教学院聖パウロ礼拝堂・設計主旨	『建築文化』	1964.1
	立教学院聖パウロ礼拝堂・設計主旨	『建築』	1964.1
	日本建築への帰依	『芸術新潮』pp.76-8	1964.8
	自然と建築・南山大学の設計について	『建築』p.42	1964.9
	自然を基本として（南山大学）	『新建築』	1964.9
	自然と建築・南山大学の設計について	『建築文化』p.116	1964.9

	日本建築に就いて	『建築』	1964.10
	消えゆく自然美への義憤	『近代建築』	1964.11
1965	南山大学・表彰作品	『建築雑誌』pp.568-70	1965.8
	南山大学・自然と建築	『建築雑誌』p.598	1965.8
1966	大阪万国博の役割り	『近代建築』p.37	1966.1
	神言神学院・設計主旨	『新建築』	1966.10
	南山神学校について	『建築』	1966.10
	新発田カソリック教会・設計主旨	『新建築』	1966.12
1967	新発田カソリック教会・設計主旨	『建築』	1967.1
	帝国ホテル保存無用論	『芸術新潮』p.52-3	1967.10
1968	「Claudel L'ami des Raymond」(A. & N. Raymond)	『日仏文化(クローデル生誕百年記念特集号)』pp.28-31	1968.3
	南山大学体育館・設計主旨	『新建築』p.195	1968.11
1969	吹抜けのある8つの家(特集・吹抜の方法論)	『都市住宅』p.57-61	1969.3
	『都市住宅』の質問に答えて(特集・吹抜の方法論)	『都市住宅』p.61	1969.3
	国際会議センター計画案(概要共)	『新建築』	1969.5
1970	上智大学マスタープランについて	『新建築』p.145	1970.4
	教育施設のマスタープランについて	『近代建築』p.111-20	1970.7
	秩序と混沌(座談会/A. レーモンド+岡本太郎+栗田勇)	『現代日本建築家全集1 アントニン・レーモンド』pp.67-134	1971.8
	美と自然(わが回想, 美と自由の道, ライトの死に想う, 日本建築について)(再録)	『現代日本建築家全集1 アントニン・レーモンド』pp.135-208	1971.8

著者略歴
三沢浩（みさわ ひろし）

一九三〇年長野県生まれ。

一九五五年東京芸術大学建築科卒業。

同年レーモンド建築設計事務所勤務。

一九六三年カリフォルニア大学バークレー校環境デザイン学部講師。一九六六年三沢浩研究室主宰。一九九一年三沢建築研究所設立。現在に至る。

作品に「長野市民体育館」「平塚聖マリア教会」「吉祥寺レンガ館モール」「深大寺仲見世モール・水車館」「寅さんセンター（基本設計）」「松代平和祈念館（基本設計）」など。

著書に『建築文化はどこへ』（新日本出版社）。他にも「アメリカの広場」「F・L・ライト」（ともにa＋u特集号）など。訳書にA・レーモンド『私と日本建築』『自伝アントニン・レーモンド』（ともに鹿島出版会）。


本書は一九九八年に刊行した同名書籍の改装版です。

SD選書246
アントニン・レーモンドの建築

発行　二〇〇七年九月二五日©
著者　三沢 浩
発行者　鹿島光一
発行所　鹿島出版会
〒一〇〇-六〇〇六 東京都千代田区霞が関三-二-五 霞が関ビル六階
電話〇三-五五一〇-五四〇〇　振替〇〇一六〇-二-一八〇八八三
印刷・製本　三美印刷

ISBN978-4-306-05246-8 C1352
Printed in japan

本書の内容に関するご意見・ご感想は左記までお寄せください。
URL:http://www.kajima-publishing.co.jp
e-mail:info@kajima-publishing.co.jp

SD選書目録

四六判（*=品切）

001 現代デザイン入門 勝見勝著
002* 現代建築12章 L・カーン他著 山本学治訳編
003* 都市とデザイン 栗田勇著
004 江戸と江戸城 内藤昌著
005 日本デザイン論 伊藤ていじ著
006* ギリシア神話と壺絵 沢柳大五郎著
007 フランク・ロイド・ライト 谷川正己著
008 きもの文化史 河鰭実英著
009 素材と造形の歴史 山本学治著
010* 今日の装飾芸術 ル・コルビュジエ著 前川国男訳
011 コミュニティとプライバシイ C・アレグザンダー著 岡田新一訳
012 新桂離宮論 内藤昌著
013* 日本の工匠 伊藤ていじ著
014 現代絵画の解剖 木村重信著
015 ユルバニスム ル・コルビュジエ著 樋口清訳
016* デザインと心理学 穐山貞登著
017 私と日本建築 A・レーモンド著 三沢浩訳
018* 現代建築を創る人々 神代雄一郎編
019 芸術空間の系譜 高階秀爾著
020 日本美の特質 吉村貞司著
021 建築をめざして ル・コルビュジエ著 吉阪隆正訳
022 メガロポリス J・ゴットマン著 木内信蔵訳
023 日本の庭園 田中正大著
024* 明日の演劇空間 尾崎宏次著
025 都市形成の歴史 A・コーン著 星野芳久訳
026* 近代絵画 A・オザンファン他著 吉川逸治訳
027 イタリアの美術 A・ブラント著 中森義宗訳
028 明日の田園都市 E・ハワード著 長素連訳
029* 移動空間論 川添登著
030* 日本の近世住宅 平井聖著
031* 新しい都市交通 B・リチャーズ著 曽根幸一他訳
032* 人間環境の未来像 W・R・イーウォルド編 磯村英一他訳
033 輝く都市 ル・コルビュジエ著 坂倉準三訳
034 アルヴァ・アアルト 武藤章著
035 幻想の建築 坂崎乙郎著
036 カテドラルを建てた人びと J・ジャンペル著 飯田喜四郎訳
037 日本建築の空間 井上充夫著
038* 環境開発論 浅田孝著
039* 都市と娯楽 加藤秀俊著
040* 郊外都市論 H・カーヴァー著 志水英樹訳
041* 都市文明の源流と系譜 藤岡謙二郎著
042 道具考 榮久庵憲司著
043 ヨーロッパの造園 岡崎文彬著
044* 未来の交通 H・ヘルマン著 岡寿麿訳
045* 古代技術 H・ディールス著 平田寛訳
046 キュビスムへの道 D・H・カーンワイラー著 千足伸行訳
047* 近代建築再考 藤井正一郎著
048* 古代科学 J・L・ハイベルク著 平田寛訳
049 住宅論 篠原一男著
050* ヨーロッパの住宅建築 S・カンタクシーノ著 山下和正訳
051* 都市の魅力 清水馨八郎、服部銈二郎著
052* 東照宮 大河直躬著
053 茶匠と建築 中村昌生著
054* 住居空間の人類学 石毛直道著
055 空間の生命 人間と建築 坂崎乙郎著
056 環境とデザイン G・エクボ著 久保貞訳
057* 日本美の意匠 水尾比呂志著
058 新しい都市の人間像 R・イールズ他編 木内信蔵監訳
059 京の町家 島村昇他編
060* 都市問題とは何か R・パーノン著 片桐達夫訳
061 住まいの原型Ⅰ 泉靖一編
062* コミュニティ計画の系譜 佐々木宏著
063* 近代建築 V・スカーリー著 長尾重武訳
064* SD海外建築情報Ⅰ 岡田新一編
065* SD海外建築情報Ⅱ 岡田新一編
066 天上の館 J・サマーソン著 鈴木博之訳
067 木の文化 小原二郎著
068* SD海外建築情報Ⅲ 岡田新一編
069* 地域・環境・計画 水谷穎介著
070* 都市虚構論 池田亮二著
071 現代建築事典 W・ペーント編 浜口隆一他日本語版監修
072 ヴィラール・ド・オヌクールの画帖 藤本康雄著
073* タウンスケープ T・シャープ著 長素連他訳
074* 現代建築の源流と動向 L・ヒルベルザイマー著 渡辺明次訳
075 部族社会の芸術家 M・W・スミス編 木村重信他訳
076 キモノ・マインド B・ルドフスキー著 新庄哲夫訳
077 住まいの原型Ⅱ 吉阪隆正他著
078 実存・空間・建築 C・ノルベルグ=シュルツ著 加藤邦男訳
079* SD海外建築情報Ⅳ 岡田新一編
080* 都市の開発と保存 上田篤、鳴海邦碩編
081 爆発するメトロポリス W・H・ホワイトJr.他著 小島将志訳
082 アメリカの建築とアーバニズム(上) V・スカーリー著 香山壽夫訳
083 アメリカの建築とアーバニズム(下) V・スカーリー著 香山壽夫訳
084* 海上都市 菊竹清訓著
085 アーバン・ゲーム M・ケンツレン著 北原理雄訳

086* 建築2000 C・ジェンクス著 工藤国雄訳
087 日本の公園 田中正大著
088* 現代芸術の冒険 O・ビハリメリン著 坂崎乙郎他訳
089 江戸建築と本途帳 西和夫著
090* 大きな都市小さな部屋 渡辺武信著
091 イギリス建築の新傾向 R・ランダウ著 鈴木博之訳
092* SD海外建築情報V 岡田新一編
093* IDの世界 豊口協著
094* 交通圏の発見 有末武夫著
095 建築とは何か B・タウト著 篠田英雄訳
096 続住宅論 篠原一男著
097* 建築の現在 長谷川堯著
098* 都市の景観 G・カレン著 北原理雄訳
099* SD海外建築情報VI 岡田新一編
100* 都市空間と建築 U・コンラーツ著 伊藤哲夫訳
101* 環境ゲーム T・クロスビイ著 松平誠訳
102* アテネ憲章 ル・コルビュジエ著 吉阪隆正訳
103 プライド・オブ・プレイス シヴィック・トラスト著 井手久登他訳
104* 構造と空間の感覚 F・ウイルソン著 山本学治他訳
105* 現代民家と住環境体 大野勝彦著
106 光の死 H・ゼーデルマイヤ著 森洋子訳
107* アメリカ建築の新方向 R・スターン著 鈴木一訳
108* 近代都市計画の起源 L・ベネヴォロ著 横山正訳
109* 中国の住宅 劉敦楨著 田中淡他訳
110 現代のコートハウス D・マッキントッシュ著 北原理雄訳
111 モデュロールI ル・コルビュジエ著 吉阪隆正訳
112 モデュロールII ル・コルビュジエ著 吉阪隆正訳
113* 建築の史的原型を探る B・ゼーヴィ著 鈴木美治訳
114 西欧の芸術1 ロマネスク上 H・フォシヨン著 神沢栄三他訳
115 西欧の芸術1 ロマネスク下 H・フォシヨン著 神沢栄三他訳
116 西欧の芸術2 ゴシック上 H・フォシヨン著 神沢栄三他訳

117 西欧の芸術2 ゴシック下 H・フォシヨン著 神沢栄三他訳
118 アメリカ大都市の死と生 J・ジェイコブス著 黒川紀章訳
119 遊び場の計画 R・ダットナー著 神谷五男他訳
120 人間の家 ル・コルビュジエ他著 西沢信弥訳
121* 街路の意味 竹山実著
122* パルテノンの建築家たち R・カーペンター著 松島道也訳
123 ライトと日本 谷川正己著
124 空間としての建築(上) B・ゼーヴィ著 栗田勇訳
125 空間としての建築(下) B・ゼーヴィ著 栗田勇訳
126 かいわい[日本の都市空間] 材野博司著
127* 歩行者革命 S・プライネス他著 岡並木監訳
128 オレゴン大学の実験 C・アレグザンダー著 宮本雅明訳
129 都市はふるさとか F・レンツローマイス著 武基雄他訳
130 建築空間[尺度について] P・ブドン著 中村貴志訳
131 アメリカ住宅論 V・スカーリーJr.著 長尾重武訳
132 タリアセンへの道 谷川正己著
133 建築VS.ハウジング M・ポウリー著 山下和正訳
134 思想としての建築 栗田勇著
135* 人間のための都市 P・ペーターズ著 河合正一訳
136 都市憲章 磯村英一著
137* 巨匠たちの時代 R・バンハム著 山下泉訳
138 三つの人間機構 ル・コルビュジエ著 山口知之訳
139 インターナショナル・スタイル H・R・ヒチコック他著 武沢秀一訳
140 北欧の建築 S・E・ラスムッセン著 吉田鉄郎訳
141 続建築とは何か B・タウト著 篠田英雄訳
142 四つの交通路 ル・コルビュジエ著 井田安弘訳
143 ラスベガス R・ヴェンチューリ他著 石井和紘他訳
144 ル・コルビュジエ C・ジェンクス著 佐々木宏訳
145 デザインの認識 R・ソマー著 加藤常雄訳
146 鏡[虚構の空間] 由水常雄著
147 イタリア都市再生の論理 陣内秀信著

148 東方への旅 ル・コルビュジエ著 石井勉他訳
149 建築鑑賞入門 W・W・コーディル他著 六鹿正治訳
150 近代建築の失敗 P・ブレイク著 星野郁美訳
151* 文化財と建築史 関野克著
152 日本の近代建築(上)その成立過程 稲垣栄三著
153* 日本の近代建築(下)その成立過程 稲垣栄三著
154 住宅と宮殿 ル・コルビュジエ著 井田安弘訳
155 イタリアの現代建築 V・グレゴッティ著 松井宏方訳
156 バウハウス[その建築造形理念] 杉本俊多著
157 エスプリ・ヌーヴォー[近代建築名鑑] ル・コルビュジエ著 山口知之訳
158 建築について(上) F・L・ライト著 谷川睦子他訳
159 建築について(下) F・L・ライト著 谷川睦子他訳
160* 建築形態のダイナミクス(上) R・アルンハイム著 乾正雄訳
161 建築形態のダイナミクス(下) R・アルンハイム著 乾正雄訳
162 見えがくれする都市 槇文彦他著
163 街の景観 G・バーク著 長素連他訳
164 環境計画論 田村明著
165* アドルフ・ロース 伊藤哲夫著
166* 空間と情緒 箱崎総一著
167 水空間の演出 鈴木信宏著
168 モラリティと建築 D・ワトキン著 榎本弘之訳
169 ペルシア建築 A・U・ポープ著 石井昭訳
170 ブルネッレスキ ルネサンス建築の開花 G・C・アルガン著 浅井朋子訳
171 装置としての都市 月尾嘉男著
172 建築家の発想 石井和紘著
173 日本の空間構造 吉村貞司著
174 建築の多様性と対立性 R・ヴェンチューリ著 伊藤公文訳
175 広場の造形 C・ジッテ著 大石敏雄訳
176 西洋建築様式史(上) F・バウムガルト著 杉本俊多訳
177 西洋建築様式史(下) F・バウムガルト著 杉本俊多訳
178 木のこころ 木匠回想記 G・ナカシマ著 神代雄一郎他訳

179* **風土に生きる建築** 若山滋著
180* **金沢の町家** 島村昇著
181* **ジュゼッペ・テッラーニ** B・ゼーヴィ編 鵜沢隆訳
182 **水のデザイン** D・ベーミングハウス著 鈴木信宏訳
183* **ゴシック建築の構造** R・マーク著 飯田喜四郎訳
184 **建築家なしの建築** B・ルドフスキー著 渡辺武信訳
185 **プレシジョン(上)** ル・コルビュジエ著 井田安弘他訳
186 **プレシジョン(下)** ル・コルビュジエ著 井田安弘他訳
187 **オットー・ワーグナー** H・ゲレツェッガー他著 伊藤哲夫他訳
188 **環境照明のデザイン** 石井幹子著
189 **ルイス・マンフォード** 木原武一著
190 **「いえ」と「まち」** 鈴木成文他著
191 **アルド・ロッシ自伝** A・ロッシ著 三宅理一訳
192 **屋外彫刻** M・A・ロビネット著 千葉成夫訳
193 **「作庭記」からみた造園** 飛田範夫著
194 **トーネット曲木家具** K・マンク著 宿輪吉之典訳
195 **劇場の構図** 清水裕之著
196 **オーギュスト・ペレ** 吉田鋼市著
197 **アントニオ・ガウディ** 鳥居徳敏著
198 **インテリアデザインとは何か** 三輪正弘著
199* **都市住居の空間構成** 東孝光著
200 **ヴェネツィア** 陣内秀信著
201 **自然な構造体** F・オットー著 岩村和夫訳
202 **椅子のデザイン小史** 大廣保行著
203 **都市の道具** GK研究所、榮久庵祥二著
204 **ミース・ファン・デル・ローエ** D・スペース著 平野哲行訳
205 **表現主義の建築(上)** W・ペーント著 長谷川章訳
206 **表現主義の建築(下)** W・ペーント著 長谷川章訳
207 **カルロ・スカルパ** A・F・マルチャノ著 浜口オサミ訳
208 **都市の街割** 材野博司著
209 **日本の伝統工具** 土田一郎著 秋山実写真
210 **まちづくりの新しい理論** C・アレグザンダー他著 難波和彦監訳
211 **建築環境論** 岩村和夫著
212 **建築計画の展開** W・M・ペニヤ著 本田邦夫訳
213 **スペイン建築の特質** F・チュエッカ著 鳥居徳敏訳
214 **アメリカ建築の巨匠たち** P・ブレイク他著 小林克弘他訳
215 **行動・文化とデザイン** 清水忠男著
216 **環境デザインの思想** 三輪正弘著
217 **ボッロミーニ** G・C・アルガン著 長谷川正允訳
218 **ヴィオレ・ル・デュク** 羽生修二著
219 **トニー・ガルニエ** 吉田鋼市著
220 **住環境の都市形態** P・パヌレ他著 佐藤方俊訳
221 **古典建築の失われた意味** G・ハーシー著 白井秀和訳
222 **パラディオへの招待** 長尾重武著
223 **ディスプレイデザイン** 魚成祥一郎監修 清家清序文
224 **芸術としての建築** S・アバークロンビー著 白井秀和訳
225 **フラクタル造形** 三井秀樹著
226 **ウイリアム・モリス** 藤田治彦著
227 **エーロ・サーリネン** 穂積信夫著
228 **都市デザインの系譜** 相田武文、土屋和男著
229 **サウンドスケープ** 鳥越けい子著
230 **風景のコスモロジー** 吉村元男著
231 **庭園から都市へ** 材野博司著
232 **都市・住宅論** 東孝光著
233 **ふれあい空間のデザイン** 清水忠男著
234 **さあ横になって食べよう** B・ルドフスキー著 多田道太郎監修
235 **間(ま)——日本建築の意匠** 神代雄一郎著
236 **都市デザイン** J・バーネット著 兼田敏之訳
237 **建築家・吉田鉄郎の『日本の住宅』** 吉田鉄郎著
238 **建築家・吉田鉄郎の『日本の建築』** 吉田鉄郎著
239 **建築家・吉田鉄郎の『日本の庭園』** 吉田鉄郎著
240 **建築史の基礎概念** P・フランクル著 香山壽夫監訳
241 **アーツ・アンド・クラフツの建築** 片木篤著
242 **ミース再考** K・フランプトン他著 澤村明＋EAT訳
243 **歴史と風土の中で** 山本学治建築論集①
244 **造型と構造と** 山本学治建築論集②
245 **創造するこころ** 山本学治建築論集③
246 **アントニン・レーモンドの建築** 三沢浩著